CAHIERS
D'ÉCONOMIE POLITIQUE

PAPERS
IN POLITICAL ECONOMY

La construction des libéralismes
face à leurs adversaires, XVIIIe et XIXe siècles

73

The construction of liberalism against their opponents,
18th and 19th centuries

2017

Publié avec le soutien du CNRS, de l'université de Paris Ouest,
de l'UPJV-CRIISEA et de Sciences Po Lille

L'Harmattan

Depuis 1974, les *Cahiers d'économie politique* sont un lieu privilégié pour les discussions théoriques qui prennent en compte toute la dimension historique de la discipline économique. Considérant que l'étude des auteurs passés et les débats actuels en analyse économique peuvent mutuellement s'enrichir, ils publient des articles qui relèvent de l'histoire de la pensée économique, de la philosophie économique, ou qui se situent à l'intersection de l'histoire de la pensée et de la théorie économique contemporaine ou de l'histoire économique.
Les *Cahiers d'économie politique* publient deux numéros par an, généralement en juin et décembre. Un de ces deux numéros est thématique. Les numéros thématiques publient des sélections d'articles proposés dans le cadre de colloques ou de journées d'étude. Ces manifestations sont organisées par la revue ou par des institutions universitaires sur le principe d'un appel à communication. Pour envisager qu'un colloque soit publié dans la revue, il est nécessaire que le responsable prenne contact dès l'organisation de la manifestation avec le comité de rédaction des *Cahiers.*

Since 1974, *Papers in Political Economy* have published and participated to the main theoretical discussions by paying a particular attention to the historical aspects of economic analysis. Considering that the study of past authors and present debates are complementary, the PPE publish papers on history of economic thought, economic philosophy, or papers overlapping fields of history of economic thought and contemporary economic theory or economic history.
Papers in Political Economy is a biannual journal, usually published in June and December. One of the two yearly issues is thematic and includes papers presented at a workshop or conference and selected among responses to an open call for papers. For proceedings to be published in this form, conference organizers are invited to contact the journal's editorial board at a very early stage.

Adresse • Address

Site Internet : http://www.cahiersdecopo.fr/

Éditeur : Éditions L'Harmattan, 5-7, rue de l'École Polytechnique, 75005 Paris

Tél. : 01 40 46 79 10 – Site Internet : http://www.editions-harmattan.fr

Éditeur électronique : CAIRN, http://www.cairn.info/

Instructions aux auteurs • Notes for contributors

Les *Cahiers d'économie politique* acceptent les articles en français et en anglais. Normes de publication disponibles sur le site internet : http://www.cahiersdecopo.fr/

Papers in Political Economy accept papers in French and in English. For a full and complete guide for authors, please go to: http://www.cahiersdecopo.fr/

5-7, rue de l'École Polytechnique, 75005 Paris

www.librairieharmattan.com
diffusion.harmattan@wanadoo.fr
harmattan1@wanadoo.fr

ISBN : 978-2-343-13837-4
EAN : 9782343138374

SOMMAIRE

CONTENTS

LA CONSTRUCTION DES LIBÉRALISMES FACE À LEURS ADVERSAIRES, XVIIIE SIÈCLE-XIXE SIÈCLE

Présentation

Jean-Daniel Boyer[1] *et Simon Hupfel*[2]

Le vocable de « libéralisme » est aujourd'hui massivement utilisé dans le débat public. Il s'agit d'une étiquette commode pour désigner un vaste ensemble de théories et de politiques censées promouvoir la liberté, dont on a pris l'habitude de faire remonter les origines aux Lumières. Cette habitude pose un problème sérieux, car ce terme n'apparaît en fait qu'au milieu du XIXe siècle, alors que l'adjectif « libéral » renvoyait jusque-là aux activités dignes de l'homme libre, ou au caractère généreux d'une personne. Dès lors, l'utilisation de cet adjectif pour qualifier des textes antérieurs fait courir le risque d'en déformer le sens, en leur appliquant une grille de lecture anachronique et en projetant sur eux une définition contemporaine et parfois fluctuante du terme. De nombreux chercheurs ont ainsi mis en garde contre cet écueil, au moins depuis les travaux de Donald Winch [1978] et Knud Haakonssen [1981] au sujet de Smith, dont les remarques en ce sens ont plus récemment été prolongées par Daniel Diatkine [2007]. Si ce danger ne semble pas condamner absolument l'usage des termes « libéral » et « libéralisme » pour décrire la pensée d'auteurs du XVIIIe siècle, il devrait au minimum nous inviter à les utiliser très précautionneusement, et éventuellement à en reconnaître le caractère inadéquat, ou simplement inutile, en un certain nombre de cas.

De grandes difficultés apparaissent en effet lorsqu'on cherche à formuler une définition précise du « libéralisme », capable de rassembler un ensemble de textes du passé. La première a trait à la capacité de la définition proposée à pouvoir être transposée à des contextes historiques antérieurs au XIXe siècle. Il en est ainsi de la conception du libéralisme de Polanyi [1944], essentiellement fondée sur l'existence de trois institutions qui n'ont pas véritablement d'existence avant le XIXe siècle : le marché du travail, l'étalon-or et le libre-échange. Une telle définition, comme d'ailleurs celle

1. Université de Strasbourg, DynamE UMR 7367, boyer@unistra.fr.

2. Université de Haute-Alsace, BETA UMR 7522, simon.hupfel@uha.fr.

d'Hayek [1948], qui proposait de distinguer « vrai et faux individualisme » pour établir une typologie d'auteurs « libéraux », soulève un second souci majeur. Elle conduit d'une part à regrouper ou à établir des filiations entre des auteurs qui rejetaient ces parentés – pensons aux critiques de Smith à l'encontre de l'œuvre de Mandeville dans la *Théorie des sentiments moraux* – et, d'autre part, à disqualifier certaines filiations ou associations pourtant revendiquées par les auteurs eux-mêmes – c'est le cas, par exemple, du rejet de la physiocratie hors de la tradition libérale, alors que certains libéraux, comme Smith, s'en inspiraient. Le problème de ces définitions est qu'elles sous-estiment la complexité des textes en invitant à se focaliser exclusivement sur certains aspects de la pensée d'un auteur. Il en va de même des tentatives de définition totalisante du « libéralisme » comme « *l'unité* philosophique, politique et économique des libertés » [Nemo et Petitot, 2006, p. 7], qui soulèvent la question problématique de l'articulation entre ces différents champs. La défense d'une politique économique au nom de la liberté peut en effet s'accompagner, bien souvent, de la valorisation de règles autoritaires dans d'autres domaines de la vie sociale.

L'étude de l'émergence du « libéralisme », de la fin du XVIIIe siècle au début du XIXe siècle, s'apparenterait ainsi plutôt à celle de l'apparition d'une « variété de libéralismes », dont chacune conjuguerait la défense de certaines libertés avec différentes formes d'autorité, qui devraient permettre de les garantir. L'ambition de regrouper trop d'auteurs sous la bannière du libéralisme conduit donc nécessairement à négliger le fait que « la formulation de ces idées ["libérales"] est toujours problématique et instable » (Pocock, 1998, p. 96), ce qui fait que l'on perd toujours une partie de leur sens en procédant de la sorte. Didier Deleule affirmait aussi en ce sens, de façon encore plus tranchée : « L'unité du libéralisme est un mythe ; et s'il n'est pas d'idéologie active qui ne se greffe d'une manière ou d'une autre (légitime ou parasitaire) sur une certaine conceptualisation philosophique, il n'est pas prouvé pour autant que la spécificité d'un discours philosophique s'épuise dans ses possibles effets idéologiques ; l'uniformité – voire la monotonie – des redites idéologiques risque ainsi de faire écran à l'incompatibilité des sources auxquelles elles prétendent s'alimenter » [Deleule, 1979, p. 402].

Reste encore la possibilité, en suivant Michel Foucault, de définir le libéralisme en un sens très large [Foucault, 2004, p. 23], comme « une des formes de la gouvernementalité moderne » [*ibid.*] fondée sur « l'acceptation du principe qu'il doit y avoir quelque part une limitation du gouvernement [...] qui ne soit pas simplement [celle d'] un droit externe » [*ibid.*]. Ceci permet de rejoindre une longue tradition de pensée du libéralisme, structurée autour de l'idée de liberté négative, pensée comme absence de contrainte, à laquelle Skinner [1998, 2002] a proposé d'ajouter l'absence de dépendance et de soumission à l'arbitraire. Dans cette optique, les auteurs libéraux seraient qualifiés comme tels, précisément parce qu'ils s'opposent à ces contraintes, ou aux mécanismes conduisant à la dépendance ou à la soumission individuelle à l'arbitraire. L'adoption d'une telle définition comme base de travail conduit ainsi à faire porter l'attention sur la variété des réponses qui ont pu être apportées à ces questions par les auteurs dits « libéraux », plutôt que sur la distinction entre « libéraux » et « antilibéraux ».

Afin d'étudier cette variété des « libéralismes », la perspective retenue dans ce numéro consiste d'abord à s'intéresser à des auteurs et des textes bien précis, généralement qualifiés de « libéraux », en cherchant à mettre au jour les contraintes auxquelles ils s'opposaient, ainsi que les moyens qu'ils envisageaient pour les éliminer. L'ensemble de ces contraintes et de ces moyens forme un prisme tellement complexe, et propre à la pensée d'un auteur, qu'il ne peut être partagé de façon très large et qu'il entre nécessairement en conflit avec les visions d'autres penseurs que l'on rattache également au « libéralisme ». C'est pourquoi l'idée centrale autour de laquelle s'articulent les articles de ce volume – qui a émergé à l'issue de séminaires et d'une journée d'études à l'Université de Strasbourg, entre 2012 et 2014, et d'un colloque en 2016, où ont été présentés les articles qui vont suivre[3] – est que la construction même des thèses libérales peut être étudiée à profit en les confrontant à l'adversaire auquel elles s'opposaient. Cet adversaire n'est pas unidimensionnel. Il peut renvoyer à la fois à une idée, un ensemble d'institutions ou de politiques économiques, une organisation politique ou sociale, par rapport auxquels un auteur construit sa pensée. C'est ce processus de construction par opposition qui se trouve au centre des articles de ce numéro spécial.

Ces articles seront présentés selon une perspective chronologique, qui s'étend du début du XVIIIe au milieu du XIXe siècle. On commencera ainsi par examiner, avec Catherine Larrère, les ressorts de la critique que

3. Ces différents événements ont bénéficié d'un financement Idex de l'Université de Strasbourg. Nous souhaitons remercier l'Université de Strasbourg pour son soutien, et plus particulièrement les laboratoires Cultures et sociétés en Europe (UMR 7236), Dynamiques Européennes (DynamE, UMR 7367) ainsi que le Bureau d'Économie Théorique et Appliquée (BETA, UMR 7522). Nous remercions également l'ensemble des participants à ces différents moments d'échanges : Céline Bouillot, Jean Cartelier, Maurice Carrez, Loïc Charles, Alain Clément, Pauline Clochec, Daniel Diatkine, Rodolphe Dos Santos Ferreira, Ragip Ege, Gilbert Faccarello, Ludovic Frobert, Philippe Gillig, Herrade Igersheim, André Lapidus, Philippe Légé, Sylvain Leteux, Catherine Larrère, Arnaud Orain, Joël-Thomas Ravix, Sylvie Rivot et Erwan Sommerer. Nos remerciements s'adressent également aux membres du comité scientifique et aux rapporteurs anonymes qui ont participé à ce numéro.

livre Montesquieu des mécanismes financiers introduits par le système de Law, qui peut bien être perçu comme une innovation libérale, sur le plan économique. Montesquieu le voit au contraire comme despotique, en considérant ses liens avec le régime politique français, parce qu'il remet en cause des libertés politiques essentielles en même temps que l'ordre social (les corps intermédiaires), sur lequel elles reposent.

Deux articles portent ensuite sur la physiocratie. Jean-Daniel Boyer montre comment l'adversaire contre lequel écrit Quesnay évolue entre les articles *grains* et *fermiers* de l'*Encyclopédie*, s'inscrivant d'abord dans l'argumentaire de la science du commerce avant de s'y opposer frontalement. C'est dans la radicalisation de sa critique de la science du commerce qu'apparaît la volonté de Quesnay d'élaborer un système capable de la renverser, qui conduira au *Tableau économique*. Joël-Thomas Ravix étudie minutieusement les transformations du discours de Du Pont de Nemours en faveur du libre-échange : comment il abandonne progressivement le vocabulaire physiocratique pour en sauver les arguments essentiels, face aux critiques de Galiani, puis surtout de Smith et Say.

On fera ensuite une légère entorse à la chronologie pour présenter l'une après l'autre deux contributions se rapportant aux analyses de Smith. La première, celle de Céline Bouillot et Daniel Diatkine, revient sur la célèbre critique que livre Smith du mercantilisme, en s'attaquant à Locke et à Mun. Le fait que Locke soit attentif à l'équilibre entre *moneyed* et *landed interests* explique la plus grande dureté de Smith à l'égard de Mun, qui confond l'intérêt des marchands avec l'intérêt général, en même temps qu'elle illustre les liens (très critiques) entre la pensée de Smith et le whiggisme. La seconde contribution, de Jean-Daniel Boyer et Simon Hupfel, porte sur la principale œuvre économique de Lauderdale, publiée en 1804 et présentée comme une critique de la *Richesse des Nations*. Elle vise en fait à corriger certaines des erreurs de Smith pour préciser le lien entre intérêts privés et intérêt général, et renforcer sa critique du système mercantile, dont le principal avatar serait William Pitt le Jeune, contre lequel la réflexion de Lauderdale se construit.

Erwan Sommerer se penche ensuite sur les travaux de Sieyès, peu étudiés en histoire de la pensée économique. Il montre comment, de ses premiers manuscrits d'économie politique à *Qu'est-ce que le Tiers État ?*, son libéralisme s'élabore en opposition à l'aristocratie – légitimant des mesures particulièrement autoritaires à son égard – et aux jacobins, dont les appels permanents à la parole du peuple, à travers l'élection, justifient la préférence pour la logique de la représentation et, partant, une forme de libéralisme antidémocratique.

Enfin, les deux derniers articles sont consacrés à des débats du XIXe siècle. Pauline Clochec étudie les tensions internes au développement du libéralisme allemand de « l'ère des réformes » (1807-1822), à travers l'opposition entre Humboldt et Hardenberg, à l'intérieur du gouvernement prussien. Elle montre comment, plutôt qu'à la divergence quant au style d'homme d'État qu'ils incarnaient, leur opposition tenait surtout à leur façon de concevoir les liens entre l'État et la société civile, définissant deux variétés de libéralisme très différentes. Philippe Gillig et Philippe Légé, pour leur part, s'intéressent à l'évolution des positions de John Stuart Mill au sujet des coopératives. D'abord très opposé à ces organisations, son dialogue avec les saint-simoniens le conduisit peu à peu à atténuer son opposition au socialisme, et plus encore à reconnaître dans la coopération un principe d'organisation fondamentalement libéral. À l'instar des articles de ce numéro, l'exemple de Mill montre bien comment l'étude précise des textes et des prises de position d'un auteur rend nécessairement problématique l'usage de la catégorie de « libéralisme ». Elle invite également, en l'occurrence, à s'interroger sur ses frontières et ses articulations avec celle de « socialisme » – qui lui est traditionnellement opposée – et avec celle de « capitalisme » – à laquelle elle est souvent associée.

Bibliographie

Diatkine, Daniel [2007], « Le suffrage et le marché dans la *Richesse des Nations* », *Cahiers d'économie politique*, n° 52, p. 31-56.

Deleule, Didier [1979], *Hume et la naissance du libéralisme économique*, Paris : Aubier, coll. « Analyse et raisons ».

Foucault, Michel [2004], *Naissance de la biopolitique. Cours au Collège de France (1978-1979)*, Paris : Seuil-Gallimard.

Haakonssen, Knud [1981], *The Science of a Legislator. The Natural Jurisprudence of David Hume and Adam Smith*, Cambridge: Cambridge University Press.

Hayek, Friedrich von [1948], *Individualism and Economic Order*, Chicago: The University of Chicago Press.

Nemo, Philippe et Petitot, Jean (dir.) [2006], *Histoire du libéralisme en Europe*, Paris : PUF.

Pocock, James G. A. [1998], *Vertu, commerce et histoire*, Paris : PUF, coll. « Léviathan ».

Polanyi, Karl [1983], *La Grande Transformation. Aux origines politiques et économiques de notre temps*, Paris : Gallimard, coll. « Bibliothèque des sciences humaines ».

Skinner, Quentin [1998], *Liberty before Liberalism*, Cambridge: Cambridge University Press.

Skinner, Quentin [2002], « Un troisième concept de liberté au-delà d'Isaiah Berlin et du libéralisme anglais », *Actuel Marx*, n° 32, p. 15-49.

Winch, Donald [1978], *Adam Smith's Politics*, Cambridge: Cambridge University Press.

MONTESQUIEU, CRITIQUE DE LAW. QUI EST L'ENNEMI DU LIBÉRALISME ?

Catherine Larrère[1]

À la différence des théoriciens français du commerce au XVIIIe siècle (Melon, Gournay, Forbonnais) Montesquieu a mené une critique constante de la réforme de Law, en qui il a vu un « promoteur du despotisme ». Non seulement il explique la chute du Système comme une victoire du « doux commerce », mais il utilise, aux niveaux politique et social où il situe sa critique, des arguments repris ultérieurement par des auteurs libéraux comme Tocqueville. La critique que mène Montesquieu des modes autoritaires de généralisation des rapports commerciaux invite à distinguer entre la défense des libertés politiques et l'apologie doctrinaire du libéralisme économique.

Montesquieu's criticism of Law's System. Who is the enemy of liberalism?

Whereas French 18th century economists (Melon, Gournay, Forbonnais), supported Law's System, Montesquieu persistently criticized Law in whom he saw « one of the greatest promoters of despotism ». He does not only explain the System's demise as a victory of « doux commerce » on State authority, but uses, at the political and social levels of his critique, arguments which are to be found again in liberal writings such as Tocqueville's. The way Montesquieu criticized the despotic ways of easing the tide of the commercial spirit invites us to distinguish between the vindication of political liberties and the dogmatic apology of economical liberalism.

Mots clefs : Montesquieu, *De l'esprit des lois*, Law, libéralisme économique, libertés politiques, doux commerce.

Keywords: Montesquieu, *De l'esprit des lois*, Law, economic liberalism, political liberties, doux commerce.

JEL Codes : B11, B31

1. Université Paris 1-Panthéon-Sorbonne.

Des *Lettres persanes* (1721) à *De l'esprit des lois* (1748), l'engagement de Montesquieu n'a pas varié. Il a critiqué l'esclavage, condamné l'horreur et l'absurdité de la torture, dénoncé l'intolérance religieuse. Il a, en même temps, étudié les garanties de la liberté, qu'il s'agisse de la distribution constitutionnelle des pouvoirs ou du développement du commerce dont « l'effet naturel [...] est de porter à la paix » [*EL*, XX, 2][2]. Au centre de cette défense des droits humains et des libertés civiles, on trouve son admiration pour l'Angleterre, la « nation dans le monde qui a pour objet direct de sa constitution la liberté politique » [*EL*, XI, 5].

Montesquieu, sans aucun doute, a été un théoricien de la liberté politique. Cela en fait-il un libéral[3] ? Parler de libéralisme à propos de Montesquieu est un anachronisme, puisque le terme n'apparaît qu'au XIXe siècle pour qualifier des idées politiques et économiques largement inconnues de Montesquieu, parce que postérieures aux révolutions américaines et européennes de la fin du XVIIIe siècle. Mais s'il a ignoré le mot, n'a-t-il pas contribué à en avancer l'idée ? N'a-t-il pas identifié dans l'Angleterre de son époque ce qui, alors, se rapprochait le plus de ce que nous appellerions aujourd'hui la modernité libérale ? Pour Thomas Pangle, il ne fait pas de doute que l'admiration de Montesquieu pour l'Angleterre en fait un libéral et le place dans l'histoire du libéralisme :

> Montesquieu is the most influential foreign champion that England ever had. His reservations against England on behalf of France are never more than reservations; he wishes to ease the tide of the commercial spirit. [Pangle, 1973, p. 228]

Mais, si Montesquieu était si soucieux de voir se généraliser le modèle anglais du commerce, comment expliquer que, lorsqu'une telle possibilité se présenta, bien loin de l'approuver, il l'ait dénoncée comme un danger grave ? Dans le « Système » que John Law tenta de réaliser en France entre 1716 et 1720 [Faure, 1977], pour liquider la dette laissée par Louis XIV, et pousser au développement du commerce, on peut voir un essai pour introduire en France des institutions économiques qui avaient fait leur preuve en Angleterre : une banque centrale, une compagnie de commerce. C'est de cette façon qu'il a été interprété par ceux qui, en France ou en Angleterre, ont développé la réflexion sur les questions liées au commerce et

2. La notation *EL* sera utilisée pour renvoyer à l'édition de l'*Esprit des lois* de Robert Derathé qui figure en bibliographie, suivie du numéro du livre, puis de celui du chapitre.

3. La question du libéralisme de Montesquieu, dans sa complexité, déborde de beaucoup les limites de cet article. Pour une introduction récente au débat, on peut consulter Céline Spector [2010].

aux finances : qu'il s'agisse de Melon, de Dutot, de Cantillon ou de Gournay, de Forbonnais..., tous ont plutôt loué la tentative de Law et attribué son échec à la frilosité des rentiers français, peu disposés à adopter une mentalité d'entrepreneurs. Ce ne fut nullement le cas de Montesquieu. Quel qu'ait pu être son intérêt pour le commerce (il y consacra trois livres de l'*Esprit des lois*), bien loin de voir dans l'entreprise de Law des efforts en vue de la liberté, il y vit une atteinte à celle-ci et fit de Law un « promoteur du despotisme », c'est-à-dire du gouvernement qui représente le principal et le plus grave obstacle à la liberté :

> M. Law, par une ignorance égale de la constitution républicaine et de la monarchique, fut un des plus grands promoteurs du despotisme que l'on eût encore vus en Europe. Outre les changements qu'il fit, si brusques, si inusités, si inouïs, il voulait ôter les rangs intermédiaires et anéantir les corps politiques : il dissolvait la monarchie par ses chimériques remboursements, et semblait vouloir racheter la constitution même. [*EL*, II, 4]

Comment comprendre un tel jugement ? Des indications données par Montesquieu se dégagent trois pistes de la critique qu'il fait du Système de Law :

1. une piste politique : celle de la brutalité des réformes par lesquelles le Système fut mis en plan ;
2. une piste sociale : celle des menaces à l'ordre social existant qu'aurait représentées le Système ;
3. une piste économique : si l'on pense que les « chimériques remboursements » touchent au contenu même de la réforme de Law.

En suivant ces trois pistes, il s'agira de nous demander de quel côté finalement penche la critique menée par Montesquieu. Qui, de Law, le génie économique, ou de Montesquieu, qui n'a rien compris au contenu économique de sa réforme, est l'ennemi du libéralisme ? La réponse à cette question rend nécessaire la distinction entre libéralisme économique et libéralisme politique.

I. Une critique politique : les réformes contre la liberté

L'accusation portée par Montesquieu contre Law n'était, comme l'a montré Thomas Kaiser [1991], ni isolée ni injustifiée. De nombreux contemporains, inconnus (chansons de rue) aussi bien que connus (Charles Duclos, Saint-Simon, Voltaire), avaient dénoncé le caractère « tyrannique », « despotique » de décisions politiques qui procédaient du caprice de ceux qui les prenaient au mépris des lois. Law lui-même n'avait pas hésité à employer le terme, positivement. Il justifiait ainsi que, républicain convaincu, il ait cependant pu proposer ses services à la France, et découvrir les mérites de la monarchie absolue – qu'il n'hésite pas à qualifier [positivement] de « despotique » – lorsqu'il s'agit d'inspirer la confiance nécessaire au fonctionnement du système de crédit et de finances publiques qu'il voulait établir : « Combien est grand l'avantage du pouvoir despotique dans les commencements d'une institution sujette à tant de traverses de la part d'une nation qui n'y est pas encore accoutumée ! » [Harsin, 1934, p. 158 ; voir aussi Richter, 2002, p. 382].

Or c'est bien là ce qui pouvait choquer Montesquieu. La différence entre le despotisme et la monarchie ne tient pas, selon lui, au fait de l'obéissance (on obéit dans les deux régimes), mais à la façon dont on le fait. Mécanique dans les gouvernements despotiques, l'obéissance est, dans les monarchies, le résultat « de tempérament, de modifications, d'accommodements, de termes, d'équivalents, de pourparlers, de remontrances » [*EL*, III, 10]. C'est bien cela que cherchait à éviter Law. Les mesures prises, issues directement d'ordres du conseil, n'avaient pas besoin d'être enregistrées par le Parlement (ce qui aurait été le cas avec des édits) [Kaiser, 2002, p. 14]. En court-circuitant les organes de délibération, Law se comportait en ennemi de la liberté. Cela le conduisit, en effet, à prendre des mesures contraires aux libertés : ainsi de l'interdiction faite aux sujets de garder des espèces chez eux [*EL*, XXIX, 6].

Mais l'accusation concernait également les objectifs du Système : était-il pertinent d'établir une banque centrale dans un régime monarchique comme celui de la France ? Dans les mémoires qu'il avait présentés au Régent pour le convaincre d'adopter son projet, Law avait affirmé que le succès de celui-ci ne dépendait pas de la nature du gouvernement : « Dans tous les pays où l'on a voulu établir la banque, elle a toujours réussi, dans les monarchies, comme dans les républiques », affirmait-il [Law, 1847, p. 562]. Un peu plus loin, après avoir expliqué comment, grâce à la banque, l'Angleterre soutient ses dettes et fait face à une guerre civile, sans porter préjudice à sa prospérité économique, Law tenait à préciser que « ce n'est pas la différence des gouvernements de ces États [la France et l'Angleterre] qui produit cette grande différence dans la situation de leurs affaires » [*ibid.*, p. 585].

Telle n'est certainement pas la position de Montesquieu. Dans l'indifférence proclamée de Law vis-à-vis de la forme des gouvernements, il voit une « ignorance » des constitutions politiques qui expose au despotisme.

Pour lui, « le commerce a du rapport avec la constitution » [*EL*, XX, 4]. Certaines formes de commerce se développent plus aisément dans un gouvernement que dans un autre. Il distingue ainsi entre le commerce d'économie, commerce de revendeurs ou d'intermédiaires qui convient aux républiques comme la Hollande, ou à un pays comme l'Angleterre, « où la république se cache sous la forme de la monarchie » [*EL, V, 19*] et dont les citoyens peuvent se satisfaire de gains petits mais répétés, et le commerce de luxe, qui pourvoit aux goûts dispendieux des habitants les plus riches des monarchies, pays très marqués par des inégalités sociales où les dépenses des plus riches donnent du travail aux plus pauvres. Or les institutions qui conviennent au commerce d'économie, tout particulièrement la banque [*EL*, XX, 10], auraient des conséquences néfastes dans une monarchie vouée au commerce de luxe.

Ce serait dangereux pour le commerce : la concentration d'argent et d'effets financiers dans une banque ne peut que déclencher les appétits prédateurs d'un pouvoir unique. L'argument n'est pas nouveau. Au projet de Law, le négociant et financier Samuel Bernard avait objecté la fragilité d'un établissement de crédit dont le capital consisterait en créances sur l'État, débiteur notoirement douteux, tout en montrant le danger d'une banque publique soumise aux caprices d'un pouvoir absolu et incontrôlé. Samuel Bernard ne faisait que reprendre, contre Law, les arguments que lui avait opposés le Conseil du commerce quand il avait présenté son propre projet de banque, en 1709 [Lüthy, 1959]. Mais tel que le présente, ou le reprend, Montesquieu, l'argument est plus directement dirigé contre Law, contre l'idée avancée par celui-ci selon laquelle un pouvoir unique est capable d'harmoniser la diversité des intérêts particuliers, de dégager l'intérêt général, et de l'imposer à tous. C'est un argument que l'on trouve chez Hobbes (pour qui c'est l'unité de l'État qui réalise l'intérêt général), et que rejette Montesquieu, à partir d'une étude de la différence des gouvernements. L'accord des intérêts particuliers dans l'unité d'un établissement public est sans doute possible dans les républiques commerçantes, qui instrumentalisent le politique au service du commerce, en transformant les sociétés commerciales – banques ou compagnies de commerce – en appareils politiques, et un tel accord se trouve aussi en Angleterre, où l'on rencontre la même instrumentalisation du politique par le commerce (« D'autres nations ont fait céder des intérêts du commerce à des intérêts politiques : celle-ci a toujours fait céder ses intérêts politiques aux intérêts de son commerce » [*EL*, XX, 7]). Mais c'est exclu dans une monarchie : la confusion entre les intérêts commerciaux et les intérêts politiques ne réaliserait pas la liberté du commerce, mais ouvrirait la voie au despotisme, en mettant les négociants à la merci de la volonté capricieuse d'un seul ou de quelques-uns.

En 1715, le Régent lançait par l'intermédiaire de ses intendants un appel à ses sujets pour qu'ils donnent leur avis sur la façon de remédier à la situation catastrophique des finances du royaume. Jeune conseiller au Parlement de Bordeaux, inconnu à Paris, Montesquieu envoya un mémoire [Montesquieu, 1715 ; Carrithers, 2002], où il joignait des propositions d'assainissement des finances (que les collectivités utilisent leurs créances sur l'État pour racheter les impôts plus impopulaires) à des mesures de décentralisation en redonnant de l'importance aux États provinciaux. Rien ne pouvait être plus éloigné de son projet que la tentative de Law de mettre une banque d'État, alimentée par la dette publique, au service du développement du commerce, en s'appuyant sur l'autorité absolue de la monarchie pour y arriver. Montesquieu ne pouvait y voir, au mieux, qu'une réforme menée par en haut, entraînant un renforcement du pouvoir central au détriment de la liberté.

La critique que Montesquieu adresse à Law est comparable à la distinction faite par Tocqueville [1952, III, 3, p. 209], dans *L'Ancien Régime et la Révolution*, entre les « réformes » promues par les physiocrates au milieu du siècle, et les « libertés » dont ces réformes étaient fort éloignées. Certes la comparaison ne porte pas sur le contenu des doctrines. Les physiocrates s'opposent à Law, ils n'ont que mépris pour la finance qui, selon Quesnay, est une « technique mystérieuse qui se prête aux circonstances, et qui ne s'est point élevée au rang des sciences qui peuvent éclairer la nation » [Quesnay, 1958, p. 933]. La comparaison porte sur la voie choisie pour réaliser les réformes. Quesnay, comme Law, n'hésite pas à se référer positivement au despotisme : il fait l'éloge de la Chine, et du despotisme légal qu'on y voit réalisé. Quesnay comme Law sont persuadés que la généralité des intérêts économiques, ou commerciaux, peut coïncider avec l'intérêt du monarque. Pour Quesnay, il y a même complète identité entre l'intérêt de la classe des propriétaires (qui est l'intérêt général de la nation) et celui du monarque (copropriétaire de tout le royaume). On pourrait, sans beaucoup la transformer, mettre la phrase de Law sur la capacité d'une autorité absolue à permettre la réalisation d'un projet économique global sous la plume de Quesnay.

Dans cet éloge du pouvoir absolu, il ne faut sans doute pas voir un goût du pouvoir pour le pouvoir, mais plutôt un argument d'efficacité. C'est le même type de raisonnement qui conduit Gournay, après une longue comparaison entre les avantages respectifs des républiques et des monarchies dans le développement du commerce, à conclure finalement en faveur des monarchies :

> Quand une fois les principes du commerce auront percé jusque dans le conseil des Monarques, et qu'on le regardera, non comme une chose accessoire et subalterne, mais comme une affaire principale, comme la vraie source des richesses et de la puissance, ces Princes trouveront encore plus de facilité que les Républiques à étendre et à soutenir leur commerce, parce qu'il leur est plus aisé de lever les obstacles qui en retardent le progrès. [Gournay, 1983, p. 353]

Une telle présentation de l'avantage des monarchies en matière de décision suppose à la fois la neutralité de la décision politique (définie uniquement en termes d'efficacité) et l'indépendance de l'objet auquel s'applique la décision, en l'occurrence le commerce, dont Gournay souhaite la généralisation à toute l'Europe. En ce sens, il a bien l'ambition que Pangle prête à Montesquieu : il faut imiter le modèle commercial anglais.

Mais tel n'est pas le cas de Montesquieu. Celui-ci ne croit ni que la politique ne se mesure qu'en termes d'efficacité, ni que le commerce peut se développer de la même façon dans toutes les formes de gouvernement. C'est pourquoi l'Angleterre n'est pas pour lui un exemple imitable. C'est un cas singulier : « C'est le peuple du monde qui a le mieux su se prévaloir à la fois de ces trois grandes choses : la religion, le commerce et la liberté » [*EL*, XX, 7]. Une telle rencontre, qui est le résultat de l'histoire d'un peuple, dans une conjoncture particulière, n'est pas susceptible de se reproduire à l'identique ailleurs. Ce qui veut dire aussi que le commerce a besoin de la liberté pour prospérer, non que la liberté est la conséquence automatique du commerce. Si l'histoire du libéralisme est celle de la liberté, ce ne peut être une histoire seulement économique.

II. Une critique sociale : la réforme de Law mettait-elle en danger l'ordre social de la France d'Ancien Régime ?

La critique politique du Système de Law, accusé par Montesquieu de renforcer la centralisation au détriment des libertés, cache-t-elle un conflit social ? Il est aisé de le faire apparaître. Lorsque Montesquieu accuse Law d'avoir voulu « ôter les rangs intermédiaires et anéantir les corps politiques », parce que, non content d'avoir court-circuité le droit de remontrance des Parlements, il avait envisagé le rachat des offices, c'est la structure sociale sur laquelle reposait la monarchie absolue qu'il défend. Montesquieu a justifié la vénalité des charges dans les monarchies, jugeant qu'elle y rendait « les ordres de l'État plus permanents » [*EL*, V, 19].

Althusser a ainsi montré comment ce qui, dans l'étude que fait Montesquieu de la monarchie, est présenté comme un ordre juridique – les pouvoirs intermédiaires, les lois fondamentales – est en fait un ordre social : une noblesse, un clergé. « Ces lois fixes et établies ne sont que la fixité de l'établissement de la noblesse et du clergé », commente Althusser [1964, p. 68]. Il montre de la même façon que le despotisme, qui est moins un régime réel que l'idée même du mal en politique, représente, tout particulièrement en France, une menace avant tout pour la noblesse, le peuple restant finalement à l'abri des coups que le despote dirige contre les grands. Conclusion : Montesquieu ne défend pas tant la liberté que « les libertés particulières de la classe féodale, sa sûreté personnelle, les conditions de la pérennité » et sa prétention à avoir part, comme puissance sociale, au pouvoir [*ibid.*, p. 87].

Dans l'opposition de Montesquieu au Système de Law, c'est finalement un conservatisme social qui s'exprimerait. Montesquieu défendrait un ordre social hiérarchique intégrant les individus dans des groupes sociaux subordonnés les uns aux autres, et que menacerait la généralisation de rapports économiques fondés sur les échanges interindividuels. C'est ce que l'on peut trouver dans sa défense de l'interdiction faite à la noblesse de commercer.

Le débat sur la noblesse commerçante remonte au moins au début du XVIIIe siècle. Dans un mémoire au Régent (1715-1716), Boulainvilliers propose de « permettre aux nobles pauvres le commerce de détail », sous certaines conditions et sans dérogeance. L'Abbé de Saint-Pierre, fait la même proposition dans ses *Ouvrajes de politique* [Saint-Pierre, 1733, V, X]. L'Angleterre pouvait être donnée en exemple : Voltaire (mais déjà Savary [1723, p. 272] dans son *Dictionnaire de commerce*) admire que l'on considère comme normal, en Angleterre, que les cadets de famille se livrent au commerce [Voltaire, 1734, 10e lettre, p. 67]. Après 1750, l'abbé Coyer, avec l'appui de Gournay, revient à la charge avec sa *Noblesse commerçante* qui est un vigoureux plaidoyer pour la généralisation de l'esprit de commerce. Ses adversaires (tel le chevalier d'Arcq) ont trouvé des arguments dans *L'Esprit des lois*. Montesquieu, en effet, s'y oppose vigoureusement à la participation de la noblesse au commerce.

Ses arguments sont d'abord politiques, et sont présentés dans son analyse des gouvernements. « Le commerce étant la profession des gens égaux », permettre aux nobles (que ce soit dans une aristocratie ou une monarchie) de commercer perturberait cette égalité, au profit des nobles : « des marchands si accrédités feraient toutes sortes de monopoles » [*EL*, V, 8]. La participation des nobles (ou du prince) au commerce est donc contraire à la concurrence et à sa liberté. Montesquieu y revient dans les livres consacrés au commerce. Il reprend l'exposé des raisons qui poussent à exclure la noblesse (et de façon générale, tous ceux qui détiennent une autorité politique) du commerce, et ajoute l'argument symétrique : il est dangereux, pour la noblesse elle-même (et le régime monarchique dont elle est le soutien), de se livrer au commerce. Montesquieu alors fait référence à l'Angleterre : « L'usage qui a permis en Angleterre le commerce à la noblesse est une des choses qui a le plus contribué à affaiblir le gouvernement monarchique » [*EL*, XX, 21].

Nous savons depuis le livre II que l'Angleterre, si elle est une monarchie, est une monarchie très particulière et très fragile, puisqu'elle tend à se priver de ce qui est le pilier même du gouvernement monarchique : « Les Anglais, pour favoriser la liberté, ont ôté toutes les puissances intermédiaires qui formaient leur monarchie » [*EL*, II, 4]. À cette explication politique (on peut voir là une référence aux mesures prises par le *Long Parliament* dans son affrontement avec Charles I [Tillet, 2001, p. 96]), l'allusion du livre XX ajoute une dimension sociale, qui inscrit dans le long terme l'affaiblissement de la noblesse propre à l'Angleterre. Lieu de la liberté et du commerce, l'Angleterre est bien ce cas singulier qui ne peut être généralisé et surtout pas pour l'appliquer à la France. Aux partisans de la noblesse commerçante, Montesquieu fait une contreproposition : la possibilité, pour les négociants enrichis, d'acquérir des titres de noblesse, en achetant des terres [*EL*, XX, 22]. On peut supposer qu'une telle possibilité entretiendrait un prix élevé du foncier permettant à la noblesse de continuer à vivre de ses rentes. Mais cela contribuerait à augmenter le taux de l'intérêt de l'argent, ce qui ne serait pas à l'avantage du commerce.

On voit ainsi comment l'argumentation politique, chez Montesquieu, est difficilement séparable d'un argumentaire social qui tourne en faveur de positions conservatrices. Cela jette-t-il le soupçon sur la théorie de la liberté politique chez Montesquieu ?

Tout attaché qu'il soit à la hiérarchie sociale de son temps, Montesquieu, cependant, n'est pas un défenseur inconditionnel de l'ordre social de l'Ancien Régime. Il connaît les défauts de la noblesse, sa petitesse et ses mesquineries, et de l'honneur qui l'anime, il reconnaît qu'il est « philosophiquement faux » [*EL*, III, 7]. Althusser voit là une forme de ruse de la raison, puisque cet honneur faux tourne au bien général : grâce à lui, « chacun va au bien commun, croyant aller à ses intérêts particuliers » [*EL*, III, 7 ; Althusser, 1964,

p. 70-74 ; Mosher 2001]. Mais si l'on peut trouver là, effectivement, l'exemple d'un mécanisme dans lequel le bien général se produit comme un résultat non intentionnel, se dégageant d'un ensemble de conséquences involontaires, les effets bénéfiques de l'inégalité sociale ne sont pas, chez Montesquieu, uniquement l'occasion d'un constat, que l'on se contenterait d'enregistrer. Ce constat peut se formuler en propositions ayant une portée plus générale et inspirer des dispositions institutionnelles ou constitutionnelles. On le voit dans le chapitre sur la constitution anglaise, quand Montesquieu déclare qu'« il y a toujours, dans un État des gens distingués par la naissance, les richesses ou les honneurs » [*EL*, XI, 6]. Cette proposition générale introduit à des conséquences normatives : « S'ils étaient confondus parmi le peuple, et s'ils n'y avaient qu'une voix commune parmi les autres, la liberté commune serait leur esclavage » [*ibid.*]. Montesquieu justifie par là que les nobles relèvent d'une juridiction spéciale. On y retrouve l'argument de défense de la noblesse, présentée comme un rempart de la liberté. L'inégalité est tolérable tant qu'elle a des effets positifs sur la liberté. La différence des conditions chez Montesquieu n'est pas justifiée en elle-même, mais par ses conséquences, qui peuvent être positives, sur la liberté politique. La question n'est pas tant celle de l'inégalité que celle des différentes formes de l'égalité. Celle-ci, pour fonctionner à l'avantage de tous, doit être un principe institutionnel qui laisse en place des différenciations sociales : c'est ce qui le conduit, dans les démocraties, à distinguer entre l'esprit d'égalité, qui en est le principe, et « l'égalité extrême » qui en représente la corruption [*EL*, VIII, 3].

La critique sociale de la réforme conduirait-elle à penser que Montesquieu, bien loin d'être l'apologiste de la modernité commerciale serait plutôt le défenseur de l'ordre social que cette modernité menace ? La situation n'est pas aussi tranchée, car si Montesquieu se réfère positivement à l'ordre social inégalitaire et hiérarchique de la monarchie française de son temps, c'est avec des arguments normatifs en faveur de la liberté politique. Ces arguments, dans leur généralité fonctionnelle, ont une portée plus large que celle de l'ordre social à propos duquel le constat en est fait. C'est alors la définition de la modernité commerciale qui est à reprendre.

III. Une critique économique ?

Montesquieu n'a jamais vu en Law autre chose qu'un personnage politique dont il désapprouvait l'action. Dans les *Lettres persanes* (1721), il le compare à un astrologue qui s'emploie à influencer les hommes au pouvoir et à tromper le monde. Tel un magicien ou un escroc, il le fait apparaître, dans une fable, sous les traits du fils d'Éole, qui persuade les habitants d'un royaume imaginaire d'échanger leur or contre du vent [Montesquieu, 1950, tome 1, p. 293-296, p. 273 et p. 305 ; Spector, 1997]. Bien qu'il ait rencontré Law à Venise en 1728, et qu'il ait « beaucoup raisonné système » avec lui [Montesquieu, 1950, tome 3, p. 913], il ne semble pas avoir changé d'avis ni compris la portée théorique de ses idées économiques. C'est un sophiste qu'il estime avoir rencontré : « C'est un homme captieux, qui a du raisonnement, et dont toute la force est de tâcher de tourner votre réponse contre vous, en y trouvant quelque inconvénient » [*ibid.*, tome 2, p. 1007], commente-t-il dans ses *Voyages*, même si, un peu plus tard, il prend note d'« Acheter un petit livre intitulé *Balance du Commerce de l'Angleterre avec la France*, fait par M. Law » [*ibid.*, p. 1199].

Qu'il ait ou non lu le livre, cela ne semble pas avoir eu d'effet sur la présentation du Système dans l'*Esprit des lois*. Montesquieu s'en tient au jugement porté dans les *Lettres persanes* : une construction imaginaire destinée à duper le public en le délestant, avec son accord, de ses richesses. Il parle de « chimériques remboursements » et n'examine plus avant ni le contenu économique et financier du Système ni la conception de la monnaie sur laquelle il s'appuyait. Cependant, dans le long chapitre qu'il consacre au change, au livre XXII (consacré aux questions monétaires), Montesquieu explique comment le Système de Law a trouvé sa chute sur les marchés financiers européens, notamment en Hollande. « C'était le change qui devait, en ce cas, régler en France la proportion de l'argent avec le papier » [*EL*, XXII, 10] : la conclusion qu'il en tire est conforme à la leçon très généralement tirée par beaucoup de contemporains (y compris par des défenseurs de Law comme Dutot) qui y ont vu une condamnation sans appel des manipulations monétaires. Ce sont les forces du marché qui déterminent la valeur de la monnaie et nullement l'intervention princière, jugeait-on le plus souvent [Kaiser, 1991, p. 24-25], et Montesquieu conclut dans le même sens. Il ne prononce pas un jugement moral, mais tente d'expliquer les mécanismes de l'équilibre dynamique des marchés.

La leçon tirée par Montesquieu, qui, sur ce cas précis, condamne l'intervention de l'État et en établit l'inefficacité, peut donc être qualifiée de libérale et ceci, d'autant plus que cette explication de l'échec du Système est une application du principe général du « doux commerce », établi au livre XXI, dans lequel A. Hirschman a vu l'une des matrices de l'acceptation du capitalisme, celui de la régulation des passions politiques par les intérêts commerciaux [Hirschman, 1977 ; Spector, 2006, p. 163-228 ; Larrère, 2014]. Montesquieu y fait explicitement référence dans sa conclusion sur le Système : « Le change, comme j'ai dit au livre précédent, a ôté les grands coups d'autorité, ou du moins le succès des grands coups d'autorité » [*EL*, XXII, 13]. Il s'agit du célèbre passage où, à la suite d'un examen des pratiques tyranniques visant au Moyen Âge les commerçants juifs, Montesquieu conclut :

> On a commencé à se guérir du machiavélisme, et on s'en guérira tous les jours. Il faut plus de modération dans les conseils. Ce qu'on appelait autrefois des coups d'État ne serait aujourd'hui, indépendamment de l'horreur, que des imprudences.
> Et il est heureux pour les hommes d'être dans une situation où, pendant que leurs passions leur inspirent la pensée d'être méchants, ils ont pourtant intérêt de ne pas l'être. [*EL*, XXI, 20]

Tel est bien le fil conducteur de la critique de Law, celui d'une critique politique d'actions étatiques qui ont des conséquences négatives sur les conduites privées, mais dont celles-ci viennent finalement à bout. Les « changements brusques, inusités, inouïs » qu'imposa Law font partie de ces « coups d'État » qui, pour Montesquieu, relèvent du « machiavélisme » [*EL*, XXI, 20] et, de même, que l'invention de la lettre de change a permis aux commerçants juifs d'échapper aux confiscations prédatrices des princes, pour le plus grand bien du développement du commerce, il est dans l'intérêt même des Princes de renoncer à leurs passions violentes de réformes monétaires pour laisser la valeur des monnaies s'établir d'elle-même sur les places financières, hors de chez eux.

Mais à la confirmation du schéma général de régulation des passions politiques par les intérêts économiques, déjà établi à propos des formes tyranniques de condamnation de l'usure, son application au Système de Law apporte une dimension supplémentaire. Ayant fait référence aux altérations des monnaies auxquelles avaient procédé les empereurs romains, Montesquieu commente :

> On sent que ces opérations violentes ne sauraient avoir lieu dans ces temps-ci : un prince se tromperait lui-même, et ne tromperait personne. Le change a appris au banquier à comparer toutes les monnaies du monde, et à les mettre à leur juste valeur. Le titre des monnaies ne peut plus être un secret. [*EL*, XXII, 13]

La régularité des pratiques commerciales n'est pas seulement venue à bout de la violence politique, elle a également mis à mal une des composantes du « machiavélisme » – entendu comme une politique qui se fait à l'insu du peuple pour mieux le manipuler –, le secret. Si savoir économique il y a, il est du côté de ceux qui ont la pratique du commerce, et qui, dans leurs activités, apprennent quelque chose. C'est pourquoi l'idée d'un despotisme éclairé – dont pourraient se réclamer aussi bien Law que Quesnay – est complètement impossible à défendre chez Montesquieu. Le despotisme profite de l'ignorance de ceux qui sont maintenus dans la soumission, alors, qu'à l'inverse, liberté et connaissance vont de pair. Montesquieu est un homme des Lumières, pour qui le développement des savoirs importe à la liberté. Ce qui fait la différence, pour Montesquieu, entre l'obéissance mécanique des gouvernements despotiques et l'obéissance négociée des gouvernements modérés, c'est que « dans la monarchie, le prince a des lumières » [*EL*, III, 10] : entendez par là que les « corps intermédiaires » sont dépositaires du savoir des lois, et que le temps des lenteurs de l'obéissance est aussi celui qui permet que progresse la connaissance.

Il est donc fortement douteux qu'un système, fût-il génial, puisse être imposé, par ruse ou par contrainte, à une population qui s'en méfie, ou qui n'y comprend rien. Comme le dit Montesquieu dans la préface de l'*Esprit des lois*, « il n'est pas indifférent que le peuple soit éclairé » [*EL*, p. 6]. On peut voir là une des raisons de l'échec du Système de Law : faute d'obtenir de l'opinion publique la confiance sans laquelle il n'y a pas de monnaie qui tienne, Law a jugé qu'il pouvait l'imposer par la force, en recourant à l'autorité du monarque [Kaiser, 1991, p. 6-7]. Il a fait ainsi le pari que le crédit public était mieux assuré dans une monarchie absolue que dans une monarchie modérée ou dans une république. C'était faire de sa réforme un problème politique et pas seulement économique. C'était s'exposer à perdre son pari. D'où la signification politique de son échec.

Conclusion

Montesquieu est visiblement passé complètement à côté du caractère novateur, reconnu aujourd'hui par de nombreux économistes, des théories de Law sur la monnaie. Cela invalide-t-il sa critique qui, d'un bout à l'autre, est une critique politique ?

On peut estimer que, même si Montesquieu n'a pas compris grand-chose au programme économique du Système, il a vu cependant qu'il mettait en danger l'ordre social auquel il était attaché et qui lui apparaissait comme un garant des libertés existantes. Cette interprétation, qui peut être défendue par des économistes, converge avec celle d'Althusser. C'est admettre que, derrière la structure juridico-politique étudiée dans l'*Esprit des lois*, on découvre un ordre social inégalitaire que menace la généralisation des échanges commerciaux. Montesquieu, dans cette interprétation, serait du côté des ennemis (particulièrement perspicaces) du libéralisme, entendu comme le système juridico-social sur lequel s'appuie le développement du capitalisme. Simplement, quelles qu'aient pu être ses positions conservatrices, on doit lui reconnaître une grande clairvoyance dans le jugement social.

S'en tenir à cette interprétation, cependant, serait méconnaître la portée de l'explication fonctionnelle des inégalités que donne Montesquieu. Celle-ci dépasse de loin la seule justification de l'ordre social qui caractérise l'Ancien Régime. La mise en avant de la permanence de la « distinction » qui caractérise tout État, introduit à un débat interne au libéralisme, entendu comme priorité donnée à la liberté sur l'égalité. Toute proposition libérale, pour rendre compatibles égalité et liberté, en vient à distinguer entre différents types d'égalité. La distinction aujourd'hui la plus fréquente est celle qui est faite entre égalité d'accès et égalité de résultats, mais celle que fait Montesquieu entre l'égalité politique et juridique (des citoyens dans une démocratie) et l'égalité extrême (dans tout le corps social) en est une autre forme possible : la façon dont Tocqueville, dans la *Démocratie en Amérique*, montre que l'égalité des conditions n'est pas réductible à un nivellement égalitaire, repose sur une distinction proche de celle de Montesquieu.

On peut donc dire que la critique que fait Montesquieu du Système de Law est une critique libérale, en ce qu'elle a été soit reprise par des auteurs considérés comme libéraux (c'est le cas de la différence entre réformisme centralisateur et défense des libertés que l'on retrouve chez Tocqueville dans *L'Ancien Régime et la Révolution*), soit identifiée comme un paradigme libéral (c'est le cas de la régulation des intérêts par les passions, relevé par Hirschman et appliqué par Montesquieu à l'explication de la chute du Système). Cela ne signifie nullement que chacun de ces arguments vaille, pour Montesquieu, comme un principe universel que l'on pourrait appliquer en toutes circonstances.

L'examen de la critique que Montesquieu fait de Law ne conduit pas à trancher la question de savoir s'il était un partisan de la modernité libérale ou un défenseur du conservatisme social. Là encore, la question qu'il pose est intérieure au débat sur le libéralisme : elle porte sur le rapport entre libéralisme économique et libéralisme politique. Les positions de Montesquieu et celles des défenseurs du développement du commerce en France au XVIIIe siècle, comme Gournay ou Forbonnais, sont souvent proches (notamment en ce qui concerne l'importance de l'intérêt [Larrère, 2011]). Les séparent cependant aussi bien leur jugement sur Law que [et les deux thèmes sont liés] la question de la dépendance ou de l'indépendance des formes de commerce par rapport aux formes de gouvernement.

Le commerce a-t-il du rapport à la constitution d'un État ? Il y a là, pour Montesquieu, un rapport nécessaire [*EL*, XX, 4], alors que, pour Forbonnais, ce rapport, s'il existe, ne peut être que contingent : « S'il est en Hollande quelque branche de commerce qui ne fleurisse pas en France, c'est ou parce que le nôtre n'est pas ancien, ou par des circonstances particulières qui ne tiennent point à la constitution de l'État » [Forbonnais, 1753, in Volpilhac, 2003, p. 221], affirme-t-il dans son commentaire de l'*Esprit des lois*.

Entre Forbonnais et Montesquieu, la différence ne porte pas sur l'acceptation, ou le rejet, par principe, de l'intervention de l'État dans les affaires économiques (même pour des partisans de la liberté du commerce des grains comme les physiocrates, il faut bien une intervention de l'État pour l'établir), mais sur la façon dont doivent être abordées les questions du commerce. Pour Forbonnais, on peut en faire une science : l'indépendance proclamée est méthodologique. Pour Montesquieu, on ne peut se déprendre de l'étude empirique : il s'agit moins d'une science que d'un art. Le développement du commerce n'est pas indépendant du contexte dans lequel il se développe, et par « constitution » on peut entendre non seulement la constitution politique (la forme de son gouvernement), mais l'ensemble unique que forment les lois, les mœurs, mais aussi les conditions géographiques, où se forme la singularité d'un peuple, ce que Montesquieu nomme son « esprit » [*EL*, XIX, 4, « Ce que c'est que l'esprit général »]. La leçon de sa critique de Law, c'est qu'à ignorer ce rapport, et à concevoir l'économie indépendamment du régime dans lequel elle s'installe, on s'expose au risque de la violence politique et du despotisme. De ce point de vue, les réformes économiques tentées dans la France du XVIIIe siècle (le Système de Law, les lois sur la liberté du commerce des grains de 1763-1764, puis à l'instigation de Turgot en 1774-1775) relèvent plus de la violence politique et populaire que de la paisible histoire du « doux commerce ». Quelle que soit l'importance de ce paradigme, il ne peut pas être considéré comme une loi historique ou économique, qui rendrait, dans tous les cas, inutile et nocive l'intervention de l'État. Que l'on puisse en constater les effets, ne dispense pas d'une étude précise de la conjoncture. C'est finalement cette attention au contexte qui fait la différence entre le libéralisme économique, porté à un dogmatisme doctrinal qui l'expose au despotisme, et le libéralisme politique, qui, attentif au contexte, est plus favorable à la liberté.

Bibliographie

Althusser, Louis [1964], *Montesquieu, la politique et l'histoire*, Paris : PUF.

Carrithers, David W. [2002], « Montesquieu and the spirit of French finance: an analysis on his *Mémoire sur les dettes de l'état* (1715) », in Carrithers David W. & Coleman Patrick (eds.), *Montesquieu and the Spirit of Modernity*, Oxford: Voltaire Foundation, p. 159-190.

Coyer, Abbé Gabriel François [1756], *La Noblesse commerçante*, Paris & Londres.

Faure, Edgar [1977], *La Banqueroute de Law*, Paris : Gallimard.

Forbonnais, François Véron Duverger de [1753], *Observations sur l'Esprit des lois*, in Volpilhac Catherine [2003], *Montesquieu, Mémoire de la critique*, Paris : Presses de l'Université de Paris-Sorbonne.

Gournay, Vincent de [1983], *Traités sur le commerce de Josiah Child avec les Remarques inédites de Vincent de Gournay*, Tsuda, Takumi (éd.), Tokyo : Kinokunyia.

Harsin, Paul (dir.) [1934], *Les œuvres complètes de John Law*, 3 vol., Paris : Sirey.

Hirschman, Albert O. [1977], *The Passions and the Interests, Political Arguments for Capitalism before its Triumph*, Princeton: Princeton University Press.

Kaiser, Thomas E. [1991], « Money, Despotism and Public Opinion in Early Eighteenth-Century France: John Law and the Debate on Royal Credit », *Journal of Modern History*, 63, p. 1-28.

Larrère, Catherine [2014], « Montesquieu et le "doux commerce" : un paradigme du libéralisme ? » *Cahiers d'Histoire. Revue d'histoire critique. Les libéralismes en question, XVIIIe-XXIe siècles*, n° 123, p. 21-38.

Larrère, Catherine [2011], « Système de l'intérêt et science du commerce : François Véron de Forbonnais, lecteur de Montesquieu », in Charles Loïc, Lefebvre Frédéric et Théré Christine, *Le cercle de Vincent de Gournay. Savoirs économiques et pratiques administratives au milieu du XVIIIe siècle*, Paris : INED, p. 259-280.

Law, John [1847], *Mémoires sur les banques présentés à Mgr le duc d'Orléans, régent de France*, in *Collection des Économistes et Financiers*, premier mémoire, Paris : Guillaumin.

Lüthy, Herbert [1959], *La banque protestante en France*, tome I, *Dispersion et regroupement (1685-1730)*, Paris : S.E.V.P.E.N.

Montesquieu, De Secondat, Charles Louis [2011], *De l'esprit des lois*, 2 vol., Paris : Classiques Garnier. Réédition de la traduction de Robert Dérathé de 1973.

——— [1950], *Lettres persanes*, in *Œuvres complètes*, Masson André (éd.), Paris : Nagel.

——— [1715], *Mémoire concernant les moyens d'acquitter les dettes de l'État*, in *Œuvres complètes de Montesquieu*, *Œuvres et écrits divers*, I, tome 8, Oxford : Voltaire Foundation, 2003, p. 43-64.

Mosher, Michael [2001], « Monarchy's Paradox: Honor in the Face of Sovereign Power », in Carrithers David W., Mosher Michael & Rahe Paul A. (eds.), *Montesquieu's Science of Politics*, Lanham, MD: Rowman & Littlefield, p. 159-230.

Pangle, Thomas L. [1973], *Montesquieu's philosophy of liberalism, A Commentary on the Spirit of the Laws*, Chicago: Chicago University Press.

Quesnay, François [1958], *Despotisme de la Chine*, in *François Quesnay et la physiocratie*, tome 2, Paris : INED.

Richter, Melvin [2002], « Le concept de despotisme et l'abus des mots », *XVIIIe siècle*, vol. 34, n° 1, p. 373-388.

Sainte-Foy, Philippe Auguste de, chevalier d'Arcq [1756], *La Noblesse militaire ou le Patriote français opposé à la noblesse commerçante*, Amsterdam.

Saint-Pierre, Abbé Castel de [1733], *Ouvrajes de politique*, Rotterdam : Jean-Daniel Beman & Paris : Briasson.

Savary des Bruslons, Jacques [1723], *Dictionnaire universel de commerce*, tome 2, Paris.

Spector, Céline [2010], « Montesquieu était-il libéral ? », in G. Kevorkian (dir.), *La Pensée libérale*, Paris : Ellipses, p. 57-71.

Spector, Céline [2006], *Montesquieu et l'émergence de l'économie politique*, Paris : Honoré Champion.

Spector, Céline [1997], *Montesquieu,* Les Lettres persanes. *De l'anthropologie à la politique,* Paris : PUF, coll. « Philosophies ».

Tillet, Édouard [2001], *La Constitution anglaise, un modèle politique et institutionnel dans la France des Lumières*, Aix-en-Provence : Presses universitaires d'Aix-Marseille, coll. « Histoire des idées politiques ».

Tocqueville, Alexis de [1952], *L'Ancien Régime et la Révolution*, Paris : Gallimard.

Voltaire [1734], *Lettres philosophiques*, Paris : Garnier-Flammarion, 1964.

FERMIERS ET *GRAINS* : DEUX MOMENTS DE CONFRONTATION DE QUESNAY À LA SCIENCE DU COMMERCE

Police contre Polices au nom des libertés

Jean-Daniel Boyer[1]

Les articles *Fermiers* et *Grains* que Quesnay publia dans l'*Encyclopédie* ont souvent été considérés comme ayant un statut semblable dans son œuvre économique, annonçant d'ailleurs le *Tableau œconomique*. Nous montrons pourtant que l'adversaire du médecin de Mme de Pompadour change au cours de ses écrits. D'abord opposé à la police des grains d'Ancien Régime, dans une perspective similaire à celle de la science du commerce, Quesnay devient ensuite l'adversaire de cette dernière. Dans ces deux écrits, il propose en outre une police plus qu'un système.

Fermiers *and* Grains*: two confrontations of Quesnay with the science of trade. Police against Polices in the name of liberties*

The articles Fermiers *and* Grains *that Quesnay published in the* Encyclopédie *have often been seen as holding a similar status within his economic work, and as representing besides, the early stages of the* Tableau œconomique. *However, we show that the viewpoint of the adversary of Mme de Pompadour's physician changes in the course of this writings. Initially opposed to the Ancien Régime grain police, in a perspective similar to that of the science of trade, Quesnay then turns into the opponent of the latter. In this two writings besides, it is rather a police than a system that he propounds.*

Mots clefs : grains, police, Quesnay, science du commerce.

Keywords: grain, police, Quesnay, science of trade.

JEL Codes : B11

---

1. Université de Strasbourg, DynamE UMR 7367, boyer@unistra.fr.

L'auteur tient à remercier les deux relecteurs anonymes pour leurs judicieuses remarques, ainsi que les participants aux journées d'études et au colloque qui ont nourri cet article.

La plupart des études relatives à Quesnay mettent l'accent sur le *Tableau œconomique* pour montrer la rupture que celui-ci opérait dans l'analyse économique[2]. Elles supposent généralement que Quesnay proposait un système d'analyse cohérent et abouti, né d'une épistémologie singulière, associant description de l'économie du royaume agricole, propositions fiscales, promotion du libre-échange et théories politiques valorisant le despotisme légal. Par ce biais, elles sont amenées à mettre l'accent sur la cohérence de cette géniale invention laissant presque croire qu'elle naquit du néant ; idée que la très tardive reconversion du médecin de Mme de Pompadour à l'économie politique pourrait d'ailleurs laisser supposer.

Il nous semble au contraire que le système de Quesnay s'est construit par tâtonnements et que son invention, fût-elle géniale, n'était pas préconçue. Notre hypothèse est, en effet, qu'elle fut le résultat, partiellement inintentionnel, d'une intentionnelle opposition à des adversaires.

L'absence initiale d'un système chez Quesnay émerge particulièrement au regard de ses deux écrits économiques parus dans l'*Encyclopédie*. D'une part, ceux-ci présentent différents éléments épars, dont certains seront rejetés ultérieurement, pensons par exemple à ses premières propositions fiscales. D'autre part, les conceptions épistémologiques ou politiques de Quesnay en sont encore grandement absentes. Enfin, l'objectif de ces écrits n'est pas véritablement de fonder un système mais de proposer des principes de politique économique nouveaux au nom d'une certaine conception, d'ailleurs évolutive, des libertés. Ces propositions de réforme se construisent d'abord contre la police d'Ancien Régime, puis contre la science du commerce[3] et amènent Quesnay à systématiser progressivement sa pensée.

Au regard de leurs adversaires, *Fermiers* et *Grains* ont, en effet, un statut partiellement dissemblable. L'adversaire principal de Quesnay dans *Fermiers* est la police d'Ancien Régime, et plus particulièrement la police des grains fondée sur le fameux pacte nourricier[4]. La critique de Quesnay s'inscrit alors pleinement dans celle qu'en proposait la science du commerce.

2. Sans volonté d'exhaustivité citons Cartelier [1991], Gilibert [1977], Vaggi [1987].

3. Comme nous le verrons, pour critiquer ces deux polices, Quesnay joue sur les trois sens qu'avait le mot liberté à son époque si nous nous en remettons aux analyses de Quentin Skinner [2002] : liberté comme opposition aux contraintes et aux entraves à l'action, liberté comme opposition à la dépendance et à la soumission à l'arbitraire et enfin, et même si c'est moins souvent le cas chez le physiocrate, liberté comme possibilité de réalisation de soi et de ses fins.

4. Sur le pacte nourricier d'Ancien Régime et sur l'organisation de la police, nous renvoyons aux travaux de Steven L. Kaplan et particulièrement à Kaplan [1976] ainsi qu'à Afanassiev [1894].

Elle la complète d'ailleurs en mettant l'accent sur la figure d'un fermier entrepreneur. La défense de la liberté d'exportation des grains se fait au nom des excédents de la balance commerciale et ferait de Quesnay un théoricien du système mercantile au sens d'Adam Smith[5].

La perspective change radicalement dans *Grains*. L'adversaire y prend désormais les traits de la science du commerce. Quesnay cherche à la fois à montrer que l'agriculture est le seul secteur permettant de favoriser la production de richesses et remet en cause la balance du commerce, laquelle ne pourrait désormais plus servir de guide aux politiques économiques.

I. *Fermiers* : compléter l'analyse de la science du commerce pour renverser la police d'Ancien Régime

L'article *Fermiers* est le premier écrit d'économie de Quesnay. Il est composé avant avril 1756, puisqu'un premier tirage du tome VI de l'*Encyclopédie*, dans lequel il est inséré, a été diffusé à cette date [Quesnay, 2005, p. 127-128][6]. *Fermiers* est aussi la première contribution de l'*Encyclopédie* qui soit véritablement classée sous la dénomination « Économie politique »[7].

5. À s'en remettre au Livre IV de la *Richesse des Nations*, l'appartenance à ce que Smith appelait le système des marchands est majoritairement déterminée par la recherche des excédents de la balance commerciale et par la promotion des réglementations mises en place pour y parvenir.

6. L'article a donc sans doute été écrit avant que l'ouvrage de l'abbé Coyer, *La noblesse commerçante*, ne fasse débat. D'après Depitre [1913, p. 137], l'ouvrage de Coyer « paraît dans les premiers jours de 1756 ». Les premières recensions de l'ouvrage sont certes publiés très tôt et le débat prend rapidement, mais sans doute pas assez pour que Quesnay infléchisse son écrit. Sur la réception de l'ouvrage de Coyer, nous renvoyons également à Depitre [1913].

7. La catégorisation de l'article sous la dénomination « Économie politique » est nouvelle. Jusqu'alors, dans l'*Encyclopédie*, il n'était question que d'économie animale, d'économie rustique ou, à partir de la lettre C, d'économie domestique. Seule exception notable, l'article *Chalet* qui est classé dans cette rubrique Économie politique et qui se présente comme une très brève définition d'une phrase rédigée par Diderot. Même l'article *Économie* ou *Oeconomie* de Rousseau est classé dans la rubrique « Morale et Politique ». Le renversement s'opère donc véritablement à partir de la lettre F. En plus de l'article *Fermiers*, l'article *Finances* de Pesselier est classé dans cette même rubrique. Suivront l'article *Grains* de Quesnay, les articles *Mendiant, Rentier, Impôt sur le Sel* de Jaucourt, l'article *Vingtième – imposition –* de Boulanger et les articles anonymes intitulés *Intérêt, Juchart, Rasp-huis, Spinhuys*. L'article *Farines* de Jaucourt est pour sa part classé dans la rubrique « Économie », comme d'ailleurs les articles anonymes *Grange, Tchupriki Yamgaya*, et *Yokola*. Même l'article *Oeconomie politique* rédigé par Boulanger est classé dans les rubriques « Histoire, Politique, Religion ancienne et moderne ». Sur cette question nous renvoyons à Piguet [2002] et Salvat [2006]. Par cette spécification d'une catégorie nouvelle, Quesnay cherche sans doute à marquer une distinction par rapport aux écrits de la science du commerce essentiellement classés dans la rubrique « Commerce » ou « Commerce politique ». Il s'agit de faire émerger une catégorie nouvelle proposant une alternative au commerce politique et à la science du commerce pour proposer une autre voie pour réformer la police du royaume. L'économie politique est d'emblée ancrée dans les problématiques d'économie

Ceci laisserait penser qu'il opère une rupture dans le champ de la réflexion économique alors essentiellement marquée par les développements de la science du commerce – également dénommée commerce politique. Mais l'article *Fermiers* apparaît bien davantage comme un approfondissement de ces analyses. Il est, en effet, tout d'abord, et essentiellement, une critique de la police d'Ancien Régime et plus particulièrement de la police des grains (1). Cette critique complète les développements de la science du commerce en ce qu'elle étudie les effets de la liberté du commerce extérieur des grains et fait apparaître une figure nouvelle, celle du fermier entrepreneur (2).

1. L'adversaire principal de Quesnay dans *Fermiers* : la police d'Ancien Régime

Dans *Fermiers*, Quesnay souligne le rôle essentiel de la police dans la production de richesses. C'est elle qui détermine la fertilité effective des terres. D'elle dépend, en effet, le choix opéré entre la grande et la petite culture [Quesnay, 1756, p. 529]. La nature et la qualité des terres sont donc considérées comme un déterminant secondaire de la production de richesses expliquant que Quesnay néglige les déterminismes géographique, climatique et géologique pour mettre l'accent sur un déterminisme politique.

Ainsi, le « désastre » et « la dégradation énorme de l'agriculture en France, par le défaut de *fermiers* », sont dus aux effets d'une mauvaise police dans trois domaines : la législation du commerce des grains, la fiscalité et la milice [Quesnay, 1756, p. 532]. Ces constats s'inscrivent dans la lignée de ceux effectués quelques années plus tôt par des auteurs de la science du commerce assimilés au cercle de Gournay comme Claude-Jacques Herbert [1753-1755] ou plus encore Louis-Joseph Plumard de Dangeul [1754, p. 20-25][8].

---

domestique, de gestion du domaine foncier et agricole. Elle se présente comme une généralisation des principes ayant fait leurs preuves dans l'exploitation des propriétés foncières. En associant à l'économie le terme politique, elle contraste en outre avec la dénomination de « commerce politique » mise à l'honneur par Forbonnais. En ce sens, cette nouvelle catégorie témoigne de la volonté de faire la synthèse entre l'agronomie et les réflexions relatives à l'organisation économique du royaume et à l'organisation du commerce des blés. L'étude de l'opportunité de la liberté du commerce des grains se fera ainsi à partir de ses effets sur la production agricole. Néanmoins, comme nous le verrons, la rupture au niveau du contenu de l'article est moins nette. Ceci laisserait penser que la dénomination « Oeconomie politique » de l'article a peut-être été apposée après la composition de *Fermiers*. La rapide critique du luxe désordonné à la fin de l'article rompt, en outre, partiellement avec la trame de celui-ci et annonce davantage *Grains*, comme nous le verrons.

8. Comme le rappelle Loïc Charles [1998, p. 44-47], la réflexion de Quesnay s'inscrit dans des débats déjà très vifs relatifs au commerce des grains et à la situation de l'agriculture française. Ceux-ci émergent notamment dans *Journal Oeconomique* [1753-1754], dans les *Essais sur la police des grains* d'Herbert

La critique de la législation économique du royaume est tout d'abord celle de la police des grains. Quesnay remet en cause ses principes généraux. Dans sa dénonciation, il ne se réfère à aucun texte juridique la légitimant. Il ne fait pas non plus allusion à des pratiques concrètes destinées à assurer l'approvisionnement ou la fixation des prix sur les marchés urbains. Aucune mention explicite aux partisans de la police des grains n'apparaît non plus dans son texte. Aux yeux de Quesnay, sans doute influencé sur ce point par les analyses d'Herbert et par celles de Le Camus parues dans le *Journal Oeconomique*[9], les principes de la police des grains résident essentiellement dans les restrictions faites à la liberté de commerce afin de favoriser l'approvisionnement des villes et d'établir un bon prix des grains – qui est, dans ce cas précis, un prix bas –, favorable au consommateur et à l'ordre social urbains. À s'en remettre à la description implicite qu'il en fait dans *Fermiers*, la police des grains d'Ancien Régime est à la fois une police de subsistance, une police promouvant la conservation des grains dans le royaume, une police drainant les grains vers Paris et une police fondée sur l'intervention des laboureurs sur le marché pour faire pression à la baisse sur les prix.

Trois niveaux de critique sont proposés. À un premier niveau et de façon similaire à Herbert, la police des grains est attaquée au regard de ses effets. Ayant pour objectif d'assurer l'approvisionnement urbain et la modicité du prix des subsistances, la police manque ces deux fins. D'une part, elle génère les disettes en décourageant les productions agricoles. D'autre part, et si elle parvient certes à maintenir des prix du blé faibles, elle contribue cependant à l'enchérissement du prix des autres subsistances et plus généralement des autres denrées dont le peuple a besoin [Quesnay, 1756, p. 535]. La police

---

[1753-1755], dans les *Remarques sur les avantages et les désavantages de la France et de la Grande-Bretagne* de Plumard de Dangeul [1754], dans l'article *Culture des terres* de l'*Encyclopédie* et les *Elémens du commerce* de Forbonnais [1754], dans les *Observations sur divers moyens de soutenir et d'encourager l'agriculture* de Vivens [1756], mais aussi dans le *Mémoire sur les bleds* de Claude Dupin [1748], et surtout l'ensemble des écrits et rapports précédents l'Arrêt du Conseil du 17 septembre 1754. Voir sur ce point Meyssonnier [1989, p. 228 et sqq.].

9. Les principes de la police des grains d'Ancien Régime renvoient essentiellement à ceux défendus par Nicolas Delamare dans son très volumineux *Traité de la Police* qui paraît à partir de 1705. Ils furent synthétisés en 1753-1754 dans trois contributions d'Antoine Le Camus parues dans le *Journal Oeconomique*, et notamment dans la première. C'est sans doute sur cette présentation que Quesnay s'appuie pour préciser à grands traits ce que sont pour lui les principes de la police des grains. Pour établir cette synthèse, il semble également se référer à Herbert et à sa critique de la police des grains ; une critique qui était essentiellement dirigée contre Delamare et contre certains caractères de la législation et de l'organisation concrète du commerce des grains. Dans cette perspective, l'article *Fermiers* pourrait avoir été écrit pour contribuer à la défense de l'*Essai* d'Herbert contre les partisans de la police des grains d'Ancien Régime.

des grains est ainsi défavorable à la fois aux habitants des villes et à ceux des campagnes.

Si elle manque son but, il faut en conclure que ses principes sont faux. Quesnay suggère qu'ils avaient dû être établis à partir d'un examen superficiel de l'agriculture française et de son fonctionnement. Ainsi, en matière d'agriculture, l'évidence ne permettait pas d'accéder à la connaissance. Seul un examen approfondi des activités agricoles parviendrait à déceler les véritables déterminants de la production des richesses agricoles. Telle serait la condition nécessaire pour quitter les idées vagues et imparfaites et accéder à la vérité pour réformer et refonder les principes de la police des grains [Quesnay, 1756, p. 529].

À un troisième niveau, la police des grains est remise en cause au nom de la liberté. Quesnay joue sur les trois acceptions que le terme pouvait avoir à son époque. La police est, en effet, une police de contraintes qu'il s'agit de supprimer. Pour être plus précis, il s'agit surtout de s'opposer à une entrave à la liberté : celle touchant les exportations de grains. Le spectre de la défense des libertés au sens d'opposition à la contrainte est donc de ce point de vue extrêmement circonscrit. La police des grains est en outre ennemie des libertés en ce qu'elle produit de l'arbitraire et de l'insécurité au regard de la volatilité des prix des grains qu'elle génère. Par ces effets, le fermier ne peut se déterminer librement à produire à partir d'un prix fixe. Dans cette perspective, la police ne lui permet pas de réaliser ses objectifs et par ricochet de participer à l'enrichissement du royaume.

Ces trois niveaux de critique expliquent qu'un renversement général des principes de la police des grains est souhaitable. Le faux étant l'antithèse du vrai, l'inverse du faux devait logiquement être le vrai. Chacun des principes structurant cette police est dès lors inversé par Quesnay pour préciser les contours d'une nouvelle réglementation.

Un premier renversement a trait au niveau d'analyse proposé par Quesnay. Il ne s'agit plus de s'intéresser aux modalités de la commercialisation des grains et à leurs conséquences sur les prix ou sur les approvisionnements urbains, mais bien d'étudier les déterminants de la production de grains en ce qu'ils sont notamment déterminés par le niveau des prix. Ce n'est donc plus la production passée qui détermine le niveau des prix présent, mais le niveau des prix présent qui détermine la production à moyen-long terme. Le bon prix est désormais celui qui est favorable à la production rurale et non plus à la consommation urbaine. Cette optique nouvelle conduit Quesnay à mettre l'accent sur le producteur et constitue le trait original de son analyse comme l'ont souligné nombre de commentateurs. Pour compléter ce point, il nous faut percevoir, chose moins mise à l'honneur, que Quesnay s'oppose à un des traits majeurs de la police des grains d'Ancien Régime : le commerce des laboureurs. D'après le modèle de marché décrit par Delamare, ce sont, en effet, eux qui faisaient le marché et permettaient l'émergence de prix modérés. Souhaitant vendre rapidement leurs grains pour pouvoir retourner à leurs travaux agricoles, ils avaient tendance à se contenter d'un profit modique [Delamare 1722, p. 75]. Étant un commerce des blés de première main, le commerce des laboureurs permettait en outre que le prix des grains ne soit pas renchéri par les profits des intermédiaires. Ce n'est pourtant pas sous l'angle des modes de commercialisation des grains que porte la critique de Quesnay, mais sur le fait que ce genre d'activité était de nature à leur faire perdre du temps et à empêcher leur spécialisation. Pour ces raisons, les charrois effectués par les métayers étaient condamnés [Quesnay, 1756, p. 530, 532].

Un deuxième moment de renversement des principes de la police, fréquemment mis à l'honneur, s'opère chez Quesnay au regard de son opposition aux entraves à la liberté du commerce des grains[10]. La police ne doit plus être une police de la conservation des grains. Elle doit être une police du débit. Elle ne doit plus penser les grains comme un moyen de subsistance mais comme un objet de commerce. Mais, ce qui a été moins mis en exergue est le renversement de l'orientation du débit des grains. La police ne doit plus viser un débit centripète amenant les grains vers Paris. Elle doit promouvoir un débit centrifuge dirigeant les grains vers l'extérieur du royaume. Dans cette perspective, il ne s'agit plus d'assécher les provinces pour irriguer Paris. Il s'agit de décharger la France de ses grains sur un principe analogue à celui de la saignée dont Quesnay avait fait la promotion dans ses écrits de médecine [Quesnay, 1750]. De ce déversement naîtra la richesse et la force du corps social. C'est sans doute la raison pour laquelle Quesnay évoque peu la situation du commerce intérieur et les entraves pesant sur celui-ci contrairement, par exemple, à l'*Essai* d'Herbert. De même, Quesnay ne dit rien dans *Fermiers* de la libre importation des grains ou de

10. Comme Quesnay l'affirme, « Ce ne sont pas simplement les bonnes ou mauvaises récoltes qui reglent le prix du blé ; c'est principalement la liberté ou la contrainte dans le commerce de cette denrée, qui décide de sa valeur. Si on veut en restraindre ou en gêner le commerce dans les tems des bonnes récoltes, on dérange les produits de l'agriculture, on affoiblit l'état, on diminue le revenu des propriétaires des terres, on fomente la paresse et l'arrogance du domestique et du manouvrier qui doivent aider à l'agriculture : on ruine les laboureurs, on dépeuple les campagnes. Ce ne seroit pas connoître les avantages de la France, que d'empêcher l'exportation du blé par la crainte d'en manquer, dans un royaume qui peut en produire beaucoup plus que l'on n'en pourroit vendre à l'étranger » [Quesnay, 1756, p. 536].

la liberté du commerce international dans d'autres secteurs. Pour l'heure, la liberté de commerce se restreint à la suppression d'une seule entrave, elle se réduit à la libre exportation d'un seul type de bien – les grains –, pour en promouvoir l'écoulement centrifuge contre la police des grains. Par ce biais, Quesnay s'oppose également au modèle de circulation des richesses que proposait Cantillon et dont Mirabeau s'inspirait largement. Celui-ci valorisait l'importation de matières premières et la spécialisation dans les manufactures afin d'en exporter les productions [Cantillon, 1755, p. 129 ; Mirabeau 1756, III, p. 15-16].

Un troisième renversement, souvent passé sous silence, a trait à la relation bon ordre – bon prix. Chez les partisans de la police, et chez Nicolas Delamare en particulier, l'objectif des régulations était d'assurer et de maintenir le bon ordre pensé comme un ordre religieux souhaité par Dieu, permettant de préserver la survie et la stabilité du corps social. Le bon prix était ainsi défini par le bon ordre et par une bonne régulation sociale. Il en était la conséquence. Or Quesnay renverse cette relation. À ses yeux, l'ordre social et la richesse du royaume sont dépendants du prix. Le bon prix est donc désormais la cause du bon ordre[11].

De même, le but de la police promue par Quesnay n'est pas de façonner les caractères moraux des individus pour établir le bon ordre fondé sur la bonne foi et la moralité des membres de la communauté humaine. La police n'est pas une police des mœurs qui chercherait à lutter contre l'intérêt cupide perçu comme une cause de désordre social [Delamare, 1705 ; 1, p. 258]. Il s'agit au contraire, comme chez Herbert, de s'appuyer sur l'intérêt égoïste, considéré comme le motif universel de l'action humaine pour fonder l'ordre social[12] [Quesnay, 1756, p. 539].

Fermiers est ainsi une critique de la police des grains au nom des libertés. Quesnay y propose une inversion des principes erronés de la police d'Ancien Régime. Mais la promotion de la liberté de commerce est encore très limitée.

11. Il est néanmoins vrai que le bon prix des grains est encore pensé comme le résultat d'un rapport territorial harmonieux entre la ville et la campagne. Ce rapport territorial, s'il se veut équilibré, et donc indirectement juste, ne doit pas faire peser des contraintes sur une partie du territoire (les campagnes) au profit d'une autre, davantage libre (les villes). Il doit promouvoir la libération de certaines contraintes pesant sur les campagnes pour les mettre au niveau des libertés urbaines. Le rapport social décrit est donc pour l'heure un rapport territorial. Il n'est pas encore véritablement un rapport entre classes sociales.

12. « Les hommes sont attirés par l'intérêt et par la tranquillité » [Quesnay, 1756, p. 539].

Dans le cadre de l'échange international, elle ne concerne véritablement que l'exportation des grains[13].

La critique de la police d'Ancien Régime se double d'une critique de la fiscalité du royaume au nom de la liberté pensée ici comme une libération de l'arbitraire. Dans *Fermiers*, Quesnay ne critique pas la complexité du système fiscal français. Son impôt optimal répond à deux critères. Il est à la fois celui qui porte sur les richesses réelles et celui qui est le moins arbitraire. Favorable à un impôt sur les richesses réelles, Quesnay est néanmoins, pour l'heure, opposé à la fois à un impôt sur la terre et à un impôt proportionnel généralisé [Quesnay, 1756, p. 539]. Son plan est en outre fondé sur une distinction ville/campagne, les prélèvements fiscaux étant essentiellement gérés au niveau communal. Dans les campagnes, « Il suffiroit [...] d'obliger le laboureur de donner tous les ans aux collecteurs une déclaration fidelle de la quantité et de la nature des biens dont il est propriétaire ou *fermier*, et un dénombrement de ses récoltes, de ses bestiaux, etc., sous les peines d'être imposé arbitrairement s'il est convaincu de fraude » [Quesnay, 1756, p. 539]. L'imposition des commerçants établis dans les villages serait également fondée sur leurs déclarations, le contrôle social communautaire permettant d'éviter les fraudes. « Quant aux villes des provinces qui payent la taille, ce seroit à elles-mêmes à former les arrangemens qui leur conviendroient pour éviter l'imposition arbitraire » [Quesnay, 1756, p. 539]. C'est donc davantage une sorte de philosophie générale de l'impôt que Quesnay propose. Elle vise à s'opposer à l'estimation arbitraire des fortunes et à l'arbitraire du niveau de taxation. Par ce biais, les acteurs économiques devaient pouvoir anticiper leurs impositions et établir leurs plans de production sur des calculs plus fiables.

13. Ainsi, le surcroît de production agricole en bœufs de boucherie, moutons, laines, légumes, fourrages, né de la spécialisation des meilleures terres en blé, serait destiné à la consommation nationale et non aux exportations. « Ces richesses se répandroient sur tous les habitans, elles leur procureroient de meilleurs alimens, elles satisferoient à leurs besoins, elles les rendroient heureux, elles augmenteroient la population, elles accroîtroient les revenus des propriétaires et ceux de l'état » [Quesnay, 1756, p. 537]. Certes, Quesnay se prononce pour une spécialisation du royaume dans l'agriculture en indiquant que les marchandises agricoles autres que les grains devaient pouvoir être exportées. Mais il ne précise pas que ces exportations devaient être libres. « Le lin, le chanvre, les laines, la soie, etc., seroient les matieres premieres de nos manufactures ; le blé, les vins, l'eau-de-vie, les cuirs, les viandes salées, le beurre, le fromage, les graisses, le suif, les toiles, les cordages, les draps, les étoffes, formeroient le principal objet de notre commerce avec l'étranger. Ces marchandises seroient indépendantes du luxe, les besoins des hommes leur assûrent une valeur réelle; elles naîtroient de notre propre fonds, et seroient en pur profit pour l'état: ce seroit des richesses toûjours renaissantes, et toûjours supérieures à celles des autres nations. Ces avantages, si essentiels au bonheur et à la prospérité des sujets, en procureroient un autre qui ne contribue pas moins à la force et aux richesses de l'état; ils favoriseroient la propagation et la conservation des hommes, surtout l'augmentation des habitans de la campagne » [Quesnay, 1756, p. 537-538].

Il s'agissait ainsi de trouver un moyen pour que s'affirme le consentement à l'impôt.

Enfin, dernière opposition à la police d'Ancien Régime, celle relative à l'enrôlement des fils de fermiers dans la milice [Quesnay, 1756, p. 536-537]. Quesnay ne remet pourtant pas en cause la milice qu'il considère comme un nécessaire moyen de défense. C'est essentiellement au nom de l'arbitraire, mais aussi de ses effets indirects en termes de productions de richesses, qu'il la critique. Quesnay constate, en effet, que le nombre d'enfants de fermiers enrôlés est finalement relativement faible. Sa critique porte dès lors sur les conséquences qu'un potentiel enrôlement génère, à savoir l'exode des riches fermiers vers les villes, lequel décourage la production des richesses agricoles. C'est la raison pour laquelle les fils de ces riches fermiers devaient en être exemptés. La milice ne devait finalement concerner que les enfants des professions rurales les moins productives, c'est-à-dire les fils des métayers.

Quesnay propose donc une triple critique de la police d'Ancien Régime. Il promeut un cadre institutionnel protégeant le producteur agricole et lui assurant une rémunération suffisamment incitative afin d'encourager ses productions. À ce stade, sa critique de la police complète les analyses de la science du commerce.

2. *Fermiers* comme complément des analyses de la science du commerce : l'agriculture, branche du commerce

Fermiers peut même apparaître comme un prolongement des développements de la science du commerce. Comme nous l'avons déjà suggéré, il fait écho aux deux versions de l'*Essai* d'Herbert et approfondit les positions de Plumard de Dangeul. Il propose également des éléments complétant l'article *Culture des terres* de Forbonnais qui parut en 1754 au tome IV de l'*Encyclopédie* et qui sera repris la même année dans les *Éléments du commerce*.

Comme chez ces auteurs, Quesnay fait de l'agriculture une branche essentielle du commerce. Les fermiers sont ainsi définis d'emblée comme ceux « qui procurent les richesses et les ressources les plus essentielles pour le soûtien de l'état » [Quesnay, 1756, p. 528-529]. Si l'agriculture est bien le secteur produisant les richesses les plus essentielles, elle n'est pas encore l'unique secteur économique productif.

L'agriculture est en outre encore dépendante du commerce. À l'instar des auteurs de la science du commerce, c'est, en effet, lui qui anime les productions agricoles. Les richesses n'ont de valeur que si elles s'écoulent, que si elles sont objet de commerce. C'est leur circulation qui fortifie le corps social. C'est elle qui produit l'opulence. Sans elle, pas de valeur. Ni cherté, ni abondance, ni opulence.

Dans *Fermiers*, c'est d'ailleurs plus précisément le commerce international des grains qui est essentiel. Seule leur libre exportation[14] permettra de renchérir leurs prix et d'opérer le passage de la petite à la grande culture pour placer l'agriculture dans un cercle vertueux débouchant, dans un second moment, sur des rétroactions positives endogènes et intérieures au royaume, marquées par une augmentation des productions, de la population et de la consommation. L'agriculture n'est donc pas susceptible d'un développement autonome. Ses avances sont tributaires de la commercialisation des denrées agricoles et plus précisément de leurs exportations.

Les caractéristiques de l'agriculture et le choix entre une culture effectuée par les bœufs ou par les chevaux restent donc dépendantes des excédents de la balance commerciale des grains et de la puissance de l'État[15]. Quesnay se réfère ainsi aux mécanismes de la balance commerciale mis en exergue par la science du commerce et plus particulièrement par Forbonnais. Ce sont d'ailleurs, indirectement, les déficits commerciaux qui condamnaient la police d'Ancien Régime. Renchérissant le coût des subsistances, celle-ci était responsable du coût élevé du travail et du manque de compétitivité général du royaume.

Le prisme de Quesnay est donc encore celui de la recherche de la puissance du royaume par le biais de son enrichissement via les excédents commerciaux. La liberté du commerce des grains n'est pas posée comme fin en soi. Elle n'est qu'un moyen au service d'une politique d'inspiration mercantile permettant les excédents commerciaux [Quesnay, 1756, p. 534][16].

14. « C'est la vente du superflu qui enrichit les sujets et le souverain. Les productions de nos terres doivent être la matiere premiere des manufactures et l'objet du commerce : tout autre commerce qui n'est pas établi sur ces fondemens, est peu assûré : plus il est brillant dans un royaume, plus il excite l'émulation des nations voisines, et plus il se partage » [Quesnay, 1756, p. 538].

15. « Dans tous les tems et dans tous les pays on a cultivé les terres avec des bœufs ; cet usage a été plus ou moins suivi, selon que la nécessité l'a exigé : car les causes qui ont fixé les hommes à ce genre de culture, sont de tout tems et de tout pays : mais elles augmentent ou diminuent, selon la puissance et le gouvernement des nations » [Quesnay, 1756, p. 529].

16. Si le prix international des grains avait été inférieur au prix français, Quesnay n'aurait sans doute pas été favorable à leur libre exportation.

Quesnay propose d'ailleurs une nouvelle police de gouvernement chargée de l'organisation nationale des productions agricoles. Une fois la liberté d'exportation des grains établie, il faudrait faire en sorte de diversifier les productions pour que le prix des grains ne diminue pas. Il faudrait donc mettre en place une police agricole d'allocation et de spécialisation des terres pour ne laisser que les plus fertiles produire du blé [Quesnay, 1756, p. 534]. Émergent donc, dans *Fermiers*, les contours d'un État stratège dans le domaine économique.

Au final, la police promue par Quesnay reste marquée par la science du commerce en ce qu'elle promeut la recherche des excédents commerciaux et le rôle joué par l'État dans l'organisation économique du royaume. À cette fin, Quesnay propose que le royaume se spécialise dans une branche de commerce spécifique : l'agriculture. En cela, il tranche les hésitations de Forbonnais[17]. Alors que deux secteurs – les colonies et l'agriculture – semblaient avoir la préférence de ce dernier, Quesnay opte pour l'agriculture critiquant d'ailleurs indirectement les colonies en soulignant que la traite des nègres anglaise était bien moins rentable que son commerce de bestiaux [Quesnay, 1956, p. 533]. Admettant les effets vertueux de la balance de commerce et étant en accord avec les objectifs de puissance économique, les analyses de Quesnay complètent donc les analyses de la science du commerce.

Il en va de même sur différents autres points. Ainsi, alors que le dessein de Forbonnais n'était point « d'envisager l'agriculture du côté pratique » [Forbonnais, 1754 – a, p. 560], il en va tout autrement chez Quesnay pour qui, « Si on ne considère l'agriculture en France que sous un aspect général, on ne peut s'en former que des idées vagues et imparfaites » [Quesnay, 1756, p. 529]. Quesnay met ainsi l'accent sur la nécessité de bien connaître « les différentes manières de traiter les terres que l'on cultive, et les causes qui y contribuent », « pour juger de l'état actuel de l'agriculture dans le royaume » [Quesnay, 1756, p. 529]. Ce sont elles qui « décident des produits de l'agriculture » expliquant que Quesnay s'attache à étudier les modes de tenures des terres françaises en distinguant deux types-idéaux[18],

---

17. Dans les *Elémens du commerce* tout comme dans l'article *Commerce* de l'*Encyclopédie*, chacune des branches du commerce doit tendre vers les excédents commerciaux. « L'agriculture, les manufactures, les arts libéraux, la pêche, la navigation, les colonies, [les assurances], et le change, forment [huit] branches de Commerce; le produit de chacune n'est point égal, mais tous les fruits en sont précieux ». Dans l'article *Commerce*, Forbonnais évoque uniquement sept branches excluant les assurances [Forbonnais, 1753, p. 691 ; 1754, b, p. 6].

18. Quesnay surdétermine d'ailleurs ces différents modes de cultures. La « petite culture » est celle des métayers pauvres, des charrues tractées par des bœufs mises à dispositions par les propriétaires, des faibles

la grande et la petite culture, non sans rappeler d'ailleurs la distinction opérée par Forbonnais dans la seconde édition des *Elémens du commerce* entre « grosses » et « petites fermes », les premières étant capables de faire de « grosses avances » contrairement aux secondes [Forbonnais, 1754 – b, p. 125][19].

Quesnay souhaite, en effet, quitter les discours généraux pour proposer un « examen étendu et fort approfondi » ainsi qu'une étude fidèle de la situation de la France dans le domaine de l'agriculture [Quesnay, 1756, p. 529]. En cela, sa position fait écho à l'article *Fermier* écrit par Charles Georges Le Roy qui valorisait les connaissances pratiques et concrètes des cultivateurs contre celles des « cultivateurs philosophes » [Le Roy, 1756, p. 528][20]. *Fermiers* peut donc se lire comme un approfondissement des analyses de Forbonnais qui ne souhaitait envisager l'agriculture que du point de vue politique [Forbonnais, 1754 – a, p. 552] – et l'on pourrait ajouter que du point de vue du commerce politique.

De même, alors que Forbonnais envisageait l'agriculture à travers le prisme anglais pour étudier les effets des politiques de gratification en supposant une proximité entre les terres du Norfolk et celles des façades maritimes septentrionales françaises, Quesnay se penche davantage sur les terres « continentales » et évoque plus volontiers celles du Bassin parisien ou du centre de la France.

avances, de la subsistance au jour la journée, des loyers payés en nature, du manque de fumier, du manque de fourrage, des faibles rendements, de la lenteur, du manque de force de traction, de la perte de temps passé à faire des charrois, de l'inexistence d'élevage annexe, de l'assolement biennal, des terres en friches et extrêmement coûteuses à valorisées, des mauvais (ou du manque de) calculs, d'une rente payée en nature et proportionnelle à la récolte [Quesnay, 1756, p. 529-532]. La grande culture est, quant à elle, celle des fermiers riches, se servant de chevaux pour labourer, celle des avances et des dépenses importantes dont le fermier ne verra le résultat sous forme monétaire que deux ans plus tard, des loyers payés sous forme monétaire, de la propriété du capital (à l'exception de la terre), de l'anticipation, du calcul raisonné intertemporel, de la recherche de gains pécuniaires, de l'élevage comme production complémentaire, du fumier, de l'efficacité, de la force de traction, de l'assolement triennal, d'une rente fixe [Quesnay, 1756, p. 529-534]. La « grande culture », deux fois plus productive que la petite, caractérise les provinces du Bassin parisien. La petite culture est localisée dans une deuxième couronne extérieure à cette région.

19. La distinction n'apparaît d'ailleurs pas dans l'article *Culture des terres* mais à partir de la seconde édition des *Elémens du commerce* datée de 1754. Elle n'est pas reprise dans la nouvelle édition de 1755 mais réapparaîtra dans les éditions de 1766 et de 1795.

20. Quesnay y fait d'ailleurs explicitement référence dans *Fermiers* [Quesnay, 1756, p. 532]. Sur les liens Quesnay-Le Roy, nous renvoyons à Loïc Charles [1999, p. 243-249].

En étudiant le cas français, Quesnay met en outre en exergue le fermier, figure partiellement oubliée des analyses de Forbonnais[21]. À ses yeux, procurant « les richesses et les ressources les plus essentielles pour le soûtien de l'état », « l'emploi du *fermier* est un objet très-important dans le royaume, et mérite une grande attention de la part du gouvernement » [Quesnay, 1756, p. 529].

Fermiers offre donc une voie complémentaire pour critiquer l'ancienne police à partir cette fois-ci des producteurs agricoles. L'article propose, en effet, un autre argumentaire fondé sur le calcul des coûts et des bénéfices de l'entreprise agricole. En ce sens, Quesnay adjoint à la réflexion des membres du cercle de Gournay sur la commercialisation des grains, une théorie de la production [Charles, 1999, p. 232].

Pour y parvenir, Quesnay s'inspire partiellement des analyses de Cantillon dont l'*Essai sur la nature du commerce en général* avait été publié par Gournay en 1755[22]. Il fait du fermier un entrepreneur pour approfondir ce qu'Herbert avait suggéré de faire : étudier l'agriculteur en lui faisant revêtir un éthos commerçant. Mais Quesnay, peu favorable comme nous l'avons vu à un fermier marchand, le transforme en entrepreneur [Quesnay, 1756, p. 538]. Il complète ainsi ce que n'avait pas réalisé Forbonnais et applique « l'esprit de calcul » à l'étude du domaine agricole, afin de dissiper les préjugés si tenaces et si néfastes ; ceux des agriculteurs eux-mêmes, pensant à tort que leur mode de culture était le plus efficace, et très prompts à préférer la culture des bœufs [Quesnay, 1756, p. 529].

21. Dans les analyses de Forbonnais, et notamment dans son article *Culture des terres*, le fermier entrepreneur est le grand absent. Le fermier est ainsi surtout le fermier général [Forbonnais, 1754 – a, p. 560], ou un fermier sur des terres viticoles [Forbonnais, 1754 – b, p. 179]. C'est ensuite un fermier anglais [Forbonnais, 1754 – b, p. 209, 212, 215, 222-3 ; 1754 – a, p. 564]. Le fermier est aussi évoqué comme une des sources de Forbonnais [Forbonnais, 1754 – a, p. 565, 1754 – b, p. 218]. Seules deux occurrences très brèves [Forbonnais, 1754 – a, p. 557, 566, 1754 – b, p. 141, 231] évoquent les fermiers. Forbonnais se rattrape partiellement ensuite en ajoutant certains passages à ses *Elemens du commerce* qui mettent davantage en exergue le rôle du fermier [Forbonnais, 1754 – b, p. 141-142, 167-169].

22. La réapparition du manuscrit de Cantillon reste encore une énigme. Depuis les travaux de Murphy [1986], nous savons que sa publication en 1755 fut l'œuvre de Gournay. Nous savons également que Mirabeau en possédait un exemplaire dont il s'inspira pour écrire *L'Ami des hommes*. Sur la possession du manuscrit de Cantillon par Mirabeau et sur les différentes versions de ce manuscrit, nous renvoyons à la minutieuse enquête entreprise par Van den Berg [2015] dans sa préface à la nouvelle édition de Cantillon. Compte tenu des singularités de la publication du texte de Cantillon, propriété de Mirabeau, que Gournay fait publier, il n'est d'ailleurs pas exclu de penser que Mirabeau était proche de Gournay à ce moment-là. Notre hypothèse est que Mirabeau et Quesnay travaillent après 1756 à la réinterprétation de l'ouvrage de Cantillon et s'interrogent sur la circulation des richesses et la spécialisation économique de la France.

Quesnay est ainsi amené à présenter une figure nouvelle – le fermier – en mettant l'accent sur le fait que sa libération permettra l'enrichissement du royaume. Il est vrai que le fermier quesnaysien s'est déjà partiellement libéré de sa dépendance envers le propriétaire en ce qu'il est, contrairement au métayer, libre de choisir les cultures qu'il effectuera sur ses terres. Le fermier est également un entrepreneur libre car c'est lui qui effectue les avances. En outre, employant des travailleurs agricoles, il a sous sa dépendance d'autres acteurs économiques. De lui dépendraient donc la richesse d'autres paysans et, de manière plus générale, la richesse des campagnes. Mais Quesnay vise surtout à proposer une police permettant au fermier de se libérer de la volatilité des prix. Pour cela, il lui fallait trouver une structure de marché qui permette de faire émerger des prix relativement homogènes dans le temps. En cela, il inscrit sa problématique dans la lignée de celle de Forbonnais pour qui,

> Il est juste et indispensable d'établir l'équilibre entre les diverses classes et les diverses occupations du peuple. Les grains sont la plus forte partie du produit des terres comme la plus nécessaire : ainsi la *culture* des grains doit procurer au cultivateur un bénéfice capable de le maintenir dans sa profession, et de le dédommager de ses fatigues.
> Ce qui paroîtroit le plus avantageux, seroit donc d'entretenir continuellement le prix des grains autour de ce point juste auquel le cultivateur est encouragé par son gain, tandis que l'artisan n'est point forcé d'augmenter son salaire pour se nourrir ou se procurer une meilleure subsistance. Ce ne peut jamais être l'effet d'une gestion particuliere, toûjours dangereuse et plus certainement suspecte : mais la police générale de l'état peut y conduire. [Forbonnais, 1754 – a, p. 455]

Pour Quesnay, cette nouvelle structure de marché naîtra de la suppression de l'ancienne police et de la mise en place d'une police de la libre exportation des grains. Celle-ci générera une élévation et une stabilisation des prix à 18 livres le setier. À cette condition, et pour peu que l'impôt ne soit plus arbitraire, le fermier pouvait se transformer en entrepreneur/calculateur. Confronté à des prix fixes, il parviendrait à déterminer correctement ses choix de production en fonction d'un calcul coût/avantage. Il se libérerait donc par le calcul et par la recherche de son intérêt éclairé.

La libération du fermier n'est néanmoins ici que partielle. Ce dernier reste, en effet, inféodé au commerçant pour la commercialisation de ses productions, et au propriétaire terrien pour la mise à disposition de la terre. Il est en outre tributaire de la police de gouvernement. Ainsi, quand bien même les cultivateurs seraient convaincus par les calculs et convertis aux démonstrations de Quesnay, ils n'auraient pas les clés de la transformation de l'agriculture puisqu'ils ne disposeraient pas d'avances. N'ayant pas de collatéral, le fermier n'aurait pas accès au crédit [Quesnay, 1756, p. 536]. Les propriétaires terriens ne seraient pas non plus disposés à améliorer eux-mêmes leurs terres. Seul un renversement de l'ancienne police pourrait donc contribuer à la transformation de l'agriculture.

Une figure nouvelle émerge donc, mais c'est une figure au statut ambigu : un entrepreneur dépendant de la police, des propriétaires fonciers et des commerçants. Ceci explique que si Quesnay semble avoir pu être tenté de faire de l'entreprise du fermier un modèle de gouvernement du royaume, il ne franchit pas le pas. Certes l'intérêt du roi étant similaire aux intérêts des fermiers, il n'y aurait pas eu de disjonction entre les motifs de leurs actions. Semblable à un fermier, le roi devait commercialiser ses productions de grains à l'extérieur du royaume pour s'enrichir et non plus seulement assurer la subsistance du royaume. Il devait choisir le mode de culture des terres, en réservant les meilleures pour les emblavures et en diversifiant ses productions pour éviter l'avilissement du prix des grains. Il devait aussi chercher à multiplier ses excédents commerciaux agricoles. Le roi aurait donc pu devenir le fermier général (au sens agricole du terme) expliquant logiquement l'apparition de la nouvelle catégorie de l'économie politique. Mais le fait que l'agriculture reste dépendante empêchait une telle généralisation. Il fallait *a minima* que le fermier et le roi puissent se libérer de la dépendance des commerçants. Dans le cas contraire, l'économie politique restait inféodée au commerce politique. Elle ne pouvait en être au mieux qu'une branche. Il fallait donc libérer le fermier – et le royaume – du commerce et d'une police mercantile.

II. *Grains* comme premier moment de critique de la science du commerce

Grains paraît en novembre 1757, soit plus d'un an après *Fermiers*. L'adversaire principal de Quesnay prend désormais les traits de la science du commerce et des principes de gouvernements qu'elle promouvait. Les causes de ce renversement sont sans doute liées aux débats suscités par la parution, en janvier 1756, de la *Noblesse commerçante* de l'Abbé Coyer qui questionne la place du commerce, du luxe et de la noblesse dans la société et interroge, de manière plus générale, les fondements de l'ordre social [Depitre, 1913 ; Shovlin, 2007]. Il n'y a pas de doute que Quesnay se sente concerné par la problématique nouvelle de la refondation de l'ordre social et qu'il conteste le rôle essentiel conféré aux commerçants par les partisans du système de la noblesse commerçante et de la science du commerce[23], comme en témoigne la rédaction du *Traité de la Monarchie* à laquelle il s'attache, à cette période, avec Mirabeau [Mirabeau, Quesnay, 1757-1759].

Dans *Grains*, la réflexion de Quesnay vise progressivement à renverser les principes de la science du commerce sur lesquels se fonde le « système de la noblesse commerçante ». Mais *Grains* n'est qu'un premier moment de critique. Les réflexions de Quesnay s'inscrivent encore largement dans le cadre de réflexion de la science du commerce et dans la continuité des analyses de *Fermiers*[24]. Ses analyses visent à trouver un bon prix des grains favorable à l'ensemble des acteurs économiques afin de concourir à l'intérêt général [Charles, 1999].

Néanmoins, certains passages de *Grains* proposent une critique plus acérée de la science du commerce et de la police mercantile. Il en est ainsi des premiers moments de l'article[25], des *Maximes de Gouvernement économique*, des *Observations sur la nécessité des richesses pour la culture des grains* ou de certaines notes[26]. *Grains* apparaît ainsi comme la compilation de différentes strates de pensées témoignant soit des hésitations de Quesnay, soit d'une composition diachronique[27].

---

23. L'influence de ce débat sur la radicalisation des positions des fondateurs de l'économie est sans doute encore à étudier. Nous renvoyons à Meyssonnier [1989, p 263-275]. Il n'est pas exclu que ce débat engendre une scission au sein du cercle de Gournay et marque une rupture profonde entre les partisans du commerce, d'une noblesse et d'une nation commerçantes et les défenseurs d'une noblesse terrienne aux fonctions plus traditionnelles réaffirmant l'idéal d'une nation agrarienne.

24. Ce que confirment les sept renvois à l'article *Fermiers*, tous situés avant les *Maximes de gouvernement économique*. Le cœur de l'article est d'ailleurs consacré à souligner l'importance de la libre exportation des grains et à affiner certaines propositions fiscales en cherchant le meilleur moyen de fixer la taille [Quesnay, 1757, p. 812-824].

25. Pour être plus précis, il s'agit du passage opérant une rupture dès le premier paragraphe de *Grains* et commençant à partir de « Mais on apperçoit aujourd'hui que la production et le commerce de la plûpart de ces denrées sont presque anéantis en France » et qui se poursuit jusqu'à la fin du cinquième paragraphe pour se finir avec « ne peuvent s'y livrer qu'à leur préjudice et au desavantage de l'état » [Quesnay, 1757, p. 812]. Hormis cette partie, le début de *Grains* jusqu'aux *Maximes de gouvernement économique* se situerait dans la droite ligne de *Fermiers* et viendrait en compléter les analyses – si l'on excepte certaines des notes de bas de pages (voir la note ci-dessous).

26. Nous pensons notamment aux notes relatives à l'impôt, critiquant l'ouvrage de Jean-Baptiste Naveau [1757]. Contrairement aux autres articles de l'*Encyclopédie* de Quesnay, l'usage des notes est beaucoup plus important dans *Grains*.

27. Selon les éditeurs des *Œuvres* de Quesnay [2005, p. 213], *Impôts* et *Hommes*, restés tous deux sous forme manuscrite, auraient été composés quasiment en même temps que l'article *Grains*. Pourtant, il nous semble que leurs propositions marquent un deuxième moment de radicalisation de la pensée de Quesnay notamment quant aux formes d'imposition promues, quant à la critique des monopoles, quant à la prise de position dans le débat de la noblesse commerçante.

L'article comprend trois dimensions. La première vise à montrer que l'agriculture est le secteur dont dépendent tous les autres (1). Sur ces postulats, Quesnay cherche logiquement à renverser la police mercantile défendue par la science du commerce en montrant que la spécialisation agricole est la seule qui permette l'affirmation de la puissance du royaume (2). Dans un troisième moment, Quesnay critique les principes mêmes de la science du commerce et remet notamment en cause son concept central : la balance commerciale. À ses yeux, le commerce politique est désormais une théorie erronée qu'il conviendrait de remplacer (3).

1. *Grains* ou l'inversion de *Culture des terres* : le commerce et les manufactures branches de l'agriculture

L'article *Grains* peut se lire comme le renversement, tant dans la forme que dans le fond, de l'article *Culture des terres* de Forbonnais.

Alors que celui-ci débutait par une évocation rapide de l'agriculture et la prenait comme prétexte pour mettre essentiellement en exergue le rôle du commerce [Forbonnais, 1754 – a, p. 552] et valoriser les politiques anglaises de gratifications aux exportations de blé [*ibid.*, p. 553-555], Quesnay prend le parti inverse. Les développements de l'article *Grains* vont du commerce à l'agriculture. Quesnay critique d'emblée les politiques mercantiles recherchant les excédents commerciaux et les rend responsables de l'appauvrissement des campagnes et de la diffusion d'un luxe désordonné non sans rappeler Mirabeau [Quesnay, 1757, p. 812[28]]. Il n'est pas difficile de voir que derrière ces politiques se cachent celles entreprises par Colbert, ce que l'éloge de Sully laisse également entrevoir. Après ce rapide détour par le commerce, Quesnay revient à la question agricole en étudiant la grande et la petite culture des grains françaises. Prolongeant les analyses de *Fermiers*, il cherche à souligner la centralité de l'agriculture.

Au regard de leur traitement de la question agricole, s'affirme en outre clairement la différence d'approche entre les deux auteurs. S'ils s'accordent pour reconnaître l'importance du secteur agricole dans le développement économique du royaume, le traitement qu'ils en proposent diffère radicalement. Sur le fond, l'opposition trouve son origine dans les conceptions relatives aux déterminants de la richesse.

28. En cela Quesnay prolonge la fin de l'article *Fermiers* dans laquelle il remettait en cause le luxe et la concentration des plus riches dans les villes [Quesnay, 1756, p. 588-539].

Pour Forbonnais, la terre ne peut pas être considérée comme étant à l'origine des richesses. Dès la première ligne de son article, elle est présentée comme « le dépôt de toutes les matieres propres à satisfaire les besoins physiques auxquels les hommes sont assujettis, et ceux que la commodité a inventés » [Forbonnais, 1754 – a, p. 552]. Elle ne semble donc pas avoir de pouvoir productif inhérent. C'est le travail qui a cette propriété. En d'autres termes, l'agriculture, présentée comme « l'art de se procurer ces matieres par le travail de la terre » [*ibid.*, p. 552], est productive, mais non la terre. Dans cette perspective, il est nécessaire de stimuler le travail agricole, tout comme d'ailleurs le travail manufacturier. Et c'est précisément le commerce, la multiplication des besoins et le désir du luxe qui peuvent y parvenir. Pour Forbonnais, ce sont, en effet, les besoins qui stimulent le commerce qui, à son tour, anime et oriente la production. C'est la raison pour laquelle il s'agit de libérer le commerce intérieur et de veiller à l'état de la balance commerciale. Ses excédents sont, en effet, le gage d'une demande adressée à la nation ; demande qui stimulera la production. Pour cette même raison, Forbonnais est favorable au commerce colonial et au système de l'exclusif puisqu'ils créent de nouveaux besoins, offrent des débouchés aux productions nationales tout en limitant les importations en provenance des pays étrangers [Forbonnais, 1753 – b].

La position de Quesnay est diamétralement opposée. Pour lui, la production de richesses dépend en première instance d'un pouvoir productif propre à la terre. Celui-ci est catalysé par les avances – et la fumure –, et non pas tant par le travail qui s'y déploie [Quesnay, 1757, p. 829[29]]. Ceci explique qu'il ne sert à rien de stimuler l'ensemble des activités marchandes ou les besoins de luxe. Au contraire, il s'agit de tirer profit de la capacité productive de la terre et de la stimuler. Seule la bonne rémunération des producteurs découlant du bon prix des grains et d'un système d'imposition favorable sera de nature à favoriser l'agriculture et à détourner les capitaux des manufactures, des secteurs du luxe et des villes vers la terre.

Finalement, deux traitements de la question agricole sont proposés. Nous pouvons même nous demander si Forbonnais n'est pas indirectement responsable des développements critiques de Quesnay. Il ouvre, en effet, une brèche affirmant au début de la *Culture des terres* que l'agriculture et le commerce sont « les deux principales branches de l'administration

29. « Il ne faut jamais oublier que cet état de prospérité auquel nous pouvons prétendre, seroit bien moins le fruit des travaux du laboureur, que le produit des richesses qu'il pourroit employer à la culture des terres. »

intérieure » [Forbonnais, 1754 – a, p. 552, 1754 – b, 95]. En mettant essentiellement l'accent sur le commerce, il délaisse l'agriculture et offre une porte d'entrée à Quesnay. Quesnay ne se laisse d'ailleurs pas prier affirmant qu'

> On regarde continuellement l'agriculture et le commerce comme les deux ressources de nos richesses : le commerce, ainsi que la main-d'œuvre, n'est qu'une branche de l'agriculture : mais la main-d'œuvre est beaucoup plus étendue et beaucoup plus considérable que le commerce. Ces deux états ne subsistent que par l'agriculture. [Quesnay, 1757, p. 820]

Pour Quesnay, ce sont les richesses agricoles considérées comme les « premières richesses, toujours renouvelées, qui soutiennent tous les autres états du royaume, qui donnent de l'activité à toutes les autres professions, qui animent l'industrie, qui entretiennent la prospérité de la nation » [*ibid.*, p. 820]. Le commerce ne serait donc rien sans l'agriculture. Son développement ne peut qu'être la conséquence des progrès agricoles. Il ne peut donc qu'être une branche subordonnée à l'agriculture.

Pour mettre en exergue le rôle de l'agriculture par opposition au commerce, Quesnay poursuit sa valorisation du fermier contre le commerçant. Le fermier a cet avantage qu'il est à la fois producteur et qu'il est preneur de prix[30], par opposition au commerçant revendeur et manipulateur des prix à l'achat et à la revente. Ses gains ne peuvent donc pas être condamnés moralement par l'Église ou par la police d'Ancien Régime puisqu'ils ne se font pas aux dépens des membres du corps social. L'intérêt personnel du fermier est, en outre, d'un autre genre que celui du commerçant. Dans un contexte de liberté de commerce, il dépend de la production de richesses et est dès lors compatible avec l'intérêt général contrairement à celui du commerçant.

Le fermier détermine en outre le niveau de sa production en fonction des prix et des bénéfices qu'il en espère. Ses bénéfices ne sont donc pas un pur profit personnel. De leurs montants naîtront les avances qui détermineront le niveau de la production nationale comme celui de la population.

Le fermier est ainsi à nouveau la figure valorisée dans *Grains*. Quesnay affirme ne pas envisager

> le riche fermier comme un ouvrier qui laboure lui-même la terre ; c'est un entrepreneur qui gouverne et qui fait valoir son entreprise par son intelligence et par ses richesses. L'agriculture conduite par de riches

30. Il est preneur du prix international qui est le prix établi par la liberté.

> cultivateurs est une profession très-honnête et très-lucrative, reservée à des hommes libres en état de faire les avances des frais considérables qu'exige la culture de la terre, et qui occupe les paysans et leur procure toûjours un gain convenable et assûré. Voilà, selon l'idée de M. de Sully, les vrais fermiers ou les vrais financiers qu'on doit établir et soûtenir dans un royaume qui possede un grand territoire. [*Ibid.*, p. 821]

La mise en exergue de la centralité de l'agriculture apparaît de manière plus nette encore dans les premières *Maximes de gouvernement économique* qui synthétisent et radicalisent les positions de Quesnay en soulignant la capacité spécifique des travaux de la terre à multiplier les richesses.

Alors que, jusque-là, seules certaines manufactures, celles du luxe, étaient néfastes à la croissance, dans les *Maximes*, un pas supplémentaire est franchi puisque désormais « *Les travaux d'industrie ne multiplient pas les richesses* » (Maxime I). Contrairement aux travaux d'agriculture, ils ne produisent aucun revenu au-delà de leur coût de production et de transport permettant à Quesnay de conclure que « toutes les dépenses d'ouvrages d'industrie ne se tirent que du revenu des biens-fonds » et que « la valeur de ces ouvrages n'augmente que du prix de la subsistance que les ouvriers consomment ». Il en est de même des « grosses fortunes de marchands » [*ibid.*, p. 826].

Les manufactures et le commerce sont donc désormais dépendants de l'agriculture. Pour autant, ces activités ne sont pas encore rendues stériles. « *Les travaux d'industrie contribuent à la population et à l'accroissement des richesses* » (Maxime II). La perspective de Quesnay vise pour l'heure uniquement à comparer la capacité des deux secteurs à produire des richesses et à montrer que le développement des manufactures ne doit pas se faire aux dépens de l'agriculture (Maxime III). D'ailleurs, les travaux de l'industrie sont jugés nécessaires à l'agriculture pour que celle-ci puisse être intensive. Ainsi, « *Les travaux de l'industrie contribuent à l'augmentation des revenus des biens-fonds, et les revenus des biens-fonds soutiennent les travaux d'industrie* » (Maxime IV).

2. *Grains* : une critique de la police mercantile

Ayant fait du commerce et des manufactures des branches dépendantes de l'agriculture, *Grains* peut se lire comme une critique des principes de la police mercantile.

Dans *Grains*, ce ne sont plus les principes de la police d'Ancien Régime qui sont remis en cause. L'adversaire de Quesnay change, en effet. Il s'agit de critiquer la police mercantile promue par la science du commerce[31]. C'est désormais contre cette police privilégiant les manufactures et le négoce que Quesnay écrit. Dès les premières lignes de *Grains*, il la condamne.

> On a fait baisser le prix de nos blés, afin que la fabrication et la main-d'œuvre fussent moins cheres que chez l'étranger : les hommes et les richesses se sont accumulés dans les villes ; l'Agriculture, la plus féconde et la plus noble partie de notre commerce, la source des revenus du royaume, n'a pas été envisagée comme le fond primitif de nos richesses ; elle n'a paru intéresser que le fermier et le paysan : on a borné leurs travaux à la subsistance de la nation, qui par l'achat des denrées paye les dépenses de la culture ; et on a crû que c'étoit un commerce ou un trafic établi sur l'industrie, qui devoit apporter l'or et l'argent dans le royaume. [*Ibid.*, p. 812]

La police mercantile est condamnée parce qu'elle privilégie le développement des manufactures et du commerce. Après avoir montré tous les avantages que le royaume de France pouvait retirer d'une spécialisation dans l'agriculture, Quesnay radicalise son point de vue en tentant de montrer que toute autre spécialisation causerait sa ruine.

Pour combattre cette police mercantile, Quesnay montre qu'elle est au service d'une classe, celle des marchands et des manufacturiers. Elle n'est donc pas au service de l'intérêt général. Et Quesnay de réinterpréter l'objectif de la police des grains d'Ancien Régime. À ses yeux, celle-ci n'était pas véritablement destinée à assurer les approvisionnements urbains mais à favoriser les intérêts marchands[32]. Les objectifs de la police des grains

31. La catégorisation du cercle de Gournay fait l'objet de débats. Certains y ont vu les précurseurs d'un libéralisme – le libéralisme égalitaire – en ce qu'il promouvait la liberté du commerce intérieur et la suppression des corporations (c'est notamment la thèse de Simone Meyssonnier [1989]). Une position plus nuancée est celle d'Antoin Murphy. Pour lui, le libéralisme du groupe serait surtout un libéralisme de l'offre. À ses yeux, « S'ils étaient profondément attachés au "laissez-faire", i.e. à la liberté de produire, ils n'avaient pas la même attitude claire quant à un "laissez-passer" qu'ils interprétaient davantage comme liberté d'échanges dans un contexte national, et non international » [Murphy, 1986, p. 201]. De son côté, Catherine Larrère [1992] les rapproche davantage du mercantilisme, notamment pour ce qui concerne Forbonnais. Si ce type de débat montre les limites des grandes catégorisations construites d'ailleurs *a posteriori*, nous tenons néanmoins à souligner que les auteurs du cercle Gournay – et Forbonnais particulièrement – sont très attachés aux excédents de la balance commerciale ainsi qu'à l'impératif de puissance nationale. Défendant les intérêts de la classe marchande, ils se rapprocheraient ainsi davantage de ce que Smith qualifiait de « système mercantile » expliquant que nous qualifions la police qu'ils promouvaient de police mercantile.

32. Il nous faut ici souligner que les principes de la police d'Ancien Régime ne sont originellement pas des principes mercantiles, contrairement à l'amalgame qui a souvent été fait par les commentateurs. La police d'Ancien Régime avait pour objectif de préserver l'ordre communautaire en assurant l'approvisionnement urbain. Le but du pacte de subsistance n'était pas de favoriser les manufactures urbaines ni le commerce pour accroître les profits de ces classes sociales. Leurs surprofits étaient au contraire condamnés moralement. Tel n'était pas le cas d'une autre police : la police mercantile qui promouvait le gain individuel contre l'ancienne police. Cette police mercantile est précisément celle défendue par Herbert, par Forbonnais et d'une manière générale par les auteurs du cercle de Gournay.

d'Ancien Régime sont désormais considérés comme ceux de la police mercantile qui avait intérêt à établir des prix faibles pour limiter les salaires urbains, favoriser la compétitivité et assurer les surprofits des manufacturiers et des commerçants.

Pour s'opposer à cette disjonction entre les intérêts de la classe marchande et l'intérêt général, Quesnay réaffirme le fait que l'intérêt du fermier est au contraire similaire à l'intérêt général, et même à celui des marchands, des manufacturiers et des consommateurs urbains. Comme l'a montré Loïc Charles [1998, p. 50 et sqq], le bon prix des grains généré par le commerce international correspond à la moyenne arithmétique des prix du blé sur plusieurs années avant son instauration. Outre le fait que celui-ci permettrait la croissance, son montant n'engendrerait pas – pour l'heure – de désagrément aux autres classes sociales, puisqu'en moyenne, sur cinq années, celles-ci paieraient un prix équivalent à celui prévalant en l'absence de liberté d'exportation des grains.

La police mercantile est en outre présentée comme une police du désordre nuisible à l'intérêt général. Pour la dénoncer, Quesnay se montre davantage sensible à l'esprit de l'ancienne police qui cherchait à façonner les caractères humains et à décourager la recherche d'un gain pécuniaire. Il rappelle d'ailleurs certains des principes moraux mis à l'honneur par Mirabeau [1756] qui dénonçait la cupidité, le luxe et la société désordonnée.

Pour Quesnay, la police mercantile est une police du désordre parce qu'elle suppose que les richesses sont produites par le commerce en général et plus particulièrement par le commerce des denrées manufacturées et de luxe. Or cette industrie est totalement artificielle, « etrangere », aux yeux de Quesnay [1757, p. 812].

Elle est encore une police du désordre car le système productif fondé sur les exportations de produits manufacturés promues par la science du commerce est dépendant de l'extérieur. *A contrario*, la spécialisation agricole permettrait d'atteindre l'indépendance pourtant si chère à la science du commerce et à Forbonnais qui aimaient à rappeler qu'un peuple devait parvenir à se passer du travail industrieux des autres nations, sans les forcer à se passer du sien[33].

Elle est enfin une police du désordre parce que le gouvernement du royaume n'était plus libre mais soumis aux intérêts marchands. Le roi s'était

33. La citation exacte de Forbonnais [1754 – b, p. 252] est : « C'est une maxime reçue cependant, qu'un peuple doit tendre principalement à se passer du travail industrieux des autres. Le principe est juste, en y ajoutant cette condition essentielle, *sans forcer ces autres peuples à se passer du sien.* »

laissé bercer par les illusions des commerçants. Il avait ainsi confondu les causes et les effets de la richesse en négligeant l'agriculture qui n'avait pas été considérée comme le secteur essentiel de la production de richesses, mais comme un secteur inféodé à la production de luxe faisant, par ce biais, de l'agriculture une agriculture de subsistance. Le luxe désordonné est finalement synonyme d'une société désordonnée. La police mercantile favorable aux faibles prix des grains et aux exportations de produits manufacturés avait notamment fait naître un rapport social intersectoriel déséquilibré[34] et avait produit le désordre.

La police mercantile, fondée sur les principes de la science du commerce est ainsi condamnée en raison même des objectifs qu'elle proposait. Elle est accusée d'avoir ruiné la France.

> Pour gagner quelques millions à fabriquer et à vendre de belles étoffes, nous avons perdu des milliards sur le produit de nos terres ; et la nation parée de tissus d'or et d'argent, a crû joüir d'un commerce florissant. [*Ibid.*, p. 812]

Sur ces constats, Quesnay souhaite favoriser la spécialisation agricole qui permettrait selon lui de générer davantage de richesses et d'excédents commerciaux. Il est alors favorable à une police renversant les principes de la science du commerce.

> Il faut donc cultiver le pié de l'arbre, et ne pas borner nos soins à gouverner les branches ; laissons-les s'arranger et s'étendre en liberté, mais ne négligeons pas la terre qui fournit les sucs nécessaires à leur végétation et à leur accroissement. [*Ibid.*, p. 817]

Pour Quesnay, l'arbre du commerce avait été planté à l'envers par les partisans de la science du commerce, lesquels avaient négligé l'agriculture. Émerge ici à la fois la critique de la science du commerce mais aussi celle de la police que ses partisans promouvaient. Pour s'y opposer, Quesnay promeut une police de la liberté de commerce, généralisant au commerce extérieur les principes mêmes que la science du commerce avait défendus pour le commerce intérieur. Il ne s'agit plus de choisir les branches de l'arbre du commerce et de les tailler, tel un arboriculteur, pour en récolter de meilleurs fruits. Il s'agit de s'attacher à l'organisation de l'agriculture et

34. L'accent est désormais mis sur un rapport social de classes – fermiers *vs* commerçants et manufacturiers –, se répercutant dans un second temps au niveau territorial sous la forme d'un antagonisme – ville *vs* campagne. Ce rapport social est favorable aux commerçants, au luxe, aux villes et remet en cause l'ordre social traditionnel de la monarchie d'Ancien Régime fondé sur la noblesse terrienne.

de « laisser-faire ». Désormais, celle-ci n'est d'ailleurs plus considérée comme une branche du commerce contrairement à ce que proposait la science du commerce. Elle en est le tronc.

C'est la raison pour laquelle la puissance du royaume ne dépendra plus des excédents de la balance commerciale réalisés par les manufactures. Elle sera fonction de sa richesse intérieure née de la production de matières premières et de la liberté du commerce. Ici résideront les causes de la richesse et de la puissance. « Plus une nation qui a un bon territoire et un commerce facile, est peuplée, plus elle est riche ; et plus elle est riche, plus elle est puissante » [*ibid.*, p. 821].

La spécialisation économique du royaume devait donc être réformée radicalement. Les *Maximes de gouvernement économique* viennent confirmer cette nécessité. En effet, dans le cadre du commerce international, une nation « gagne beaucoup plus sur la vente d'un million de marchandises de son crû, que sur la vente d'un million de marchandises de main-d'œuvre, parce qu'elle ne gagne sur celles-ci que le prix du travail de l'artisan, et qu'elle gagne sur les autres le prix du travail de la culture et le prix des matieres produites par le sol ». Remobilisant l'argument implicite de la balance commerciale Quesnay conclut que « *Les travaux d'industrie qui occupent les hommes au préjudice de la culture des biens-fonds, nuisent à la population et à l'accroissement des richesses* » (Maxime III) et légitime ainsi la spécialisation agricole du royaume. C'est pourquoi « *Une nation qui a un grand commerce de denrées de son crû, peut toûjours entretenir, du-moins pour elle, un grand commerce de marchandises de main-d'œuvre* » (Maxime I). Et Quesnay de conclure logiquement qu'« *Une nation qui a peu de commerce de denrées de son crû, et qui est reduite pour subsister à un commerce d'industrie, est dans un état précaire et incertain.* » (Maxime VII). Il ajoute en outre qu'« *Un grand commerce intérieur de marchandises de main-d'œuvre ne peut subsister que par les revenus des biens-fonds* » (Maxime VIII). Ainsi, « *Une nation qui a un grand territoire, et qui fait baisser le prix des denrées de son crû pour favoriser la fabrication des ouvrages de main-d'œuvre, se detruit de toutes parts* » (Maxime IX).

Comme nous le percevons, les neuf premières *Maximes de gouvernement économique* visent à mettre en exergue la prééminence de l'agriculture, à condamner la police promouvant le bas prix des blés, l'exportation de produits manufacturés et l'inféodation de l'agriculture aux autres secteurs productifs. Contre cette mauvaise police, Quesnay propose une nouvelle politique économique fondée sur la spécialisation agricole au nom des impératifs mêmes de la science du commerce que sont les excédents commerciaux, l'indépendance, l'enrichissement, la croissance de la population, et la puissance. Dans un dernier temps, Quesnay radicalise son propos et donne davantage d'ampleur à sa critique de la science du commerce en soulignant la fausseté de ses principes.

3. *Grains* comme moment de radicalisation pour renverser les faux principes de la science du commerce

Ayant fait du commerce une branche de l'agriculture, Quesnay est amené à souligner que les principes de la science du commerce ne sont, en réalité, qu'un cas particulier de l'économie politique. *Grains* se propose en outre de renverser la science du commerce en critiquant ce qu'elle considérait être le chaînon essentiel du fonctionnement économique : la balance du commerce.

À partir de la dixième *Maxime de gouvernement économique*, Quesnay s'attaque, en effet, à la pierre angulaire du système de la science du commerce, c'est-à-dire à la balance du commerce. Deux remises en cause émergent particulièrement. La première souligne que « *Les avantages du commerce exterieur ne consistent pas dans l'accroissement des richesses pécuniaires* » (Maxime X). Contrairement à la science du commerce, il ne s'agit pas de faire de l'afflux de métaux précieux dans le royaume le catalyseur de la production de richesses et le gage d'une stimulation de la circulation intérieure et de la diminution du taux d'intérêt de l'argent[35]. La croissance de la production nationale naîtra, comme nous l'avons vu, du développement de l'agriculture, lequel sera à l'origine de nouveaux flux de circulation de richesses.

À un deuxième niveau, c'est à une remise en cause de la balance commerciale en tant qu'instrument d'analyse que l'on assiste. « *On ne peut connoitre par l'état de la balance du commerce entre diverses nations, l'avantage du commerce et l'etat des richesses de chaque nation* » (Maxime XI). Pour contrer les principes de la science du commerce, Quesnay en vient d'ailleurs à négliger partiellement le commerce extérieur. « *C'est par le commerce intérieur et par le commerce exterieur, et sur-tout par l'état du commerce intérieur, qu'on peut juger de la richesse d'une nation* » (Maxime XII). Ce qui compte désormais, c'est l'intensité de la circulation intérieure et extérieure des richesses. Enfin, l'accent est mis sur la nécessité que le commerce extérieur réponde à des motivations pacifiques. « *Une nation ne doit point envier le commerce de ses*

35. C'est ce qui apparaissait notamment dans les traductions de Gournay relues par Forbonnais des *Traités sur le commerce de Josiah Child* [Child, 1754]. Nous renvoyons également à l'édition proposée par Simone Meyssonnier [2010].

voisins quand elle tire de son sol, de ses hommes, et de sa navigation, le meilleur produit possible. » (Maxime XIII). Mais Quesnay de souligner néanmoins que « *Dans le commerce réciproque, les nations qui vendent les marchandises les plus nécessaires ou les plus utiles, ont l'avantage sur celles qui vendent les marchandises de luxe* » (Maxime XIV).

Quesnay critique ainsi les fondements mêmes du système promu par la science du commerce. Il s'attaque à l'esprit de conquête pour privilégier l'idée selon laquelle le commerce doit être fondé sur l'avantage mutuel et réciproque des nations [*ibid.*, p. 812]. Quesnay est ainsi amené à faire du commerce le vecteur de la paix universelle et à privilégier les principes de l'Abbé de Saint-Pierre [1713] par opposition aux jalousies commerciales valorisées par la science du commerce. Il faut donc transformer l'esprit du commerce pour lui faire quitter les perspectives belliqueuses mises à l'honneur par les théoriciens mercantiles. Ceci oblige Quesnay à étendre ses principes en matière de liberté du commerce international. La seule promotion de la liberté du commerce des grains initialement mise à l'honneur est remplacée par la promotion de la libéralisation générale du commerce, pour faire des pays autant de nations commerçantes, en montrant que la France devait se spécialiser dans l'agriculture dans l'intérêt de tous[36]. Quesnay cherche, en effet, à montrer que l'intérêt général international est compatible avec l'intérêt général de la nation française – lui-même compatible avec l'intérêt de ses fermiers. Au contraire, les principes mercantiles et la recherche des excédents commerciaux avaient ruiné la France et, par extension, l'ensemble des nations.

Les politiques économiques ne doivent désormais plus rechercher la puissance. Elles doivent avoir pour objectif l'accroissement des richesses et le bonheur. Ceux-ci seront assurés non plus par le commerce seul mais par la liberté du commerce. Désormais, ce n'est, en effet, plus le commerce qui anime l'agriculture et le système productif ; c'est la liberté. C'est elle qui fera émerger le bon prix du blé dont le niveau, à 18 livres le setier, a une dimension universelle, vérifiée à la fois dans l'espace[37] et dans le temps[38].

36. S'il s'oppose à la politique mercantile et promeut le commerce libre [Quesnay, 1757, p. 828], Quesnay ne dit rien explicitement des contours de cette liberté de commerce. Est-ce un commerce totalement libre, sans protection ? Est-ce un commerce qui progressivement se libéralise ? Ceci concerne d'ailleurs aussi le cas du commerce des grains. Quesnay se fait certes désormais potentiellement favorable à la libre importation des grains mais nuance aussi la pleine liberté d'exportation qui devait être restreinte quand les prix seraient trop élevés [Quesnay, 1757, p. 825, note e].

37. C'est le prix international, né de la liberté de commerce [Quesnay, 1757, p. 817].

38. C'est le prix qui avait permis à l'agriculture française d'être prospère et exportatrice au XVIIe siècle [*ibid.*, p. 816-817].

Ce bon prix serait le prix permettant la conciliation des intérêts privés avec l'intérêt général ; le prix assurant l'enrichissement général. Enfin, il serait un prix juste généré par des rapports de classes qui ne seraient plus déséquilibrés par l'existence de contraintes pesant sur les fermiers. Au final, le bon prix serait un prix stable mais surtout un prix vrai et juste moralement ; un prix généré par la liberté.

Conclusion

Au regard des caractères de la police que Quesnay critique, *Fermiers* et *Grains* proposent deux analyses partiellement dissemblables. Si *Fermiers* s'inscrit dans le prolongement des développements de la science du commerce et propose une critique de la police d'Ancien Régime, *Grains* marque une première inflexion et propose de rompre avec le commerce politique.

Cette rupture contribue à façonner la réflexion quesnaysienne. La centralité de la production agricole est ainsi davantage mise à l'honneur, tout comme la fertilité de la terre par rapport aux capacités productives du travail. Quesnay élargit également sa défense de la liberté de commerce en remettant en cause la balance du commerce.

Néanmoins, et pour l'heure, la pensée de Quesnay ne se présente pas comme un système constitué. Elle promeut davantage de nouveaux principes de police en mettant à l'honneur un interventionnisme au service d'une spécialisation dans l'agriculture. Ainsi, la France

> ne doit pas pretendre pleinement à un commerce général. Elle doit en sacrifier quelques branches les moins importantes à l'avantage des autres parties qui lui sont les plus profitables, et qui augmenteroient et assureroient les revenus des biensfonds du royaume.
> Cependant tout commerce doit être libre, parce qu'il est de l'intéret des marchands de s'attacher aux branches de commerce extérieur les plus sûres et les plus profitables.
> Il suffit au gouvernement de veiller à l'accroissement des revenus des biens du royaume, de ne point gêner l'industrie, de laisser aux citoyens la facilité et le choix des dépenses. [*Ibid.*, p. 828]

Il convenait désormais d'être attentif à l'agriculture et de laisser-faire les branches du commerce en promouvant la liberté. Quesnay ne propose donc pas encore un système, il propose une police.

Diverses intuitions non systématisées apparaissent dans les articles de l'*Encyclopédie*. L'idée que la liberté ferait naître les bons principes de gouvernement, des principes vrais et justes, commence ainsi à poindre. De même, et pour l'heure, aucune réflexion n'émerge quant au rôle essentiel de la propriété terrienne en matière d'ordre social. La noblesse est d'ailleurs toujours exempte de l'impôt. Enfin, si Quesnay valorise un mode d'administration de la preuve partiellement novateur, fondé sur les calculs, les données chiffrées et les tableaux, s'il se fonde sur une analyse microéconomique des comptabilités agricoles pour les généraliser ensuite, son analyse se veut inductive. Elle n'est pas encore déductive.

Nous constatons, par ailleurs, que l'entreprise de Quesnay visant à libérer l'agriculture de ses différentes tutelles échoue partiellement dans *Grains*. Le développement de l'agriculture n'est pas encore autonome. Il reste tributaire de l'action d'une police et de la mise en place de la liberté d'exportation des grains. Malgré ses efforts, Quesnay n'est donc pas encore parvenu à renverser pleinement les principes de son principal adversaire puisque l'agriculture reste dépendante des choix du gouvernement et de l'intervention des négociants. Sa réflexion reste finalement encore prisonnière du cadre d'analyse de la science du commerce[39].

Pour renverser pleinement la science du commerce, il faudra que Quesnay fasse disparaître totalement le commerçant pour montrer que, sans lui, l'agriculture est capable d'un développement autonome. En toute logique, et dans le prolongement des articles de l'*Encyclopédie*, le fermier aurait dû remplacer le commerçant. Mais le fermier, fût-il libéré de sa dépendance envers la police et le commerce, n'est pas pleinement libre chez Quesnay. Il reste dépendant des propriétaires fonciers [*ibid.*, p. 824-825]. Comme Quesnay se refuse à libérer le fermier en le faisant propriétaire exploitant, il sera obligé de mettre à l'honneur le propriétaire foncier parce que seul ce dernier est pleinement libre : libre de mettre en culture ou de donner à ferme ses terres, libre de jouir des productions de ses terres, libre de consommer. C'est finalement le propriétaire foncier aux intérêts supposés semblables par nature à ceux du fermier qui servira de modèle de gouvernement.

Au moment de la rédaction de *Grains*, le système de Quesnay n'est donc pas encore formé. Il se construira progressivement par opposition à ses adversaires, et ce dans le contexte des débats relatifs à la noblesse commerçante, lesquels l'amèneront à rompre plus radicalement avec la science du commerce en recherchant un modèle capable de la renverser pour lui

39. Les extraits de la correspondance entre Quesnay et Forbonnais datée de septembre 1758 laissent à la fois percevoir que Quesnay n'est pas encore dans une opposition frontale à la science du commerce et qu'il est à la recherche d'un modèle de circulation [Einaudi et Sauvy, 1958, p. 295-300].

proposer une alternative valable. Quesnay sera également amené à travailler au *Traité de la monarchie* et à se servir de ces éléments politiques dans sa réflexion économique pour construire son modèle de circulation de richesses en valorisant la propriété foncière, non sans proposer une réinterprétation des modèles de circulation de Cantillon. Enfin, son objectif sera également de convaincre et de proposer un modèle compatible avec ses conceptions épistémologiques en lui donnant une dimension universelle et naturelle. Ainsi, la perspective de Quesnay changera après la rédaction de *Grains*. Son intention sera désormais de produire un système complet pour renverser la science du commerce. Elle donnera naissance au *Tableau œconomique*.

Bibliographie

Afanassiev, Georges [1894], *Le commerce des Céréales en France au XVIIIe siècle*, traduction du russe par P. Boyer, Paris : A. Picard.

Cantillon, Richard [1755], *Essai sur la nature du commerce en général*, Paris : Institut National d'Études Démographiques, 1997.

Cartelier, Jean [1991], « L'économie politique de François Quesnay ou l'Utopie du Royaume agricole », Introduction à François Quesnay, *Physiocratie*, Paris : GF-Flammarion.

Charles, Loïc [1998], « Théorie des prix et liberté d'exportation du blé chez Quesnay : une interprétation », *Cahiers d'économie politique*, n° 32, p. 41-65.

Charles, Loïc [1999], *La liberté du commerce des grains et l'économie politique française (1750-1770)*, Thèse en sciences économiques, Université de Paris I.

Charles, Loïc [2000], « From the Encyclopédie to the Tableau économique: Quesnay on freedom of grain trade and economic growth », *European Journal of the History of Economic Thought*, vol. 7, n° 1, p. 1-21.

Charles, Loïc [2003], « The visual history of the *Tableau Economique* », *European Journal of the History of Economic Thought*, vol. 10, n° 4, p. 527-550.

Charles, Loïc [2004], « The *Tableau Economique* as a rational Recreation », *History of Political Economy*, vol. 36, n° 3, p. 445-474.

Child, Josuha [1754], *Traités sur le commerce et sur les avantages qui résultent de la réduction de l'interest de l'argent, avec un petit traité contre l'usure, par le chevalier Thomas Culpeper, traduits de l'anglois* par Vincent de Gournay, Amsterdam et Paris : J. Néaulme, XII-483 p.

Delamare, Nicolas [1705], *Traité de la police, Où l'on trouvera l'histoire de son établissement, les fonctions et les prérogatives de ses magistrats ; toutes les loix et tous les réglemens qui la concernent...*, vol. 1, Paris : Cot.

Delamare, Nicolas [1710], *Traité de la police, Où l'on trouvera l'histoire de son établissement, les fonctions et les prérogatives de ses magistrats ; toutes les loix et tous les réglemens qui la concernent...*, vol. 2, Paris : Brunet et Hérissant, 1722.

Delamare, Nicolas [1719], *Traité de la police, Où l'on trouvera l'histoire de son établissement, les fonctions et les prérogatives de ses magistrats ; toutes les loix et tous les réglemens qui la concernent...*, vol. 3, Paris : Brunet et Hérissant, 1729.

Depitre, Edgard [1913], « Le système et la querelle de la "Noblesse commerçante" (1756-1759) », *Revue d'histoire économique et sociale*, vol. 6, n° 2, p. 137-176.

Dupin, Claude [1748], *Mémoire sur les bleds avec un projet d'édit pour maintenir en tout tems la valeur des grains à un prix convenable au vendeur et à l'acheteur.*

Einaudi, Luigi et Sauvy, Alfred (*et al.*) [1958], *François Quesnay et la physiocratie*, 2 vol., tome premier, Paris : INED.

Foucault, Michel [2004], *Sécurité, territoire, population, Cours au Collège de France. 1977-1978*, Paris : Gallimard/Seuil, coll. « Hautes Études ».

Forbonnais, François Véron Duverger de [1753–a], « Commerce », D. Diderot, J. Le Rond D'Alembert (dir.), *Encyclopédie ou Dictionnaire raisonné des Sciences, des arts et des métiers*, vol. 3, Paris : Briasson, p. 690-700.

Forbonnais, François Véron Duverger de [1753–b], « Colonie », D. Diderot, J. Le Rond D'Alembert (dir.), *Encyclopédie ou Dictionnaire raisonné des Sciences, des arts et des métiers*, vol. 3, Paris : Briasson, p. 648-651.

Forbonnais, François Véron Duverger de [1754–a], « Culture des terres », Diderot, D'Alembert, (dir.), *Encyclopédie, ou Dictionnaire raisonné des Sciences, des arts et des Métiers*, Vol. 4, Paris : Briasson, p. 552-566.

Forbonnais, François Véron Duverger de, [1754–b], 1796, *Elémens du Commerce*, 2 vol., Paris : Chaigneau.

Gilibert, Giorgio [1977], *Quesnay, la costruzione della « macchina delle prosperità »*, Gli economisti, Etas Libri.

Herbert, Claude-Jacques [1753], *Essai sur la police générale des grains*, Londres : Kress Library.

Herbert, Claude-Jacques [1755], *Essai sur la police générale des grains sur leurs prix et sur les effets de l'agriculture*, Berlin.

Kaplan, Steven L. [1976], *Bread, Politics and Political Economy in the Reign of Louis XV*, 2 vol., La Haye : Martinus Nijhoff.

Larrère, Catherine [1992], *L'invention de l'économie au XVIII*e *siècle : du droit naturel à la physiocratie*, Paris : Presses universitaires de France.

Le Camus, Antoine [1753–a], « Mémoire sur les bleds et autres grains qui servent à la nourriture des hommes ; on y a joint tout ce qui concerne les provisions pour Paris. Par M. Le Camus, Docteur Regent de la Faculté de Médecine de Paris, etc. », *Journal Oeconomique*, novembre 1753, p. 117-152.

Le Camus, Antoine [1753–b], « Suite du Mémoire sur le pain qu'on mange à Paris. Histoire des moulins à eau et à vent. Qualité de la farine, des eaux et du levain qui entrent dans la composition du pain. Par M. Le Camus, Docteur Regent de la Faculté de Médecine de Paris », *Journal Oeconomique*, décembre 1753, p. 89-115.

Le Camus, Antoine [1754], « Suite du Mémoire sur le pain qu'on mange à Paris. Qualités des différentes sortes de pain. Propriétés médicales de ses diverses parties. Réflexion sur un nouvel écrit, intitulé : Essai sur la police général des grains. Par M. Le Camus, Docteur Regent de la Faculté de Médecine de Paris », *Journal Oeconomique*, février 1754, p. 96-122.

Le Roy, Charles Georges [1756], « Fermier », dans Diderot, D'Alembert (dir.), *Encyclopédie, ou Dictionnaire raisonné des Sciences, des arts et des Métiers*, vol. 6, Paris : Briasson, p. 527-528.

Longhitano, Gino [1999], « La monarchie française entre société d'ordres et marché : Mirabeau, Quesnay et le Traité de la monarchie (1757-1759) », dans V. R. Marquis de Mirabeau et F. Quesnay, *Traité de la Monarchie*, édité et présenté par G. Longhitano, *Cahiers d'économie politique*, Paris : L'Harmattan, 1999.

Meyssonnier, Simone [1989], *La balance et l'horloge. La genèse de la pensée libérale en France au XVIII*[e] *siècle.* Montreuil : Éditions de la Passion.

Meyssonnier, Simone [2010], *Traités sur le commerce de Josiah Child, suivis des Remarques de Jacques Vincent de Gournay*, Paris : L'Harmattan.

Mirabeau, Victor Riquetti marquis de [1756, i.e. 1757], *L'Ami des hommes ou Traité de la population*, Avignon.

Mirabeau, Victor Riquetti marquis de, Quesnay François [1757-1759], *Traité de la Monarchie*, édité et présenté par Gino Longhitano, *Cahiers d'économie politique*, Paris : L'Harmattan, 1999.

Murphy, Antoin [1986], « Le développement des idées économiques 12 en France (1750-1756) », *Revue d'histoire moderne et contemporaine*, vol. 33, octobre-décembre, p. 521-541.

Murphy, Antoin [1997], *Richard Cantillon, le rival de Law*, Paris : Hermann, Éditeurs des sciences et des arts.

Naveau, Jean-Baptiste [1757], *Le Financier citoyen.*

Piguet, Marie-France [2002], « *Œconomie/Économie* (politique) dans le texte informatisé de l'*Encyclopédie* », *Recherches sur Diderot et sur l'Encyclopédie* [En ligne], 31-32 | Avril 2002, mis en ligne le 16 mars 2008, http://rde.revues.org/2983 ; doi: 10.4000/rde.2983

Plumard de Dangeul, Louis-Joseph [1754], *Remarques sur les avantages et les désavantages de la France et de la Gr. Bretagne par rapport au commerce et autres sources de la puissance des États*, Traduction de l'anglois du chevalier John Nickolls, Leyde.

Quesnay, François [1750], *Traité des effets et de l'usage de la saignée*, Nouvelle édition de deux traités de l'auteur sur la saignée, réunis, mis dans un nouvel ordre et très augmentés, d'Houry.

Quesnay, François [2005], *Œuvres économiques complètes et autres textes*, édités par Ch. Théré, L. Charles et J.-C. Perrot, 2 vol., Paris : INED.

Quesnay, François [1756], « Fermiers », dans Diderot, D'Alembert (dir.), *Encyclopédie, ou Dictionnaire raisonné des Sciences, des arts et des Métiers*, vol. 6, Paris : Briasson.

Quesnay, François [1757], « Grains », dans Diderot, D'Alembert (dir.), *Encyclopédie, ou Dictionnaire raisonné des Sciences, des arts et des Métiers*, vol. 7, Paris : Briasson.

Saint-Pierre, Charles Irénée Castel abbé de [1713], *Projet pour rendre la paix perpétuelle en Europe*, Utrecht : A. Schouten.

Salvat, Christophe [2006], « Les articles "OE\Économie" et leurs désignants », *Recherches sur Diderot et sur l'Encyclopédie* [En ligne], 40-41 | octobre 2006, mis en ligne le 1er octobre 2008, http://rde.revues.org/352 ; doi: 10.4000/rde.352

Shovlin, John [2007], *The Political Economy of Virtue Luxury, Patriotism, and the Origins of the French Revolution*, Ithaca: Cornell University Press.

Skinner, Quentin [1998], *Liberty before Liberalism*, Cambridge: Cambridge University Press.

Skinner, Quentin [2002], « Un troisième concept de liberté au-delà d'Isaiah Berlin et du libéralisme anglais », *Actuel Marx*, n° 32, p. 15-49.

Smith, Adam [1776], *Enquête sur la nature et les causes de la Richesse des Nations*. Trad. française, Paris : Presses universitaires de France, 1995 ; *An Inquiry into the Nature and Causes of the Wealth of Nations*, Oxford University Press, 1976.

Vaggi, Giani [1987], *The economics of François Quesnay*, London: Mac Millan.

Van den Berg, Richard [2015], *Richard Cantillon's Essay on the Nature of Trade in General: A Variorum Edition*, London: Routledge, coll. « Routledge Studies in History of economics ».

Vivens, François de Labat de [1756], *Observations sur divers moyens de soutenir et d'encourager l'agriculture principalement dans la Guyenne : où l'on traite des cultures propres à cette province, & des obstacles qui les empêchent de s'étendre.*

CONTRE LES COLBERTISTES ET LES ANGLOMANES : DU PONT DE NEMOURS ET LA LIBERTÉ DU COMMERCE

Joël Thomas Ravix[1]

L'objet de cet article est de montrer que le discours de Du Pont de Nemours sur la liberté du commerce évolue considérablement au fil du temps. S'il commence en effet par reprendre les concepts développés par François Quesnay, il abandonne par la suite progressivement le vocabulaire physiocratique et concentre son argumentation sur la réciprocité des avantages du libre-échange. Cette évolution s'explique non seulement par le souci affiché par Du Pont de vouloir convaincre ses adversaires, mais aussi par la nécessité qu'il rencontre ensuite d'adapter son discours à ceux d'Adam Smith et de Jean-Baptiste Say pour tenter de contourner les critiques qu'ils adressent aux thèses physiocratiques.

Against the colbertists and Anglomaniacs: Du Pont de Nemours and the freedom of trade

The purpose of this article is to show that the discourse of Du Pont de Nemours on freedom of trade evolved considerably over time. If he begins by using the concepts developed by François Quesnay, he abandoned thereafter gradually Physiocratic vocabulary and focuses his argument on mutual benefits of free trade. This transformation is explained not only by the desire of Du Pont to convince his opponents, but also by the need to adapt his discourse to those of Adam Smith and Jean Baptiste Say to try to circumvent their criticism of Physiocratic theses.

Mots clefs : Du Pont de Nemours, liberté du commerce, physiocratie, traité de commerce franco-anglais de 1786, Adam Smith, Jean-Baptiste Say.

Keywords: Du Pont de Nemours, freedom of trade, Physiocracy, Anglo-French commercial treaty of 1786, Adam Smith, Jean-Baptiste Say.

JEL Codes : B11, B12, B17

1. Université de Nice – Sophia Antipolis et GREDEG, CNRS ; joel.ravix@unice.fr.
Je remercie Jean-Daniel Boyer ainsi que deux rapporteurs anonymes pour leurs remarques et suggestions. Bien évidemment, je reste seul responsable des imprécisions et insuffisances qui pourraient subsister.

Introduction

Durant toute la seconde moitié du XVIIIe siècle, Pierre-Samuel Du Pont de Nemours a pris une part très active aux débats sur la liberté du commerce. D'abord avec la publication de son ouvrage *De l'exportation et de l'importation des grains* [1764] et, par la suite, avec la rédaction de nombreux articles et commentaires pour les *Éphémérides du Citoyen*. Enfin, les fonctions d'inspecteur général du commerce, qu'il occupe entre 1775 et 1791, le conduisent à participer aux activités du Bureau de la balance du commerce [Charles et Daudin, 2011] et donc au débat qui prolonge la mise en place du traité de commerce franco-anglais de 1786 [Henderson, 1957 ; Murphy, 1966]. Au cours de sa longue carrière d'économiste et d'homme politique, Du Pont a toujours été un fidèle défenseur du principe de la liberté du commerce contre « les colbertistes et les anglomanes » [Du Pont, 1817, p. 20]. Les premiers regroupent ceux qui, comme Galiani ou Necker, sont opposés à la physiocratie et favorables à une réglementation étroite du commerce des grains ; tandis que les seconds désignent non seulement les partisans du système commercial britannique, mais surtout les sympathisants de son régime politique auquel Du Pont a toujours été hostile [Whatmore, 2004].

Toutefois, au fil du temps, les arguments de Du Pont en faveur de la liberté du commerce se modifient. Si, dans ses premiers écrits, il reprend les concepts développés par François Quesnay, il abandonne progressivement par la suite le vocabulaire physiocratique et concentre son argumentation sur la réciprocité des avantages de la liberté du commerce. Pour autant, cette évolution ne le conduit pas à adhérer au discours libre-échangiste d'Adam Smith ou de Jean-Baptiste Say puisque. En 1815, Du Pont écrit à ce dernier : « Votre génie est vaste ; ne l'emprisonnez point dans les idées et la langue des Anglais, peuple sordide qui croit qu'un homme ne *vaut* que par l'argent dont il dispose » [Du Pont, 1815, p. 415]. Et quelques lignes plus loin, il ajoute : « Aimez-vous mieux marcher *isolé*, ou, comme à présent, *dédaigneux*, et n'être que mon cousin, né de la cohabitation de *Smith* avec je ne sais quelle demoiselle de la maison de *Colbert* ? » [*ibid.*, p. 416]. Du Pont reproche ainsi à Say d'être, en quelque sorte, trop smithien et donc de verser dans l'anglomanie qu'il réprouve.

L'objet de cet article est double : il s'agit à la fois de détailler les principales étapes de l'évolution du discours de Du Pont et de tenter d'en expliquer les raisons. Dans cette perspective, il sera nécessaire de préciser dans une première partie comment Du Pont pose les principes physiocratiques de la liberté du commerce. Il sera alors possible, dans une deuxième partie, de mettre en évidence qu'une inflexion du discours de Du Pont apparaît dès 1770, en réaction à celui développé par les adversaires de la physiocratie et en particulier par l'abbé Galiani. La troisième partie sera consacrée à montrer que cette inflexion s'accentue très nettement dans sa *Lettre à la Chambre de commerce de Normandie* de 1788, puisqu'il répond aux arguments des opposants au traité de 1786 en abandonnant toute référence explicite au vocabulaire physiocratique. Enfin, la dernière partie établira que l'évolution de la position de Du Pont s'explique également par la nécessité qu'il rencontre d'adapter son discours à ceux d'Adam Smith et de Jean-Baptiste Say pour tenter de contourner les critiques qu'ils adressent aux thèses physiocratiques.

1. Les principes physiocratiques du libre-échange de Du Pont

Lorsque Du Pont entre dans le débat sur la liberté du commerce des blés en 1764, la question n'est pas nouvelle puisqu'elle a déjà été largement discutée dans les années précédentes, en particulier par le marquis d'Argenson [1751], par Herbert [1753] et par Forbonnais [1753, 1754]. Toutefois, ces écrivains n'osent pas aller jusqu'à réclamer la liberté complète du commerce et se prononcent pour l'adoption d'un système plus ou moins inspiré de la police anglaise des céréales. Au contraire, au cours de la période suivante, inaugurée par les écrits de Quesnay [1756, 1757][2], c'est la liberté complète du commerce des grains qui va être revendiquée, aussi bien par Du Pont que par Abeille [1764] ou encore par Morellet [1764] : « La politique anglaise des primes à l'exportation et les interdictions à l'importation sera désormais condamnée au même titre que la réglementation française : c'est la liberté entière qu'on veut conquérir, liberté de circulation intérieure, liberté de l'importation, liberté de l'exportation » [Depitre, 1911, p. vii].

Dans son ouvrage *De l'exportation et de l'importation des grains* [1764], Du Pont se donne en effet pour objectif de « prouver les avantages immenses que la Nation trouverait dans la liberté générale, entière, absolue et irrévocable du Commerce extérieur des Grains » [Du Pont, p. VII]. Pour parvenir à ce résultat, il commence par préciser les conditions dans lesquelles le blé est produit. Reprenant les observations « des personnes très versées dans les détails de l'économie rurale » [*ibid.*, p. 1], il indique que le laboureur étant contraint de faire des dépenses pour pouvoir récolter, « il faut qu'il ait toujours ses *reprises* assurées sur la reproduction » [*ibid.*, p. 2] pour que son

2. On trouvera, dans Charles [1998], une analyse détaillée de la position de Quesnay en matière de liberté du commerce. Sur les analyses de Quesnay en matière de commerce, on peut également se reporter à Steiner [1997].

activité puisse se poursuivre[3]. Par souci de démonstration, Du Pont élabore son raisonnement à partir de calculs dont il affirme que les résultats peuvent être comparés « avec ceux qui se trouvent dans l'*Encyclopédie* au mot *Fermiers* et au mot *Grains*, avec ceux de M. Duhamel, avec ceux de M. Patullo [*sic*] et encore avec ceux de la *Philosophie rurale* » [*ibid.*, p. 3, note 1]. Il peut alors en déduire que « la grande affaire » est de savoir quel sera « le bénéfice net » du laboureur, car « il est clair que dans toute entreprise qui ne donnerait point de *produit net*, et qui ne rembourserait que les frais, personne ne vivrait sur le bénéfice » [*ibid.*, p. 4]. Et par extension, ajoute Du Pont, l'ensemble des classes de la société ne peut vivre que sur les produits de la culture « puisqu'il commence à être généralement reconnu qu'il n'existe que cette source unique de biens renaissants » [*ibid.*, p. 8].

> Il faut donc nécessairement qu'il y ait un *produit net*, une part dans la reproduction, qui ne se doive à personne, et qui sera le patrimoine de la société [*ibid.*, p. 9].

Poursuivant son raisonnement, Du Pont indique que le montant de ce produit net dépend de la valeur de la récolte, c'est-à-dire de la quantité produite et de son prix ; mais il écarte l'influence de la quantité, qui « se réduit facilement à une année commune, parce que la nature est régulière, même dans ses écarts » [*ibid.*, p. 6], pour se concentrer sur celle du prix. Il peut alors montrer que la liberté du commerce extérieur a pour résultat de permettre, en stabilisant le prix des grains, d'éviter les inconvénients attachés aussi bien aux années d'abondance qu'aux années de disette.

> Quand le commerce est libre, [...] les pays qui regorgent, versant tout leur superflu sur les cantons indigents, entretiennent par là une uniformité de prix qui empêche la denrée de s'avilir nulle part, et de monter à une cherté excessive en aucun lieu. Mais quand une Nation s'isole et ne veut commercer qu'avec elle-même, elle se condamne alors à subir toutes les inégalités de ses récoltes, et même à les outrer dans le prix de ses grains [*ibid.*, p. 9].

Pour Du Pont, en effet, la participation au commerce international, qu'il qualifie de *confédération négociante*, offre la possibilité d'accéder à ce qu'il nomme le *prix commun du marché général*.

3. Du Pont ajoute : « Ce que nous appelons les *Reprises* du Laboureur est composé, de ses *avances annuelles*, indispensables pour préparer la récolte de l'année suivante ; et des intérêts de ses premiers fonds, indispensables encore pour lui faire une réserve qui puisse parer aux grands accidents, aux grêles, aux inondations, aux gelées, à la nielle, etc., sans le forcer de diminuer ses avances ; ce qui diminuerait la reproduction, et d'accidents en accidents détruirait la culture, si les intérêts ne faisaient pas face dans ces moments imprévus » [*ibid.*, p. 3].

> Ce *prix commun* entre les peuples est un prix uniforme (c'est-à-dire sujet à peu de variations, aux plus petites variations possibles), parce que l'abondance se promenant tantôt dans un lieu, et tantôt dans un autre, pour une région aussi étendue que l'Europe, la masse totale des grains est toujours à peu près la même ; et toute la différence consiste en ce que celui qui vend aujourd'hui, achètera demain ; uniforme encore, parce qu'une liberté irrévocable, enhardissant tout le monde à faire des magasins, prépare partout de copieuses ressources pour les années de disette ; de sorte que le *prix commun du marché général* égalise non seulement le sort des pays plus ou moins favorisés par la Nature dans la même année, mais aussi celui des bonnes et des mauvaises récoltes dans des années différentes [*ibid.*, p. 14].

La principale répercussion de ce *prix commun* est de soutenir l'activité agricole, d'accroître le produit net et donc d'engendrer « une augmentation considérable de richesse nationale, c'est-à-dire de plus gros revenus pour les riches, et conséquemment de plus grands salaires pour les pauvres » [*ibid.*, p. 23]. Du Pont remarque que cette répercussion n'est pas tant à attribuer au commerce lui-même qu'à l'instauration de la liberté, car « pour produire tous ces effets, il n'est pas nécessaire que nous vendions un seul muid de blé à l'étranger, il suffit que nous ayons la liberté de le faire et d'acheter les siens ; liberté qui nous assure la participation au *prix commun du marché général* et à tous ses avantages » [*ibid.*, p. 24, note 1][4].

Plus généralement, Du Pont montre que la liberté de l'exportation et de l'importation des grains doit produire trois avantages. Le premier tient au « bénéfice que nous trouverons à vendre à l'étranger les denrées de notre crû, par préférence à nos marchandises de main-d'œuvre » [*ibid.*, p. 40]. Il est en effet convaincu que le commerce des grains est le plus propre à enrichir la nation puisque c'est celui qui donnera le plus grand produit net. Le deuxième avantage de la liberté du commerce des grains est qu'elle « donnera le moyen de multiplier nos achats à l'étranger » [*ibid.*, p. 42] et donc d'accroître la consommation nationale en permettant d'obtenir « d'autres choses qui satisfont à nos besoins réels ou de commodité » [*ibid.*]. Enfin, le troisième avantage que voit Du Pont dans la liberté du commerce des grains est celui de mettre la France « dans le cas de servir d'entrepôt aux blés du Nord pour le commerce d'Espagne et d'Italie » [*ibid.*, p. 56] ; ce qui lui permettrait de bénéficier des profits liés aux frais de garde et d'être assurée d'une ressource

4. Vaggi [2004, p. 160] signale que les physiocrates s'accordent sur ce point que Pattullo avait déjà évoqué : « Si nous participons par la liberté du commerce extérieur des grains au prix commun entre les nations, ce prix commun des blés et des autres grains procurerait par lui-même, indépendamment des produits que nous pourrions retirer du débit des grains que nous pourrions vendre à l'étranger, environ 100 millions de plus à l'agriculture du royaume » [Pattullo, 1758, p. 237].

supplémentaire en cas de disette. Toute cette argumentation de Du Pont est ainsi largement inspirée de celle que Quesnay a développée dans divers textes et en particulier dans son article *Grains* [Charles, 1998].

Quelques années plus tard, à l'occasion du débat entre Morellet et Necker sur la Compagnie des Indes, Du Pont publie sur le même sujet une série d'articles dans les *Éphémérides du Citoyen*, qui sont ensuite repris dans un ouvrage intitulé *Du commerce et de la Compagnie des Indes* [1769]. C'est l'occasion pour lui d'élargir son analyse aux produits manufacturés et de défendre une nouvelle fois la liberté du commerce, en dénonçant « les dangers auxquels s'expose un État qui préfère les gains apparents du monopole aux avantages réels de la concurrence ; et les combinaisons étroites d'une politique mercantile, exclusive et jalouse, aux simples et saintes lois de la justice qui ne permettent pas que *sous aucun prétexte* d'utilité, on prive *aucun* citoyen, ni même *aucun* homme, de l'usage, en soi-même licite, de ses facultés naturelles ou acquises » [Du Pont, 1769, p. 3-4]. Toutefois, l'objet de son ouvrage n'est pas fondamentalement de savoir si le commerce des Indes doit être confié à une compagnie qui en aurait le privilège exclusif ou s'il est préférable d'en laisser l'accès libre à tous les négociants qui souhaiteraient l'entreprendre. Il considère que cette question a été abondamment discutée ; tandis que « ce qu'on n'a pas mis en question est de savoir si ce commerce en lui-même est bon à faire, à exciter, et à encourager ? Et quels avantages ou quelles pertes on en doit attendre selon les différentes formes qu'il peut prendre, et dont il est susceptible ? » [*ibid.*, p. 16-17].

Plus précisément, la question qu'il se pose n'est pas celle de l'intérêt de ce commerce en lui-même, car il serait absurde d'interdire l'usage de marchandises propres à procurer des jouissances ; mais de savoir s'il est avantageux pour la France d'entreprendre ce commerce ou s'il est préférable pour elle de l'abandonner à des négociants étrangers.

> Ce commerce, que l'on ne doit pas nous interdire, nous pouvons le faire *immédiatement* par le moyen des négociants régnicoles, qui formeront une ou plusieurs compagnies françaises, ou *médiatement* par le moyen des négociants étrangers. C'est entre ces deux manières que nous avons à choisir [*ibid.*, p. 20].

La réponse de Du Pont est bien évidemment que ce commerce doit être laissé aux négociants étrangers pour trois raisons principales, qui confirment son opposition complète aux thèses de la science du commerce développées principalement par Forbonnais. La première est que si le commerce extérieur mobilise toujours des avances primitives et annuelles importantes, dans le cas du commerce des Indes, ces avances sont considérablement augmentées « par la nécessité de fonder des colonies, de bâtir des villes, d'élever des forts, de les munir d'artillerie, etc. » ; mais aussi « par l'entretien d'une puissance civile et militaire, pour administrer et défendre les établissements qu'il exige » [*ibid.*, p. 22-23]. Il paraît donc raisonnable d'éviter d'engager de telles avances et d'abandonner ce commerce aux nations étrangères, « par la raison même que ces nations ont déjà des établissements et un commerce tout monté » [*ibid.*, p. 27]. La deuxième raison est que les capitaux ainsi économisés trouveraient plus de profit à s'investir dans le développement du commerce des grains. Du Pont remarque en effet que « le commerce de nos grains n'est pas monté ; très peu de négociants s'y livrent », alors même qu'il offre « une foule d'entreprises à faire, utiles, nécessaires, pressantes, indispensables au bien de la société ; très profitables pour ceux qui les tenteraient ; sûres, sans risque, sans danger, sans inconvénient ; qui n'ont à craindre ni la mer, ni les corsaires, ni la jalousie de l'étranger, ni sa concurrence, ni sa force, ni son adresse, ni ses intrigues, ni ses canons » [*ibid.*, p. 30-31].

> Ces entreprises, non seulement salarient des hommes et payent des consommations, tout comme le commerce étranger et les manufactures ; mais elles font *renaître* des productions et des richesses qui facilitent la naissance ou l'immigration de *nouveaux hommes*, et qui leur donnent les moyens d'entreprendre de *nouveaux travaux*, qui assurent de *nouvelles jouissances* à la société [*ibid.*, p. 34].

Cet argument des richesses renaissantes est bien évidemment celui du *produit net* que Du Pont utilise explicitement par la suite à propos des marchandises exportées aux Indes. Il remarque en effet que « ces marchandises d'exportation sont des marchandises de luxe, et d'une industrie très recherchée, horlogerie, bijouterie et autres choses de cette espèce, dont la matière première est tirée de l'étranger, et dans lesquelles le prix de la main-d'œuvre ne présente qu'un remboursement des frais et des salaires, sans aucun produit net » [*ibid.*, p. 39].

La troisième raison avancée par Du Pont pour justifier l'abandon du commerce des Indes aux nations étrangères se présente comme le corollaire de la précédente. Le fait de se spécialiser dans le commerce des grains offre en effet l'avantage supplémentaire de favoriser véritablement l'enrichissement national, car « il y a beaucoup moins de profit à débiter des marchandises de main-d'œuvre, et surtout des marchandises de luxe, dont tout le prix passe nécessairement en remboursement de frais, et de façon, que des productions dont la culture donne un grand produit net et disponible, qui fonde l'aisance des propriétaires des terres, ainsi que les revenus et la puissance de l'État » [*ibid.*, p. 44].

2. L'inflexion du discours physiocratique de Du Pont

Si de 1764 à 1769, les arguments avancés par Du Pont pour défendre la liberté du commerce sont physiocratiques, il est possible d'observer une première inflexion dans son discours à partir de 1770. En effet, dans ses commentaires des *Dialogues sur le commerce des bleds* de l'abbé Galiani, Du Pont se limite pour l'essentiel à résumer l'ouvrage. Son objectif est de montrer que ce livre, en dépit de quelques qualités de forme, ne saurait être pris au sérieux sur le fond.

> C'est un ouvrage charmant, qui renferme les plus jolis *lazzis* du monde, une ou deux historiettes fort agréables, quelques contes à dormir debout, un grand nombre de pointes et de quolibets, beaucoup d'inconséquences affectées ; quelques morceaux de poésie très nobles, quelques idées très grandes et très belles ; et puis la prétention perpétuelle de traiter avec frivolité des matières graves, et de discuter les sujets les plus intéressants sans y prendre aucun intérêt. Tout cela joint à trois ou quatre sophismes assez spécieux, et revêtu d'un style varié, vif, léger, peut-être devrions-nous dire *grotesque*, forme un ouvrage qui ne ressemble à rien de ce qu'on connaît et qui par cela même doit, pour quelque moment, plaire à beaucoup de monde [*ibid.*, p. 199-200].

Plus généralement, Du Pont reproche à Galiani d'aborder la question de manière superficielle, contradictoire et « d'oublier seulement les rapports du commerce des blés avec l'agriculture » [*ibid.*, p. 207]. Le ton est donc purement critique, sans que Du Pont ne tente véritablement de développer des arguments contraires. À aucun moment il n'évoque le concept de *produit net* ou encore celui de *prix commun du marché général*, sur lesquels il s'appuyait dans ses ouvrages de 1764 et de 1769. Tout au plus, il se contente d'indiquer que « le seul moyen d'entretenir l'abondance, c'est la bonne culture ; le plus sûr moyen d'avoir une bonne culture et de l'étendre, c'est le bon prix uniforme de ses productions. Le seul moyen d'avoir uniformément un bon prix ; c'est la liberté du magasinage, de la circulation, de l'exportation, de l'importation. Si une seule de ces libertés manque, aucune des autres ne saurait s'établir » [*ibid.*, p. 212]. De même, ce n'est que dans les toutes dernières pages de son commentaire qu'il fait une référence implicite à Quesnay lorsqu'il se demande pourquoi les amis de Galiani[5] « qui doivent si bien connaître les richesses de l'Encyclopédie, ne lui ont pas montré, au mot *grains*, le calcul qui prouve irrésistiblement que sans augmenter en aucune façon la dépense de l'année commune des consommateurs, l'égalisation des prix, qui rend

5. L'allusion de Du Pont concerne principalement Diderot.

au contraire leur situation meilleure et plus stable, augmente beaucoup la recette et le profit des cultivateurs » [*ibid.*, p. 243].

Il est sans doute possible d'associer cette inflexion du discours de Du Pont au caractère hâtif de sa réaction à l'ouvrage de Galiani, puisqu'il indique en préambule de son commentaire : « Nous avons reçu son livre hier au soir ; nous l'avons lu, la plume à la main, cette nuit ; nous en envoyons l'extrait à la presse aujourd'hui » [*ibid.*, p. 196]. Toutefois, cette explication n'est pas suffisante puisque la même inflexion se retrouve quelques mois plus tard lorsque Du Pont reprend la plume contre les *Dialogues*, suite à l'interdiction de la réponse de l'abbé Morellet[6]. Il publie en effet, dans le sixième tome des *Éphémérides* de 1770, une nouvelle critique intitulée : *Observations sur les effets de la liberté du commerce des grains et sur ceux des prohibitions* ; dans laquelle il ne renoue pas véritablement avec ses arguments physiocratiques antérieurs, mais s'efforce de démontrer que ce sont les prohibitions qui sont responsables de la cherté des grains et non la liberté du commerce.

Après un rappel historique portant sur la période 1618-1741, à propos de laquelle Du Pont observe que, « dans cet espace de 123 ans, il y a 65 années de cherté plus considérable que la cherté présente ; et dans ces 65 années d'une très grande cherté, il y en a plus de 20 dont l'idée seule effraie » [Du Pont, 1770b, p. 39-40] ; il explique que le régime prohibitif n'a pu avoir que des conséquences néfastes pour la culture des terres, car « il était impossible que les règlements ne donnassent pas lieu à une infinité de monopoles, qu'ils ne fussent pas funestes à l'agriculture, et qu'ils ne produisissent pas ainsi des disettes et de grandes chertés » [*ibid.*, p. 41]. Au contraire, affirme Du Pont, l'introduction d'une première forme de liberté du commerce a engendré des effets positifs.

> En 1763 et 1764, on rend aux cultivateurs et aux propriétaires une partie de l'usage de leur droit naturel. Une liberté, partielle encore, limitée, restreinte, leur est accordée. Mais enfin, c'était une liberté après laquelle ils aspiraient depuis longtemps, et à laquelle ils avaient toujours eu le droit indélébile de prétendre, puisqu'elle n'était que celle de disposer de leur

6. À ce propos, Schelle raconte : « On sait par quels moyens ce dernier (Galiani) se débarrassa de l'adversaire qu'il craignait le plus, Morellet. Par l'intermédiaire de Mme d'Épinay et de son amant Grimm, il obtint de l'abbé Terray la suppression de la brochure de l'économiste. Ce procédé déloyal exaspéra Du Pont ; il reprit aussitôt la plume, et, bravant le nouveau contrôleur général, publia une seconde réponse aux *Dialogues* sous le titre d'*Observations sur les effets de la liberté du commerce des grains et sur ceux des prohibitions* ; contrairement à l'usage adopté dans les *Éphémérides*, il signa l'article de son nom entier et y ajouta l'énumération des diverses sociétés savantes ou agricoles dont il faisait partie, afin qu'il n'y eut aucun doute sur son identité et pour que les amis de Galiani sussent bien à qui s'en prendre de cette dernière attaque » [Schelle, 1888, p. 141-142].

> bien. Les cultivateurs ayant tiré plus de profit qu'ils n'osaient l'espérer de leurs médiocres récoltes, et se voyant assurés de la part du Gouvernement, que dans les années suivantes, ils auraient la même faculté, mirent en avances productives le gain qu'ils venaient de faire ; ils le versèrent sur la terre dans l'espoir de le multiplier encore. L'agriculture se réveille : on améliore, on défriche [*ibid.*, p. 49-50].

Se mettrait ainsi en place un cercle vertueux qui profiterait à l'ensemble de la nation. Or, remarque Du Pont, c'est cette situation qu'on veut changer au motif que le prix du blé a augmenté et que le peuple se plaint. À cette objection, il apporte trois réponses. La première est que les progrès réalisés par l'agriculture ont empêché « une beaucoup plus grande cherté d'arriver » [*ibid.*, p. 53]. La deuxième réponse est que « ce n'est pas l'exportation qui a produit la cherté » [*ibid.*, p. 55]. Du Pont reprend ici un argument qu'il avait déjà évoqué dans son ouvrage de 1764.

> Ce n'est point par *l'exportation* que le commerce des blés a fait déjà tant de bien à la Patrie ; c'est par l'espoir de pouvoir exporter au besoin, qui a animé la culture, et par l'avantage réel de l'abolition de la plupart des anciens règlements de police. Pour ce qui est de l'*exportation*, elle *a été plus que nulle* [*ibid.*, p. 56].

Enfin, la troisième réponse avancée par Du Pont est que c'est au contraire la liberté du commerce qui a diminué la cherté du blé. Il est prouvé, écrit-il, que « cette liberté d'emmagasiner, de circuler, d'exporter et d'importer, quoique incomplète, loin d'avoir affamé le royaume, lui a procuré au contraire beaucoup plus de grains qu'il n'en aurait eu sans elle ; et ce qui est à remarquer, beaucoup plus de grains nés sur son territoire, et qui par conséquent ont donné des revenus et des salaires à son peuple » [*ibid.*, p. 60]. Mais, dans ces conditions, comment expliquer la cherté ?

Du Pont considère que ce phénomène provient de trois causes. La première doit être attribuée au fait que la France a connu quatre années consécutives de mauvaises récoltes. Mais, il ajoute que « cette mauvaise combinaison des saisons ne serait ni plus ni moins arrivée, quand nous eussions été sous le régime des règlements et des prohibitions » [*ibid.*, p. 61-62]. La deuxième cause se trouve dans « les restrictions imposées ou laissées à la liberté du commerce des grains, par les lois mêmes qui ont établi cette liberté » [*ibid.*, p. 62]. Du Pont range sous cette catégorie l'existence d'une infinité de péages, le maintien d'impositions locales sur la circulation des grains, la limitation du nombre des ports par lesquels le commerce est permis, la prohibition de la concurrence des voitures étrangères, la fixation du taux prohibitif de l'exportation qui s'oppose au cabotage ou à la circulation par mer et à l'importation. Enfin, la troisième et dernière cause qui explique, selon lui, la cherté des grains réside dans le fait que « les lois favorables à la liberté n'ont pas été généralement obéies dans les dispositions utiles et louables qu'elles renferment » [*ibid.*, p. 92], et dont il donne de très nombreux exemples. Aussi, Du Pont en conclut : « Il faut donc la liberté ; mais il la faut entière, complète, générale, débarrassée de restrictions, de limitations, d'inspections » [*ibid.*, p. 126-127] ; ce qui le conduit à affirmer « qu'il serait cent fois plus dangereux d'ôter à présent la liberté du commerce des blés, qu'il ne l'aurait été de ne la point donner du tout » [*ibid.*, p. 131].

Il apparaît donc que si Du Pont infléchit son discours, c'est avant tout pour tenter de réfuter les arguments de l'abbé Galiani et de ses adversaires. Il se trouve en effet contraint de se placer sur le même terrain, ce qui l'empêche de développer à nouveau les concepts de *produit net* et *prix commun du marché général*, qui servaient de fondement à ses premiers ouvrages. Cette attitude se confirme, plusieurs années plus tard, lorsqu'il intervient pour prendre la défense du traité de commerce entre la France et l'Angleterre de 1786, auquel il a contribué dans le cadre de ses fonctions d'inspecteur général du commerce.

3. Du Pont et le traité de commerce franco-anglais de 1786

Dans sa *Lettre à la Chambre de commerce de Normandie* [1788a], écrite pour répondre aux critiques formulées dans les *Observations de la Chambre de commerce de Normandie, sur le traité de commerce entre la France et l'Angleterre* [1788], Du Pont adopte la même démarche que celle qu'il avait retenue pour contester les *Dialogues* de l'abbé Galiani. Là encore, il reprend le point de vue des opposants au traité pour le contester, mais en adoptant une attitude différente. Sans entrer dans le détail des longs commentaires, à la fois très précis et très techniques, auxquels se livre Du Pont, il est possible de remarquer que son discours est en apparence plus conciliant.

Il commence par reconnaître que la plupart des propositions avancées par la Chambre de commerce de Normandie avaient été anticipées au moment de la préparation du traité et que si l'exécution de certaines d'entre elles a été retardée, c'est principalement pour des raisons administratives liées aux « fréquents changements qu'il y a eus depuis dans le Ministère » [Du Pont, 1788a, p. 8]. Il souligne également la nécessité d'accepter quelques mesures en apparence moins favorables, dès lors qu'elles sont compensées par les avantages de la réciprocité du commerce : « Il faut bien acheter quelque chose aux nations étrangères auxquelles on veut vendre ; car elles ne peuvent nous payer qu'avec les productions de leur territoire ou les marchandises de leurs ateliers et de leurs magasins » [*ibid.*, p. 27].

Du Pont s'efforce aussi d'expliquer que le traité lui-même a été le fruit d'une longue réflexion, entamée plusieurs années auparavant, visant à favoriser la libéralisation du commerce puisque « toutes ces opérations si salutaires, et préparées depuis si longtemps par les lumières et le génie de MM. Trudaine, de Gournay et Turgot, étaient des conditions et des éléments de la grande opération, par laquelle les douanes et les barrières intérieures devaient être détruites, et un tarif uniforme, approprié aux besoins de notre commerce établi à toutes les frontières du Royaume » [*ibid.*, p. 41]. Aussi, il regrette que la Chambre de commerce ait omis de parler de ce qu'il considère être « la principale cause du mal » dont elle se plaint, qui est « la manière négligente dont les droits d'entrée sur les marchandises anglaises ont été perçus » [*ibid.*, p. 48]. Il remarque en effet que « la raison disait que le traité ne changerait rien à notre commerce avec l'Angleterre, que de le rendre réciproque au très grand avantage de notre agriculture et de nos manufactures, puisque la porte pour l'entrée des marchandises anglaises ne serait pas plus ouverte pour l'être avec plus d'authenticité, et qu'il n'y aurait que la sortie des nôtres qui éprouvât une faveur nouvelle ». Mais Du Pont ajoute que le défaut observé dans la perception des droits « a ouvert tout à coup cette porte de moitié plus qu'elle ne l'avait jamais été. Nos manufactures en conséquence ont éprouvé une concurrence infiniment plus forte » [*ibid.*, p. 55-56].

Cependant, Du Pont ne se limite pas à critiquer les erreurs du gouvernement et de l'administration dans la mise en œuvre du traité, il impute également une partie des difficultés rencontrées dans son exécution aux entrepreneurs eux-mêmes, qui ne savent pas toujours discerner où se trouve leur intérêt et préfèrent « se ruiner en continuant la concurrence avec des moyens dont ils reconnaissent l'inégalité et l'infériorité » [*ibid.*, p. 58].

> Nos manufacturiers ne pensent point à se dire, il faut mieux faire. Ils ne disent même que rarement, aidez-nous à mieux faire, animez, répandez l'instruction. Ils disent sans cesse au Gouvernement : Empêchez d'entrer les ouvrages des peuples qui font mieux que nous [*ibid.*, p. 59-60].

Si Du Pont reconnaît que depuis la mise en place du traité, plusieurs manufactures ont effectivement rencontré des difficultés, il considère néanmoins que la responsabilité en incombe aux entrepreneurs qui n'ont pas su s'adapter aux changements des goûts des consommateurs. C'est en particulier le cas dans l'industrie textile où « la mode a changé : les draps légers, rayés, mêlés de soie de fabrique française, ont pris une grande vogue.

Les manufacturiers d'anciennes draperies ont dû en souffrir ; car toute variation dans les modes emporte un dérangement pour ceux qui préfèrent à travailler selon l'ancien goût, ou ne savent pas se prêter au nouveau » [*ibid.*, p. 61-62]. Ce phénomène n'est donc pas lié au traité mais surtout, ajoute Du Pont, « on n'a pas même pris la peine de comparer l'accroissement de ces nouvelles fabriques avec la décadence des anciennes, pour savoir à quel point ils se compensent » [*ibid.*, p. 62]. Il peut alors en déduire que les *Observations* formulées par la Chambre de commerce de Normandie « ne viennent pas de ce traité ; mais de ce que les événements qui l'ont suivi n'ont pas permis de réaliser les mesures qui avaient été arrêtées en même temps que lui. [...] On peut donc espérer que ce qui devait être fait, et qui ne l'a pas été, le sera et le perfectionnera même, et qu'alors les avantages du traité paraîtront fort supérieurs à ses inconvénients » [*ibid.*, p. 71].

Plus généralement, il insiste sur la réciprocité des avantages[7], mais surtout sur le fait que celui de la France est plus solide parce qu'il repose principalement sur l'agriculture.

> Le genre de productions que nous avons à vendre, et qui tiennent à la nature de notre sol, présente un objet de commerce moins précaire que celui des marchandises d'industrie, dont la supériorité n'est que l'effet de machines ou de circonstances qui n'offre qu'un avantage fait pour être passager. L'expérience de tous les temps a fait voir que successivement les nations s'enlèvent les unes aux autres les manufactures. [...] Mais on n'enlève point les cultivateurs, ni la nature du sol, ni son heureuse exposition, ni les denrées privilégiées qu'il produit exclusivement. C'est donc sur les produits de la culture qu'il faut fonder d'une manière solide la prospérité et le commerce d'un grand empire [*ibid.*, p. 80].

Cet argument d'inspiration physiocratique n'est évoqué qu'une seule fois par Du Pont dans les 91 pages de sa *Lettre*. Il le complète en rappelant aux auteurs des *Observations* de la Chambre de commerce de Normandie les inconvénients engendrés par les mesures protectionnistes accordées à l'industrie.

> Quant aux fabriques, vous voyez par l'exemple du passé que l'exclusion de la concurrence a laissé les nôtres dans l'infériorité dont vous vous plaignez. [...] Il est clair que lorsqu'on veut réserver aux fabricants d'une nation le privilège exclusif de son approvisionnement, on détruit chez eux une grande partie du principe d'activité qui leur ferait perfectionner leur

7. Du Pont indique en effet que « le marché des anglais est très bon, sans doute ; et nous l'avons rendu meilleur ensuite par nos fautes ; mais le nôtre était fort bon aussi ; et ce n'était que dans la vue d'un profit mutuel que l'on pouvait traiter. Il serait impossible de faire consentir une puissance étrangère et indépendante à un marché où elle ne trouverait pas un avantage réciproque » [*ibid.*, p. 73].

> industrie. Se croyant sûrs d'avoir des acheteurs, et sûrs aussi de leur faire la loi pour les prix, ils négligent, comme tous les propriétaires de privilèges exclusifs, de chercher les moyens de fabrication les plus économiques, ou ceux qui rendraient le travail plus parfait [*ibid.*, p. 80].

Aussi, Du Pont considère que globalement le traité de 1786 a été favorable à la France. Il conclut donc sa *Lettre* en remarquant que « malgré tous les malheurs particuliers qui ont avec raison ému votre zèle, notre commerce avec l'Angleterre, qui était considérablement au-dessous du pair, est sensiblement remonté et se maintient au-dessus » [*ibid.*, p. 90]. Il se confirme ainsi que Du Pont a bien changé de discours. Il ne mobilise plus les notions physiocratiques de *produit net* et de *prix commun du marché général*, mais privilégie au contraire l'argument de la réciprocité des avantages du libre-échange. Dans les longues notes qu'il joint à sa *Lettre*, il fait même référence aux états de la balance du commerce pour justifier que le « véritable avantage des deux nations est d'avoir étendu réciproquement le débouché des productions de leur territoire, et des marchandises de leur industrie ; et d'avoir ainsi fourni des moyens de subsistance à leur population laborieuse, en même temps que des objets de jouissance à leurs consommateurs » [*ibid.*, p. 204]. S'il mentionne Turgot, Montesquieu et même Necker, il se limite de manière surprenante à indiquer en note de bas de page que « comme le disait très bien M. Quesnay : *acheter, c'est vendre ; et vendre, c'est acheter* » [*ibid.*, p. 75] ; tandis qu'il évoque par ailleurs « l'ouvrage du savant, du sage, de l'exact, du profond Smith » [*ibid.*, p. 257]. Dès lors, comment expliquer ce changement d'attitude ?

4. Les raisons de l'évolution du discours de Du Pont

En juin 1788, Du Pont fait parvenir à Adam Smith un exemplaire de sa réponse à la Chambre de commerce de Normandie, accompagnée d'une lettre dans laquelle il écrit : « Vous trouverez que je n'ai pas traité mon sujet assez philosophiquement ; qu'il y a un grand nombre de vérités que je n'ai qu'indiquées ; qu'il y a plusieurs passages dans lesquels j'ai évité de choquer de front les préjugés de mes lecteurs, et j'ai commencé par applaudir à leurs intentions et à leurs vues avant d'exposer les vues préférables qui sont à venir » [Dupont, 1788b, p. 312]. Il lui demande donc de pardonner les défauts de son ouvrage, dont il est parfaitement conscient et dont certains sont d'ailleurs volontaires.

Deux arguments principaux sont avancés par Du Pont pour justifier sa démarche. Le premier est sa volonté de « persuader même avant de les convaincre des gens animés jusqu'au fanatisme » [*ibid.*], pour faire avancer la cause de la liberté du commerce. Or, dans ce domaine, « il est encore plus important de bien faire que de bien dire » [*ibid.*]. Son objectif était en effet de faire évoluer les mentalités et non de provoquer l'hostilité des personnes directement concernées, car « toute opinion publique mérite d'être traitée avec égard, surtout lorsqu'il faut qu'à l'instant l'administration se détermine contre elle » [*ibid.*].

> Si parlant comme attaché au Gouvernement on annonçait à nos négociants, à nos fabricants et à la tourbe de nos administrateurs qu'il est inutile et dangereux de donner des encouragements particuliers aux fabriques et à l'exportation de leurs ouvrages, non seulement on ne serait ni lu, ni écouté, mais on risquerait de décrier tellement les bons principes qu'on en éloignerait le Gouvernement lui-même, et qu'on prolongerait de dix ans l'ignorance et ses funestes effets. En frappant les yeux d'une lumière trop vive, on leur rendrait la cécité [*ibid.*].

Le second argument de Du Pont est la réserve dont il pense devoir faire preuve en raison de ses fonctions administratives : « Lorsque j'étais homme privé, j'étais plus hardi ; et le redeviendrai en quittant la très petite part que j'ai à l'administration » [*ibid.*]. Sur ce point, Du Pont parle d'expérience.

> Un simple citoyen peut dire ce qui lui plaît parce que personne n'imagine que les conseils des Princes ou des nations se déterminent d'après les livres. Mais si l'administration elle-même paraît vouloir suivre uniquement les principes d'une nouvelle philosophie, les préjugés s'ameutent autour d'elle de manière à lui interdire tout succès. C'est ce que j'ai vu arriver à l'excellent M. Turgot, et c'est un malheur que j'ai partagé avec lui [*ibid.*, p. 312-313].

Ces considérations avancées par Du Pont sont intéressantes parce qu'elles permettent de mieux comprendre son changement d'attitude, mais aussi les raisons de l'évolution de son discours. Toutefois, si ses justifications sont sans doute exactes pour ce qui concerne ses commentaires sur les *Observations* de la Chambre de commerce de Normandie, elles sont incomplètes puisqu'elles n'expliquent que partiellement pourquoi il a progressivement abandonné le discours purement physiocratique de ses écrits de jeunesse. En fait, si Du Pont modifie son argumentation, ce n'est pas uniquement pour mieux répondre à ses adversaires, hostiles à la liberté du commerce des grains, et aux opposants au traité de libre-échange entre la France et l'Angleterre. C'est aussi parce que, entre 1764 et 1788, l'économique politique a considérablement évolué avec, dès 1770, le déclin du mouvement physiocratique et l'affirmation des anti-physiocrates [Weulersse, 1910] ; mais aussi, quelques années plus tard, sous l'influence de la publication de la *Richesse des Nations*. Du Pont se retrouve donc contraint, à partir des années 1780, d'ajuster à nouveau son discours pour composer non seulement avec les analyses de Smith, mais aussi avec la critique que ce dernier adresse aux physiocrates.

Cet ajustement est réalisé en deux étapes. Tout d'abord, dans ses *Mémoires sur la vie et les ouvrages de M. Turgot* [1782][8], Du Pont conteste l'originalité et la pertinence des analyses de Smith. Évoquant les *Réflexions sur la formation et la distribution des richesses* de Turgot, qu'il avait initialement publié dans les tomes onzième et douzième de 1769 et de 1770 des *Éphémérides du Citoyen* et qui fut réédité séparément en 1770[9], il indique que ce texte « forme un très petit volume *in-douze* qui n'a pas cent quatre-vingts pages : il est pourtant singulièrement clair ; tout ce qu'il y a de vrai dans l'ouvrage estimable, mais pénible à lire, que M. Smith a publié depuis sur le même sujet en deux volumes *in-quarto*, s'y trouve ; et tout ce que M. Smith y a ajouté manque d'exactitude et même de fondement » [Du Pont, 1782, I, p. 110]. Ensuite, il adapte en partie la terminologie physiocratique au vocabulaire utilisé par Smith. Cette modification apparaît clairement dans sa notice nécrologique de Robert-François-Joseph Quesnay de Saint-Germain [1805], petit-fils de François Quesnay. À cette occasion, Du Pont rappelle un certain nombre de maximes qu'il attribue à ce dernier, dans lesquelles il associe explicitement les termes d'*avances* et de *capital* [Du Pont, 1805, p. 48] et remplace celui de *produit net* par celui de *revenus nets*. De même, il n'explique pas que l'impôt doit porter uniquement sur le produit net, mais indique simplement « qu'il ne porte jamais sur les avances que les travaux exigent, et qui doivent être remboursées avec profit aux entrepreneurs, si l'on ne veut pas tarir ou restreindre la source du travail et des richesses » [*ibid.*, p. 50][10].

Cependant, bien que Schelle explique que Du Pont ait reconnu plus tard avoir été injuste à l'égard de la *Richesse des Nations* puisqu'il aurait avoué au marquis de Mirabeau « qu'il avait mal lu alors l'ouvrage de Smith et que sa connaissance insuffisante de la langue anglaise l'avait empêché d'en comprendre les beautés » [Schelle, 1888, p. 159] ; il n'en reste pas moins que, quelques années après, il renouvelle exactement le même commentaire critique à l'égard de Smith. Il réutilise en effet son texte de 1782 pour composer le

8. Ce mémoire a été repris ultérieurement par Du Pont pour constituer le premier volume des *Œuvres de Mr Turgot*, qui fut publié le dernier en 1811.

9. Cette réimpression, qui porte la date de 1766, est celle faite à la demande expresse de Turgot pour rétablir son texte original dont Du Pont avait altéré plusieurs passages lors de sa publication dans les *Éphémérides*.

10. Les éditeurs des *Œuvres économiques complètes et autres textes* de Quesnay notent à propos de cette nécrologie que Du Pont répète « les principes de Quesnay, mais en modifiant inconsciemment le pur langage physiocratique, et en empruntant à Smith certaines de ses expressions » [Quesnay, 2005, p. 1416].

premier volume de ses *Œuvres de Mr. Turgot* [1808-1811], qui est en fait publié le dernier en 1811. Toutefois, il ajoute à son texte initial une note de bas de page dans laquelle, à propos de « cette assertion qui parut hasardée lorsque ces mémoires ont été imprimés pour la première fois » [Du Pont, 1808-1811, I, p. 119, note 12], il renvoie aux *Observations sur les points dans lesquels Smith est d'accord avec la théorie de M. Turgot, et sur ceux dans lesquels il s'en écarte*, qu'il a insérées dans le tome V, à la suite des *Réflexions* de Turgot.

Dans ces *Observations*, Du Pont souligne le fait que l'ouvrage de Turgot « est antérieur de neuf ans à celui du célèbre Adam Smith, et publié cinq avant l'époque où il travaillait encore au sien » [Du Pont, 1808a, p. 130]. Il remarque également que pour l'essentiel Turgot et Smith développent les mêmes principes en matière d'économie politique.

> Les deux auteurs sont complètement d'accord sur les principes de l'agriculture et du commerce ; sur les progrès de la société qui ont amené la division du travail, et les avantages qui sont résultés et résulteront encore de cette division ; sur les éléments du prix des productions et des marchandises, tant à leur fabrication qu'au marché ; sur l'introduction et l'utilité de la monnaie ; sur la formation des capitaux, leur distribution et leur emploi ; sur l'effet des promesses de paiement données par des hommes solvables ; sur l'intérêt de l'argent ; sur la nécessité de laisser aux conventions et au commerce une entière liberté [*ibid.*].

Du Pont montre néanmoins que Smith se sépare de Turgot lorsqu'il « étend la dénomination de *productifs des richesses* aux travaux qui n'en sont que simplement *conservateurs*, et qui contribuent à en opérer l'*accumulation* » ; et il ajoute que « l'*accumulation* ne devrait pas être confondue avec la *production* par un esprit aussi juste que celui de Smith » [*ibid.*, p. 130-131]. Il lui reproche également une certaine inexactitude dans l'exposé de sa distinction entre travail productif et travail improductif, mais il signale que « cette méprise, qui n'est que dans l'expression, et n'ôte rien à la beauté générale de la doctrine de Smith, puisqu'elle ne change rien à ses principes sur la liberté du commerce et du travail » [*ibid.*, p. 131-132]. Le même type d'imprécisions est relevé par Du Pont à propos du luxe et des lois somptuaires, puisqu'il indique que « son habile et judicieux traducteur, M. le Sénateur Germain Garnier, a déjà réfuté victorieusement ces erreurs du livre de Smith, qui n'étaient pas et ne pouvaient pas être de son esprit, qui ne sont qu'un sacrifice qu'il a cru devoir faire aux opinions populaires de sa Patrie » [*ibid.*, p. 132-133].

Mais c'est surtout sur les questions fiscales qu'il marque son désaccord. Il relève en particulier que Smith « paraît avoir été effrayé du jugement sévère que tout son livre conduisait à porter sur la multitude de perceptions anglaises qui gênent la liberté du travail, [et] celle du commerce », mais dont « il a voulu laisser croire qu'il ne les trouvait cependant pas si nuisibles » [*ibid.*, p. 132][11]. Du Pont considère que cette position en retrait est dommageable, car « nous ne devons point aux finances de l'Angleterre ce ménagement, et nous ne croyons pas qu'il leur ait été aussi utile que Smith a paru se le persuader » [*ibid.*, p. 133]. Il reproche donc à Smith de ne pas avoir suffisamment critiqué les défauts du système politique anglais et les dangers de son système commercial, qui lui paraissent contraires à l'ordre naturel parce qu'opposés à la liberté et donc à la justice. Il s'agit là d'une attitude constante de sa part puisque, comme le signale Whatmore [2004, p. 336], « tout au long de ses livres et essais publiés sur quatre décennies, Dupont annonçait que l'état britannique défendait des principes contraires à la justice et corrosifs pour l'ordre politique ». En particulier, cette hostilité à l'égard de la politique commerciale britannique s'exprimait déjà en des termes équivalents dans la septième note « sur les erreurs commerciales de l'Angleterre », jointe à sa *Lettre* à la Chambre de commerce de Normandie.

> On croit en général à Paris, que tout ce qui vient d'Angleterre est bon, même les préjugés. Et si quelque philosophe se hasardait à dire qu'à l'exception peut-être de cinq ou six hommes de génie, tels que Smith, Price et Tucker, le peuple et les législateurs anglais n'ont pas une idée claire ni juste des droits des hommes, de la liberté qui doit être assurée aux citoyens, et des intérêts commerciaux de leur nation, il passerait pour avoir débité le plus insoutenable paradoxe [Du Pont, 1788, p. 248].

L'objectif de Du Pont est donc double. Il s'agit à la fois de reconnaître l'importance des analyses de Smith, tout en les plaçant dans le sillage de celles de Turgot pour en relativiser la portée. L'enjeu est bien évidemment de minimiser implicitement la critique de la physiocratie opérée par Smith. Même si les notes insérées dans son édition des *Œuvres de Mr. Turgot* [1808-1811], démontrent que Du Pont adhère toujours aux idées physiocratiques, son langage s'est en partie largement modifié par rapport à ce qu'il pouvait écrire dans son discours préliminaire de la *Physiocratie* [1767][12] ou dans les *Éphémérides du Citoyen*. Schelle explique en effet qu'en dépit de vaines tentatives pour « résister à l'invasion des doctrines du philosophe de Glasgow ; celles-ci ont définitivement triomphé et Du Pont de Nemours, tout en restant fidèle à l'ensemble de ses anciennes opinions, abandonne lui-même les expressions dont il s'était servi dans sa jeunesse » [Schelle, 1888, p. 374].

11. Du Pont ajoute : « Dans les circonstances où se trouvait et où se trouve encore son gouvernement, il a jugé que, pour maintenir la tranquillité publique, il ne fallait pas y éclairer les yeux malades d'une lumière trop vive » [*ibid.*].

12. Schelle indique que le premier volume de la *Physiocratie* porte par erreur la date de 1768.

Dans le tome III de son édition des *Œuvres* de Turgot, Du Pont fait précéder l'*Éloge de M. de Gournay* d'une notice d'une dizaine de pages portant « Sur les économistes », dans laquelle il se propose de classer « les philosophes qu'on a nommés *économistes* » [Du Pont, 1808b, p. 309]. Il place Quesnay et Gournay sur le même plan et attribue à l'un comme à l'autre le mérite d'avoir inventé la science de l'économie politique, mais en l'abordant par « des côtés différents » [*ibid.*, p. 310].

> Les deux aspects sous lesquels M. Quesnay et M. de Gournay avaient considéré les principes de l'administration publique, et dont ils inféraient exactement la même théorie, ont formé, si l'on peut ainsi dire, deux *Écoles*, fraternelles néanmoins, qui n'ont eu l'une pour l'autre aucun sentiment de jalousie, et qui se sont réciproquement éclairées [*ibid.*, p. 314-315].

Si Du Pont se range lui-même dans l'école de Quesnay et situe, par exemple, Morellet dans celle de Gournay[13], il classe au contraire Turgot à part, en compagnie de Smith : « Entre les deux écoles, profitant de l'une et de l'autre, mais évitant avec soin de paraître tenir à aucune, se sont élevés quelques philosophes éclectiques, à la tête desquels il faut placer M. Turgot, l'abbé Condillac, le célèbre Adam Smith, et parmi lesquels on doit compter très honorablement le traducteur de celui-ci, M. le Sénateur Germain Garnier, en Angleterre Mylord Lansdown, à Paris M. Say, à Genève M. Simonde [*sic*] » [*ibid.*, p. 316]. En positionnant ainsi Turgot comme chef de file d'une troisième école, en compagnie de Condillac et de Smith, Du Pont tente une nouvelle fois de relativiser la contribution de ce dernier. Il est intéressant de remarquer qu'il procède de la même manière avec Say et Sismondi, qu'il présente comme de simples disciples de cette troisième école. En la qualifiant d'*éclectique*, Du Pont situe cette école dans le prolongement direct de celles de Quesnay et de Gournay et parvient ainsi à gommer en grande partie leurs oppositions[14]. Quelques années plus tard, il reprend cette classification en trois écoles dans une lettre au *Mercure de France* où il écrit : « On ne peut pas dire que M. Turgot, ni M. Quesnay, ni M. de Gournay aient été *à l'école* l'un de l'autre. Ils furent trois hommes éclairés arrivant aux mêmes vérités par des routes différentes » [Du Pont, 1813, p. 223].

> Ils observèrent que tout travail demande des *avances* ou *un capital* quelconque, puisqu'il est impossible de travailler et de faire travailler, si l'on n'a pas le moyen de vivre et de faire vivre ses coopérateurs pendant le

13. De manière plus surprenante, Du Pont place également dans l'école de Gournay « le Docteur Price, le Doyen Josias Tucker, David Hume, Beccaria, Filanghieri [*sic*], et quelques autres » [*ibid.*, p. 315].

14. Sur le clivage entre Du Pont et les éclectiques à propos de la controverse sur la stérilité des activités industrielles et la répartition des richesses, on peut se reporter à Delmas et Demals [1990].

> travail, ou si l'on manque des matières et des outils que le travail exige. Ils virent que l'*usage des capitaux* mis dans toutes les entreprises devait être *payé* par un profit, ou *un intérêt*, comme le travail l'est par *un salaire*. La formation journalière de nouveaux capitaux et leur accroissement continu, suites naturelles du profit que peut donner le travail au-delà de ses frais et du loyer des capitaux anciens, leur parurent donc le plus grand intérêt du genre humain, et ils regardèrent surtout la conservation, l'augmentation des capitaux et des travaux de l'agriculture, mère nourrice universelle, comme la plus importante affaire des sociétés politiques [*ibid.*, p. 224].

Du Pont propose donc une sorte de synthèse entre Quesnay, Gournay, Turgot et Smith, qui l'autorise à désapprouver, dans sa correspondance avec Jean-Baptiste Say, l'attitude de ce dernier à l'égard de ses prédécesseurs. « La fantaisie que vous avez de nous renier, écrit-il, et que vous ne dissimulez pas assez, mon cher Say, n'empêche pas que vous ne soyez, par la branche de Smith, un petit-fils de Quesnay et un neveu du grand Turgot » [Du Pont, 1815, p. 395].

Conclusion

Durant sa très longue carrière et malgré les nombreuses difficultés qu'il a pu rencontrer, Du Pont est en fait toujours resté fidèle à la cause physiocratique, dont il a été l'un des principaux propagandistes. Comme tel, il a également toujours été un ardent partisan de la liberté du commerce et, dans ce domaine, son zèle ne s'est jamais émoussé, comme en témoigne sa lettre à Smith où, s'il se montre convaincu que « la postérité sera éclairée », il souhaite néanmoins être utile à la génération présente : « Elle est dans l'enfance. Il lui faut encore des aliments proportionnés à la faiblesse » [Du Pont, 1788b, p. 312]. C'est d'ailleurs pour cette raison qu'il assouplit son discours : il pense ainsi parvenir à convaincre les opposants au libre-échange. Mais la publication de la *Richesse des Nations* de Smith d'abord, celle du *Traité d'économie politique* de Say ensuite, sont venues saper la partie de son argumentation initiale qui lui faisait considérer la liberté du commerce comme le plus sûr moyen de favoriser le développement de l'agriculture et donc de garantir le processus d'enrichissement national. Faute de pouvoir véritablement s'opposer à ces deux ouvrages, qui défendent également la liberté du commerce mais sur des bases différentes, Du Pont s'est dès lors retrouvé contraint d'adapter une nouvelle fois son discours en modifiant son vocabulaire pour le rendre compatible avec celui de Smith et de Say, mais aussi en proposant une ébauche d'histoire de l'économie politique dans laquelle Smith et Say apparaissent comme les héritiers de Quesnay et de Turgot, qui restent ses deux seuls maîtres.

Or c'est à ce même exercice qu'il se livre encore, quelques mois avant sa mort[15], dans son *Examen du livre de M. Malthus sur le principe de population* [1817]. Du Pont indique en effet qu'à sa lecture, il a « éprouvé une surprise respectueuse en voyant qu'il a raison quant aux choses contre le célèbre Adam Smith, et quelquefois quant aux expressions contre les économistes français, dont il adopte d'ailleurs les principes » [Du Pont, 1817, p. 18][16]. C'est pour cette raison qu'il joint à son *Examen* la traduction de quatre chapitres de l'ouvrage de Malthus, absents de l'édition française[17], dans lesquels ce dernier évoque les *économistes* en termes plutôt favorables. Pour autant, Du Pont n'adhère pas entièrement aux arguments avancés par Malthus puisqu'il estime que « l'extrême misère que, dans les îles britanniques, dans le pays qui est proportionnellement le plus riche de l'univers, on voit à côté de la plus grande aisance et de l'opulence la plus haute, y vient d'une autre cause, contre laquelle *la contrainte morale* serait absolument impuissante » [*ibid.*, p. 19]. Pour Du Pont, cette autre cause « tient à *la mauvaise impulsion* donnée à l'industrie et au commerce chez cette nation, que l'on croit la plus habile de toutes en commerce et en industrie » [*ibid.*]. Plus précisément, il considère que l'Angleterre semble riche parce qu'elle a orienté toute son activité vers les manufactures de luxe et non vers l'agriculture. Or, bien que les « colbertistes et les anglomanes » s'en félicitent, « cette éphémère prospérité s'agite sur un sable mouvant, qui chaque jour engloutit une multitude de familles » [*ibid.*, p. 20]. Aussi, il ne fait aucun doute pour Du Pont que « le seul remède serait que les politiques anglais profitassent davantage des principes plus profonds que les philosophes français ont posés, et qu'en général Adam Smith a très bien saisis, développés avec beaucoup d'art ; quoique [il ait été] effrayé de voir combien le commerce et les finances de la Grande Bretagne leur étaient opposés » [*ibid.*, p. 30]. Il peut alors remarquer que si les Anglais ont perdu Smith, mort en 1790, « ils peuvent s'en consoler, puisqu'ils ont Malthus, encore plus profond et plus tenace que Smith, sur les bons principes relatifs à l'administration de l'agriculture, des manufactures et du commerce, d'où il n'y a qu'un pas pour arriver à celle des finances : et qui sait relever les erreurs de Smith même, lorsque celui-ci se trompe ou exagère » [*ibid.*]. Du Pont pense ainsi, sans doute un peu naïvement, avoir trouvé un allié important en la personne de Malthus.

---

15. Rappelons que Du Pont meurt le 7 août 1817.

16. Sur les liens entre Malthus et la physiocratie, on peut se reporter à Hollander [1997, Ch. 8].

17. Il s'agit de la traduction de Pierre Prevost publiée, en trois volumes, à Paris et à Genève en 1809.

Références

Abeille, Louis-Paul [1764], *Réflexions sur la police des grains en France et en Angleterre*. Reproduit dans Dupont de Nemours, *De l'exportation et de l'importation des grains*, Paris, Geuthner, 1911.

Argenson, Marquis d' [1751], « Lettre à l'auteur du *Journal Œconomique*, au sujet de la dissertation sur le commerce de M. le Marquis de Belloni », *Journal Œconomique*, avril, p. 107-117. Reproduit dans Klotz [1995], p. 41-44.

Chambre de commerce de Normandie [1788], *Observations de la Chambre de commerce de Normandie, sur le traité de commerce entre la France et l'Angleterre*, Rouen [s.n.].

Charles, Loïc [1998], « Théorie des prix et liberté d'exportation du blé chez Quesnay : une interprétation », *Cahiers d'économie politique*, n° 32, p. 41-65.

Charles, Loïc et Daudin, Guillaume [2011], « La collecte du chiffre au XVIIIe siècle : le Bureau de la balance du commerce et la production des données sur le commerce extérieur de la France », *Revue d'histoire moderne et contemporaine*, n° 58, p. 128-155.

Delmas, Bernard et Demals, Thierry [1990], « Du Pont et les "éclectiques" : la controverse sur la stérilité pendant la période révolutionnaire », in G. Faccarello et Ph. Steiner (dir.), *La pensée économique pendant la Révolution française*, Grenoble, Presses universitaires de Grenoble, p. 123-139.

Depitre, Edgard [1911], « Introduction », in Dupont de Nemours, *De l'exportation et de l'importation des grains*, Paris, Geuthner, p. III-XLV.

Du Pont de Nemours, Pierre-Samuel [1764], *De l'exportation et de l'importation des grains*, Soissons et Paris, P.-G. Simon. Reproduit dans Dupont de Nemours, *De l'exportation et de l'importation des grains*, Paris, Geuthner, 1911.

Du Pont de Nemours, Pierre-Samuel [1767], « Discours de l'éditeur », in *Physiocratie, ou constitution naturelle du gouvernement le plus avantageux au genre humain*, recueil publié par Du Pont, 2 vol., Leyde et Paris.

Du Pont de Nemours, Pierre-Samuel [1770a], « Supplément à l'article des critiques raisonnées », *Éphémérides du Citoyen*, tome XI, 1769, p. 193-247.

Du Pont de Nemours, Pierre-Samuel [1770b], « Observations sur les effets de la liberté du commerce des grains et sur ceux des prohibitions », *Éphémérides du Citoyen*, tome VI, p. 36-136.

Du Pont de Nemours, Pierre-Samuel [1782], *Mémoires sur la vie et les ouvrages de M. Turgot*, 2 vol., Philadelphie.

Du Pont de Nemours, Pierre-Samuel [1788a], *Lettre à la Chambre de commerce de Normandie*, Rouen et Paris, Moutard.

Du Pont de Nemours, Pierre-Samuel [1788b], « Lettre à Adam Smith du 19 juin 1788 », in E.C. Mossner et I.S. Ross [eds.], *The Correspondence of Adam Smith*, Oxford, Oxford University Press, 1987, p. 311-313.

Du Pont de Nemours, Pierre-Samuel [1805], « Nécrologie de M. Quesnay de Saint-Germain », *Revue philosophique, littéraire et politique*, n° 28, 10 messidor, An XIII, p. 44-55. Reproduit en partie dans E. Daire, *Physiocrates*, Collection des principaux économistes, tome 2, Paris, Guillaumin et Cie, 1846, p. 387-393.

Du Pont de Nemours, Pierre-Samuel [1808a], « Observations sur les points dans lesquels Smith est d'accord avec la théorie de M. Turgot, et ceux dans lesquels il s'en écarte », in *Œuvres de M. Turgot*, tome V, Paris, Delance, p. 130-139.

Du Pont de Nemours, Pierre-Samuel [1808b], « Sur les économistes », in *Œuvres de M. Turgot*, tome III, Paris, Delance, p. 309-320.

Du Pont de Nemours, Pierre-Samuel [1808-1811], *Œuvres de Mr Turgot, Ministre d'État*, 9 vol., Paris, Delance [et Belin pour le tome I].

Du Pont de Nemours, Pierre-Samuel [1813], « À MM. les auteurs du Mercure de France », *Mercure de France*, tome 56, n° 628, 31 juillet, p. 222-226.

Du Pont de Nemours, Pierre-Samuel [1815], « 1re lettre à J.-B. Say », in E. Daire, *Physiocrates*, Collection des principaux économistes, tome 2, Paris, Guillaumin et Cie, 1846, p. 394-424.

Du Pont de Nemours, Pierre-Samuel [1817], *Examen du livre de M. Malthus sur le principe de population*, Philadelphie, chez P.M. Lafourcade.

Forbonnais, François Véron de [1753], *Considérations sur les finances d'Espagne*, Dresde.

Forbonnais, François Véron de [1754], *Éléments du commerce*, 2 vol., Leyde.

Henderson, W. O. [1957], « The Anglo-French Commercial Treaty of 1786 », *The Economic History Review*, vol. 10, n° 1, p. 104-112.

Herbert, Claude Jacques [1753], *Essai sur la police générale des grains*, Londres. Reproduit dans Cl. J. Herbert, *Essais économiques sur la liberté du commerce dans l'agriculture*, présentation et transcription par Jean-Daniel Boyer, Genève, Slatkine, 2012.

Hollander, Samuel [1997], *The economics of Thomas Robert Malthus*, Toronto, University of Toronto Press.

Klotz, Gérard (dir.) [1995], *Politique et économie au temps des Lumières*, Saint-Étienne, Publications de l'Université de Saint-Étienne.

Morellet, André [1764], *Fragment d'une lettre sur la police des grains*, Paris, Musier.

Murphy, Orville T. [1966], « DuPont de Nemours and the Anglo-French Commercial Treaty of 1786 », *The Economic History Review*, vol. 19, n° 3, p. 569-580.

Pattullo, Henry [1758], *Essai sur l'amélioration des terres*, Paris, Durand.

Quesnay, François [1756], « Fermiers », dans François Quesnay [2005], p. 127-159.

Quesnay, François [1757], « Grains », dans François Quesnay [2005], p. 161-212.

Quesnay, François [2005], *Œuvres économiques complètes et autres textes*, édités par Ch. Théré, L. Charles et J.-L. Perrot, 2 vol., Paris, INED.

Schelle, Gustave [1888], *Du Pont de Nemours et l'école physiocratique*, Paris, Félix Alcan.

Steiner, Philippe [1997], « Quesnay et le commerce », *Revue d'économie politique*, vol. 107, n° 5, p. 695-713.

Vaggi, Gianni [2004], « Structural change and social transformation in Physiocracy », in I. Barens, V. Caspari et B. Schefold (eds.), *Political events and economic ideas*, Cheltenham, Edward Elgar, p. 150-172.

Weulersse, Georges [1910], *Le mouvement physiocratique en France*, 2 tomes, Paris, Félix Alcan ; réimpression Paris, Mouton, 1968.

Whatmore, Richard [2004], « Dupont de Nemours et la politique révolutionnaire », *Revue française d'histoire des idées politiques*, vol. 20, n° 2, p. 111-127.

LE « SYSTÈME DE LA LIBERTÉ NATURELLE » FACE AUX PARTISANS DU SYSTÈME MERCANTILE. QUI SONT LES ADVERSAIRES DE SMITH ?

Céline Bouillot[1] *et Daniel Diatkine*[2]

Selon Smith (1776) les mercantilistes comme Locke et Mun donnent un rôle central aux métaux précieux en tant que monnaie, ce qui les conduit à confondre richesse et monnaie. Cependant, Smith n'accorde pas la même place à Locke et Mun : ce dernier semble pour Smith le vrai opposant mercantiliste. Ce papier explique l'origine de la différence de traitement entre Locke et Mun. Notre hypothèse est que Locke défend une stabilité sociale entre les *landed men* et les *moneyed men*. Il est donc en faveur d'un équilibre des intérêts et ne confond pas l'intérêt des marchands avec l'intérêt général.

"System of natural liberty" against supporters of the mercantile system. Who are Smith's opponents?

According to Smith (1776) mercantilist such as, Locke and Mun give a central role to precious metals as money, leading them to confuse wealth and money. However, Smith doesn't give the same attention to Locke and Mun: it seems that for Smith Mun is the true mercantilist opponent. This paper inquires why we encounter such differences of treatment between Locke and Mun. Our hypothesis is that Locke defends social stability between the landed men and the moneyed men. Thus he is in favour of equilibrium of interest and doesn't confuse the merchant's interest with the general interest.

Mots clefs : Smith, Locke, Mun, mercantilisme, monnaie.
Keywords: Smith, Locke, Mun, mercantilism, money.

JEL Codes : B10, B11, B12

---

1. Phare, Université de Paris 1.

2. Epee, Université d'Évry. Nous remercions vivement les participants au séminaire de Strasbourg, ainsi que les deux rapporteurs des CEP. Comme il se doit, les erreurs sont nôtres.

La *Richesse des Nations* (par la suite RDN) est l'étendard des partisans du libéralisme économique depuis le XXe siècle, au moins depuis la création de la Société du Mont Pèlerin. Si l'on veut avancer dans la compréhension du libéralisme économique, il est donc crucial de mettre à l'épreuve ce texte, même si la plupart de ses lecteurs savent déjà à quel point cette appropriation est sujette à caution. La vision naïve, pour ne pas dire apologétique, du Smith défenseur du laissez-faire a été discutée depuis longtemps, de Viner [1928] jusqu'à Pack [1991], Samuel et Medema [2005] ou Evensky [2015]. Tous ces travaux ont montré d'une part que Smith n'était pas un partisan inconditionnel du laissez-faire mais aussi qu'il exprimait une grande méfiance à l'égard des marchands et des manufacturiers. Cette méfiance se transmue en franche hostilité lorsque Smith s'attaque au système mercantile contre lequel il écrit la RDN. Smith n'est pas le créateur de la notion de système mercantile, l'attaque a déjà été menée par Mirabeau [1763, p. 91] et Quesnay. Mais on n'a pas assez souligné, nous semble-t-il, que la position de Smith est profondément originale parce qu'au lieu d'attribuer, comme le fait Quesnay, le système mercantile (le colbertisme) au délire[3], Smith fait du système mercantile la conséquence de l'alliance nouée au cours du Moyen Âge entre les souverains et les marchands des villes contre les féodaux des campagnes[4]. De sorte que le système mercantile n'est pas le produit de l'ignorance comme l'est le colbertisme selon Quesnay, mais le produit de l'histoire. De sorte qu'attaquer le système mercantile, du point de vue de Smith, ce n'est pas seulement critiquer des thèses erronées, mais c'est aussi poser le problème de la transformation sociale, au moment de la Déclaration d'indépendance et à la veille de la Révolution française.

Le système mercantile (ou la société commerciale, ces deux termes sont pratiquement synonymes) est donc l'objet de la « violente attaque » de Smith[5].

Quelle est au juste alors la cible de Smith, sachant que ce n'est donc pas le *principe* de l'intervention de l'État dans l'économie ? L'appréciation du

3. « Un grand État ne doit pas quitter la charrue pour devenir voiturier. On n'oubliera jamais qu'un ministre du dernier siècle, ébloui du commerce des Hollandais, et de l'éclat des manufactures de luxe, *a jeté sa patrie dans un tel délire plus que commerce et argent, sans penser au véritable emploi de l'argent ni au véritable commerce du pays* » [1767, I, p. 579]. Le colbertisme est associé à une folie : « Aduram, Contrôleur général des finances du feu roi Salomon, ébloui du commerce des Tyriens, et de l'éclat des manufactures de luxe, jeta sa patrie dans un tel délire, que l'on n'y parlait plus que de commerce et argent, sans penser au véritable commerce du pays » (1760, I, p. 508).

4. Le chapitre 3 du livre III de *La Richesse des Nations* est entièrement consacré à montrer ce point.

5. Voir Adam Smith [1977], lettre à Andreas Holt du 26 octobre 1780.

libéralisme de Smith serait améliorée si l'on peut commencer à répondre à la question du *principe* attaqué par Smith. Tel est l'objet de cet article qui veut montrer que la cible visée est la proposition, affirmée par Thomas Mun et reprise à son compte par le gouvernement britannique pendant la guerre d'indépendance, selon laquelle les intérêts de la Grande-Bretagne, mieux de l'Empire britannique, sont identiques à l'intérêt des marchands et des manufacturiers.

Pourquoi faut-il comprendre l'adversaire de Smith pour saisir le libéralisme de Smith ? C'est parce que le libéralisme doit être considéré comme une *doctrine*, c'est-à-dire un discours rationnel qui a pour objet de commenter, critiquer ou justifier une règle ou un cas de droit, soumis à un débat et qui peut (logiquement sinon nécessairement) être sanctionné par le vote. Ce vote est précédé par la délibération d'un jury ou celle des citoyens[6]. C'est pourquoi une doctrine, pour être comprise, doit être insérée dans le *procès* la mettant en œuvre. Aussi, il est nécessaire de connaître l'*adversaire* que la doctrine combat. Le « libéralisme » n'est donc pas le même lorsqu'il s'oppose à la monarchie de droit divin, à l'apartheid, aux politiques ségrégationnistes ou à la dictature du prolétariat[7]. De même, le « libéralisme économique » n'est pas le même selon qu'il s'oppose à toutes les réglementations économiques ou aux politiques de régulations conjoncturelles, à la planification centralisée, au contrôle du prix des grains ou au mercantilisme. C'est pourquoi, si Smith défend une doctrine libérale, cette défense ne peut donc être comprise que dans sa confrontation avec son adversaire, le système mercantile. Ce dernier désigne d'une part l'ensemble des politiques économiques mises en œuvre en Europe occidentale au XVIIIe siècle, mais aussi les propositions qui les justifient, émanant des auteurs que la tradition désignera ensuite comme « mercantilistes ». On sait qu'il vise Steuart[8]. Cependant, il ne cite que Mun et Locke. Ces deux auteurs sont généralement considérés comme tout à fait représentatifs du mercantilisme anglais, même si Locke est supposé par Keynes avoir « un pied dans le monde classique » [1936, p. 147]. Locke défend avec beaucoup d'énergie la thèse selon laquelle la politique gouvernementale doit

6. Un *conflit* entre doctrines est donc normal. Une doctrine peut se distinguer d'une théorie qui, logiquement, ne saurait être sanctionnée par un vote. Les *débats* théoriques ne peuvent se conclure que par l'unanimité (la proposition p débattue est conditionnellement vraie, ou fausse ou indécidable) et cette conclusion est toujours provisoire. Dans ce texte, il ne sera pas question de théories.

7. C'est ce que montre très bien le livre de Catherine Audard [2009], *Qu'est-ce que le libéralisme ?*, consacré avant tout au libéralisme politique et très peu au libéralisme économique.

8. « I have the same opinion of Sir James Stewarts Book that you have. Without once mentioning it, I flatter myself, that every false principle in it, will meet with a clear and distinct refutation in mine » [Lettre à William Pulteney du 3 septembre 1772, in Adam Smith, 1977, p. 163].

être mobilisée pour permettre l'enrichissement du royaume, enrichissement sanctionné ou mesuré par l'excédent des échanges extérieurs, excédent lui-même mesuré, en dernière analyse par l'entrée de métaux précieux dans l'économie. Ce philosophe de premier plan, dont l'influence, tant en Grande-Bretagne, qu'en Europe ou en Amérique du Nord, est considérable, devrait donc figurer au premier rang des adversaires de Smith. Or tel n'est pas le cas : c'est Mun qui lui semble le partisan du système mercantile par excellence. Nous allons donc montrer que le traitement par Smith de ces deux auteurs est très différent. L'enjeu de ce papier est de comprendre pourquoi.

C'est donc en étudiant la position de Smith à l'égard de ces deux auteurs que nous pourrons comprendre quel est le libéralisme de Smith.

La critique du système mercantile est développée dans le copieux livre IV de la RDN. Nous nous concentrerons sur l'axe central de l'attaque de Smith, contenu dans le premier chapitre intitulé « Du principe sur lequel se fonde le système mercantile » [1776, II, p. 14]. Selon ce principe, il est indispensable que le législateur veille à maintenir un excédent des échanges extérieurs, *nécessaire* pour éviter un déficit et l'appauvrissement. Que les échanges internationaux soient des jeux à somme nulle est un lieu commun qui est justement mis à mal par la RDN. Cette idée est bien connue, et elle devrait suffire pour caractériser le système mercantile, tout comme sa critique est suffisante pour argumenter la doctrine du libre-échange, pierre angulaire du libéralisme économique. Cependant, nous allons voir que, pour Smith, derrière ce principe de politique économique se cache une proposition de politique générale, selon laquelle l'intérêt *de la classe* des marchands et des manufacturiers est identique à l'intérêt général. Bien entendu, la dénonciation de la prétention de certains marchands à obtenir des tarifs protecteurs ou des subventions à l'exportation deviendra ensuite un grand classique. Mais la position de Smith sur ce point est très différente de celle qui sera affirmée, par exemple par J.-B. Say. Ce dernier affirme que ce faisant les entrepreneurs (ou les marchands, peu importe ici) *ignorent* leurs intérêts « bien compris »[9]. Smith affirme au contraire qu'ils connaissent *parfaitement* leurs intérêts. C'est en grande partie pour montrer que l'intérêt des marchands manufacturiers, parfaitement compris, est *toujours* contraire à l'intérêt général, parce que le taux naturel de profit tend à baisser avec « le progrès de l'opulence », qu'est écrit le livre I de la RDN. Que l'intérêt bien compris des entreprises soit généralement contraire au bien commun risque de surprendre, puisque Smith attaque alors ce qui est en dernière analyse l'affirmation cruciale du

9. Voir Steiner [1989].

libéralisme moderne. C'est cette opposition au système mercantile que nous voulons mettre en évidence.

Pour ce faire, nous allons (dans notre première partie) suivre Smith dans sa critique des deux auteurs partisans du système mercantile cités dans la RDN : Locke et Mun. Nous montrerons que Smith ne place pas ces deux auteurs sur le même plan. Le second est sa cible principale, alors que sa critique de Locke est moins évidente.

Notre seconde partie cherchera dans les textes de Locke la raison de son traitement particulier par Smith. Nous montrerons d'une part que l'analyse de Locke confère aux relations monétaires une place prééminente dans les relations économiques. En cela la rupture opérée par Smith n'est pas celle qui oppose, sur le terrain *doctrinal*, partisans et adversaire du libéralisme économique, mais celle qui oppose, sur le terrain *théorique* cette fois, hétérodoxie et orthodoxie[10]. D'autre part, on montrera que Locke tend à donner au gouvernement une responsabilité éminente pour maintenir le conflit naturel (« the usual struggle » [Locke 1691, p. 122]) entre la classe des marchands-financiers et celle des propriétaires fonciers dans des limites acceptables, grâce à une politique commerciale appropriée.

Notre troisième partie montrera que cet équilibre entre les deux classes, qui exprime d'ailleurs la politique whig traditionnelle quand celle des tories voulait défendre les intérêts ancestraux des détenteurs légitimes de la richesse réelle (*real estates*), semble disparaître dans les textes du directeur de la Compagnie anglaise des Indes orientales, à savoir Mun. C'est pourquoi celle-ci incarne aux yeux de Smith l'expression la plus pure du système mercantile. La récente conquête par la Compagnie du Bengale, de l'Orissa et du Bihar – d'un territoire plus vaste et plus peuplé que celui de la Grande-Bretagne – et les catastrophes qui en découlèrent immédiatement, témoignent de ce que peut être le système mercantile *poussé jusqu'au bout.* C'est-à-dire lorsque le gouvernement devient, comme c'est le cas aux Indes, le gouvernement des marchands, qui est le « pire des gouvernements », identifiant complètement l'intérêt des marchands et l'intérêt général. La Compagnie anglaise des Indes orientales exprime la quintessence de l'adversaire que combat Smith au travers du système mercantile.

10. Smith contribue à fonder l'orthodoxie économique en affirmant que ce sont les marchandises qui *achètent* les marchandises (*goods buy goods*) en conférant aux marchandises le *pouvoir d'achat* qui était auparavant considéré comme particulier à la monnaie. L'hétérodoxie se refuse à penser le troc autrement que comme un accident.

I. Adam Smith et ses adversaires, Locke et Mun

1.1 Mun et Locke : deux partisans du système mercantile ?

Selon Smith, le principe sur lequel se fonde le système mercantile, à savoir éviter le déficit des échanges extérieurs (qui ne s'exprime que par une sortie de monnaie) et donc viser un excédent (qui ne s'exprime que par une entrée de monnaie), est erroné. Non pas parce que Smith suppose un mécanisme automatique d'ajustement des échanges extérieurs (comme l'avait fait Hume auparavant), mais plus brutalement parce que la monnaie « ne saurait manquer ». Cette dernière proposition s'oppose à la thèse lockéenne selon laquelle l'intérêt est le prix payé pour emprunter la monnaie, et que son taux naturel se réglerait selon le même mécanisme que celui de tous les prix. Thèse à laquelle Smith oppose celle selon laquelle le taux de l'intérêt est réglé par le taux de profit, qu'il énonce en même temps qu'il substitue le capital à la monnaie comme objet de l'accumulation sans limites. La comparaison entre la position de Smith sur ce point et celle de Locke montre que Smith inaugure moins le libéralisme économique que ce qui sera désigné bien plus tard comme l'orthodoxie économique.

Nous examinerons donc en premier lieu l'approche smithienne de l'analyse lockéenne. Nous verrons que si Locke s'appuie fermement sur le « principe sur lequel se fonde le système mercantile », Smith ne l'assimile pas complètement à Mun.

Dès les *Lectures on Jurisprudence*, Locke est une cible de Smith. Est en jeu, d'une part, et avant tout, sa théorie du contrat originaire, que nous ne discuterons pas ici ; mais aussi sa théorie monétaire. Trois propositions lui sont attribuées :

1° « Leur valeur [des métaux précieux], n'est pas, comme Mr Locke l'imagine, fondée sur une convention des hommes » [Smith, 1763 – 1766, 1978, p. 370, notre traduction]

2° Locke serait partisan du système selon lequel c'est parce que les métaux précieux sont les biens les plus durables, que leur quantité dans l'économie mérite toute l'attention du législateur.

La dernière proposition est la conséquence de la seconde :

3° « Mr Locke a également publié un traité pour montrer les conséquences néfastes d'autoriser la nation à être vidée de sa monnaie » [*ibid.*, p. 508, notre traduction].

Nous n'en savons guère plus sur ce « traité », qui ne figure pas dans la bibliothèque de Smith, quand le traité du gouvernement civil y figure [Mizuta, 1967]. Nous allons voir que c'est dans ce dernier texte que l'on peut trouver une trace de la première proposition.

Locke est, avec Mun, le seul auteur cité dans le premier chapitre du livre I consacré au « Principle of the commercial, or mercantile System » [RDN, II, p. 14]. Ce dernier point est central pour notre propos. Examinons ce chapitre. Smith commence par dénoncer l'« idée populaire » selon laquelle la richesse consiste en la monnaie. Il n'a naturellement aucun mal à montrer l'absurdité de cette « idée populaire » [*ibid.*, p. 13]. Dans un second temps, il renouvelle son attribution à Locke de l'idée selon laquelle l'argent (*money*) est la richesse mobilière la plus durable. C'est pourquoi il s'agit d'un « ami sûr » [*ibid.*, p. 14]. Locke ne confondrait donc pas la monnaie et la richesse puisque la monnaie se distinguerait des autres formes de la richesse par sa durabilité. Celle-ci serait l'argument d'où Locke déduit, selon Smith, sa proposition selon laquelle « le grand objet de l'économie politique est de multiplier les métaux précieux » [*ibid.*]. Les éditeurs de l'édition de Glasgow avouent leur perplexité devant cette assertion. Où Smith a-t-il trouvé cette proposition ? Pourquoi l'attribue-t-il à Locke ? Nous reviendrons sur cette première énigme dans la seconde partie de ce texte.

Aux yeux de Smith, Locke semblerait se situer entre les préjugés populaires qui confondent richesse et monnaie et les thèses des « vrais » partisans du système mercantile, tels que Mun, par exemple. Ce dernier est clairement désigné comme le partisan du système mercantile par excellence. En effet, le titre de son livre *English Treasure by Foreign Trade* est devenu, nous dit Smith « une maxime fondamentale d'économie politique, non seulement pour l'Angleterre, mais aussi pour tous les autres pays commerçants » [RDN, II, p. 19].

Nous allons voir que Locke fonde son système exactement sur le même principe que celui de Mun. Pourquoi alors Smith opère-t-il une distinction si nette entre les deux auteurs ? Cette seconde énigme est la plus importante. Notons tout de suite, pour éviter une confusion dangereuse, que ce n'est pas parce que Locke serait plus « libéral » que Mun. Nous verrons dans la troisième partie que c'est sur un tout autre terrain que ces deux auteurs s'opposent.

Smith poursuit en décrivant le principe sur lequel se fonde le système mercantile. La confusion populaire entre richesse et monnaie a engendré, avant que les pays concernés ne deviennent commerçants, des législations prohibant l'exportation de monnaie. Mais « quand ces pays furent devenus commerçants, cette prohibition parut, en beaucoup d'occasions, extrêmement incommode aux marchands » [RDN, II, p. 15]. Ils montrèrent que les réexportations faisaient plus que compenser les sorties de monnaie qu'un déficit local pouvait engendrer. C'est alors que Smith cite Mun : il évoque le débat provoqué dès les années 1620 lors de l'ouverture par la Compagnie anglaise des Indes orientales du commerce avec les Indes, largement déficitaire. En effet, l'Angleterre n'exporte pratiquement rien en Asie, si ce n'est de l'or et surtout de l'argent. Mais, Mun (un des directeurs de la Compagnie) affirme que, contrairement aux apparences, les réexportations, en Europe, en Afrique et en Amérique, des cotonnades indiennes font plus que compenser le déséquilibre du commerce avec l'Asie. L'import-export devait donc assurer à l'Angleterre un « trésor », tout comme il l'assurait aux Pays-Bas.

Smith commence par approuver Mun :

> Ces raisonnements étaient en partie justes et en partie sophistiques. Ils étaient justes en tant qu'ils affirmaient que l'exportation de l'or et de l'argent par le commerce pouvait être souvent avantageuse au pays. Ils étaient justes aussi en soutenant qu'aucune prohibition ne pouvait empêcher l'exportation de ces métaux quand les particuliers trouvaient quelque bénéfice à les exporter [RDN, II, p. 17].

La découverte du caractère contre-productif des contraintes tant en quantité qu'en prix n'est donc pas une nouveauté. Il est généralement admis que ces contraintes sont non seulement *souvent* inefficaces et surtout qu'elles sont toujours coûteuses. C'est donc un lieu commun aux mercantilistes et à Smith d'admettre que le système des prix *tend* à s'imposer à tous, y compris à l'État. À deux exceptions près, qui sont et seront très discutées : la définition de l'étalon monétaire (le prix *légal* de la monnaie) et la détermination du taux *légal* de l'intérêt. Nous reviendrons plus loin sur ce dernier point.

En revanche, Smith considère comme sophistiques les arguments destinés à montrer qu'il est important de veiller à la valeur externe de la monnaie et donc à la balance commerciale :

> Mais ils n'étaient que de purs sophismes quand ils supposaient que le soin de conserver ou d'augmenter la quantité de ces métaux appelait plus particulièrement l'attention du gouvernement que ne le fait le soin de conserver ou d'augmenter la quantité de toute autre marchandise utile que la liberté du commerce ne manque jamais de procurer en quantité convenable, sans qu'il soit besoin de la moindre attention de la part du gouvernement [*ibid.*].

À la suite de ce texte, Smith formule un des rares passages de la RDN qui concerne le marché des changes.

1.2 L'opposition de Smith aux principes du système mercantile

Les partisans du système mercantile, explicitement ou implicitement, jugent important de veiller au marché des changes, puisque la seule façon de constater un déficit des échanges extérieurs est d'observer ce dernier. C'est sans doute ici que réside un des enjeux principaux de la politique économique qu'ils préconisent : il faut éviter un change défavorable puisque celui-ci mesure l'appauvrissement d'une économie. Cependant, Smith observe que le change défavorable gêne les importateurs, d'autant plus que l'exportation de monnaie est prohibée. Puis il ajoute que le prix élevé des importations incite le marchand à équilibrer ses importations par ses exportations. Enfin, un change défavorable agit comme un impôt, qui diminue les quantités demandées des marchandises importées, et est donc favorable à la balance commerciale. Ces arguments des marchands en faveur d'une politique commerciale favorable ne sont donc rien d'autre que l'expression de « l'intérêt privé » et de « l'esprit de monopole » [RDN, II, p. 64].

Surtout, on retrouvera dans le chapitre 3 du livre IV un dédain clairement affiché à l'égard du marché des changes. Smith affirme que le change entre deux monnaies ne saurait être un indicateur fiable de l'équilibre des échanges extérieurs, puisque les échanges sont multilatéraux. De plus, le taux de change de marché peut différer du taux légal pour de multiples causes accidentelles, telles les rognures et l'usure des monnaies, les frais de monnayages et surtout l'usage des monnaies de banques comme moyens de règlement. Smith considère donc que s'intéresser au cours des changes est une activité vaine. Il semblerait donc qu'il faille épouser le point de vue des marchands, leur « misérable esprit de monopole » [RDN, II, p. 99], et partager avec eux les « préjugés et la haine nationale » [*ibid.*, p. 64] pour s'intéresser ainsi à l'équilibre des échanges extérieurs.

Comme le lecteur peut s'en convaincre facilement, cette position de Smith ne rencontrera qu'un écho bien faible. Plus intéressante pour notre propos est la « démonstration » smithienne de l'inutilité de veiller à l'équilibre (ou plutôt à l'excédent) de la balance des échanges extérieurs. Smith, étrangement, n'affirme nullement, comme le faisait son ami Hume, qu'il existe un mécanisme automatique d'ajustement qui rend vain l'espoir d'accumuler un « trésor » de guerre par l'excédent commercial. Pourtant, Hume et Smith partagent le même ennemi : Mun. Dans ceux de ses *Essais moraux* édités en 1754, Hume cherche à montrer que la croissance de la dette publique britannique est rendue inévitable par les « excès » de « l'esprit patriotique » qui anime les Britanniques et les conduit à mener des guerres ruineuses car il ne faut pas attendre de l'excédent des échanges extérieurs ce « trésor » censé financer les guerres extérieures[11].

L'argument de Smith est beaucoup plus simple que celui de Hume. Il réside en deux points :

1° Un trésor est inutile et même inconcevable.

2° Un pays, pas plus qu'un particulier, ne saurait manquer d'or s'il a de quoi en acheter.

Voyons ces deux points.

Le trésor est donc accumulé en vue de financer une guerre extérieure. Or le stock d'or monétaire, nécessaire à la circulation des marchandises, comme à la constitution du trésor, est évidemment coûteux à acquérir. Il faut donc sacrifier du « blé » pour importer les métaux précieux. Néanmoins, à ce sacrifice n'est associé aucun revenu, ce qui différencie complètement l'or monétaire de la matière première des bijouteries ! Smith rencontre ici une difficulté qu'il ne sera pas le dernier à affronter. La monnaie, confondue ici avec les métaux précieux, non seulement n'est pas la richesse ni même une de ses composantes, mais elle n'est pas non plus le seul ni surtout le *vrai* « moyen de se procurer les choses nécessaires, commodes ou agréables de la vie » [RDN, I, p. 99]. Car « ce n'est point avec l'or ou l'argent, c'est avec du travail que toutes les richesses du monde ont été achetées » [*ibid.*, p. 100].

De fait, cette faculté de pouvoir acheter, qui semble être le privilège de la monnaie, est avant tout une illusion, nous dit Smith. C'est le travail qui possède originairement cette faculté, qu'il transfère à l'ensemble de ses produits et donc aux marchandises. Ces dernières font, tôt ou tard, partie du revenu. Il suffit d'étendre la période de référence pour y inclure le capital fixe qui devient alors circulant et seule la terre échappe à cette transformation. Toutes les marchandises ont non seulement une valeur d'échange (on le sait depuis au moins Aristote) mais elles disposent toutes maintenant d'un pouvoir d'achat. La monnaie perd alors son privilège transactionnel, ou plutôt ce dernier apparaît tout à fait accessoire. Son accumulation sous forme de trésor est donc inutile (n'importe quel stock de n'importe quelle

11. L'objet du mécanisme d'ajustement automatique de la balance des échanges extérieurs est de démontrer ce point [voir Diatkine, 2012, 2015].

marchandise peut y suffire) et elle est même inconcevable. Ainsi Smith renverse-t-il complètement la proposition qu'il attribue à Locke : c'est l'or qui ne constitue qu'une petite partie de la richesse.

De façon paradoxale, Smith utilise le fait que les métaux précieux sont des marchandises comme les autres pour tenter de montrer l'inanité d'une politique fondée sur les principes du système commercial (ou mercantile). En effet, après avoir rappelé que la quantité de chaque marchandise que « l'industrie humaine peut produire ou acheter » se règle « naturellement sur la demande effective qui s'en fait » [RDN, II, p. 19], Smith insiste sur le fait que dans le cas des métaux précieux l'ajustement se fait très rapidement de sorte que la quantité de métaux précieux apportée au marché n'est jamais longtemps éloignée de leur « quantité naturelle ». En effet, l'étendue du marché des métaux précieux est *mondiale*. Il s'ensuit que les variations *locales* des quantités apportées aux marchés ne peuvent, à court terme du moins, qu'être relativement faibles (en l'absence de découverte de nouvelles mines). Toutes les « lois sanguinaires » [*ibid.*, p. 20] des Espagnols et des Portugais n'ont jamais empêché l'or et l'argent qui excédait la demande effective de quitter ces pays, tout comme les lois de Lycurgue n'ont pu empêcher les métaux précieux d'entrer dans Sparte.

Autant dire que, selon Smith, les écarts entre la quantité naturelle de métaux précieux qui est censée satisfaire la « demande effective » de monnaie et les quantités courantes ne sont guère significatifs. Il est donc tout à fait normal de ne pas en tenir compte. On comprend encore mieux alors le caractère marginal du marché des changes dans la RDN[12]. Cependant, un doute semble traverser Smith : « La marchandise n'attire pas à elle l'argent toujours aussi vite que l'argent attire à soi la marchandise » [*ibid.*, p. 23]. De même, « il n'est rien dont on se plaigne plus communément que la rareté de l'argent » [*ibid.*, p. 21]. Mais cette plainte est celle d'« imprudents dissipateurs » [*ibid.*, p. 22] bien qu'elle puisse être *parfois* générale : « La cause ordinaire en est dans la fureur d'entreprendre plus qu'on ne peut accomplir » [*ibid.*]. Et il rectifie donc bien vite : s'il peut arriver qu'un marchand se trouve ruiné faute de pouvoir se défaire de ses marchandises à temps, ceci ne peut être étendu à l'ensemble d'un pays et, tôt ou tard, cette asymétrie entre l'achat et la vente sera certainement annulée.

12. Cette argumentation laisse de côté la question pourtant cruciale de la signification exacte de ce que peut bien être la « demande effective » de la monnaie sur laquelle elle repose et qui est ici probablement confondue avec la demande effective de métal.

Ainsi, Smith pense ruiner le principe sur lequel se fonde le système mercantile en assignant un rôle tout à fait marginal aux ajustements monétaires. Cette approche complète la thèse selon laquelle le taux de l'intérêt est un indicateur du taux de profit [I, p. 9] et que le taux d'intérêt évolue toujours comme le taux de profit [II, p. 4], car les fonds prêtés à intérêt sont toujours du capital pour le prêteur. La concurrence des capitaux conduit à la baisse des taux d'intérêt tout comme elle conduit à la baisse des taux de profit. La théorie smithienne du taux de l'intérêt s'appuie ici sur Hume pour montrer que le taux d'intérêt n'a pas baissé sous l'effet de l'afflux de métaux précieux américains et qu'il n'a donc pas de relation avec la monnaie.

Il nous faut ajouter que c'est à cette occasion que Smith affirme avec force la nécessité de maintenir un taux légal de l'intérêt « un peu au-dessus du taux le plus bas de la place » [RDN, I, p. 446], c'est-à-dire du taux auquel le gouvernement emprunte. Smith demande donc à l'État d'intervenir pour exclure les « faiseurs de projet » du marché des prêts. Smith, en effet, ne semble nullement certain que le marché financier rende compatibles les décisions d'épargne et d'investissement. Les emprunts de capitaux doivent se faire en dehors du marché[13], entre gens qui se connaissent bien et qui ont de bonnes raisons de s'accorder une confiance mutuelle.

Cette méfiance de Smith sera vivement combattue et pratiquement anéantie par Bentham dans sa *Défense de l'usure*. À cet instant, il nous semble que l'on peut admettre que l'orthodoxie pourra triompher.

En revanche, les partisans du système mercantile défendaient une tout autre approche. C'est ce que nous allons voir en étudiant quelques textes de Locke.

II. Locke et le système mercantile

Nous allons montrer ici que les conceptions monétaires de Locke occupent une place importante dans sa philosophie politique et que celle-ci implique une politique commerciale active.

La question est donc de préciser les rapports entre Locke et Smith. Nous allons voir que Smith ne peut faire de Locke un représentant typique des défenseurs du système mercantile du fait de sa philosophie politique. Nous

13. Autre « intervention » de l'État : il ne doit autoriser les sociétés par actions que dans de rares secteurs d'activité [RDN, II, p. 381 et sqq.].

pourrons comprendre alors que l'opposition de Smith au système mercantile ne réside pas dans « l'interventionnisme » de ce dernier. Nous verrons dans la partie suivante quel est le fondement réel de son opposition au système mercantile. Pour ce faire, nous montrerons quelles sont les conséquences de l'introduction de la monnaie dans l'état de nature et dans le gouvernement civil selon Locke. La conséquence principale étant l'apparition d'un conflit social (2.1). Puis nous expliquerons la politique économique défendue par Locke pour gérer cette conséquence – à savoir veiller à la balance commerciale (2.2).

2.1 La monnaie génère le conflit de classes dans l'état de nature

À première vue, Locke devrait être pour Smith une cible de choix parce que les relations monétaires occupent une place éminente, non seulement dans sa pensée économique, mais aussi dans sa philosophie politique. Voyons d'abord ce point. Rappelons rapidement que dans son *Second traité du gouvernement civil*, Locke décrit deux étapes qui organisent l'État de nature : *avant* l'introduction de la monnaie, lorsque les échanges entre les hommes sont accidentels et *après* l'introduction de la monnaie, lorsque les échanges sont rendus réguliers et donc réglés[14].

Le point de départ de Locke est un Psaume de David 115, 16] : « Il a donné la terre aux fils de l'homme. » D'où la question de la légitimité de la propriété privée de la terre, qui fut jadis posée par certains puritains, les bêcheux (*Diggers*)[15]. Pour répondre à cette interrogation, Locke explique que les hommes sont naturellement propriétaires de leur personne :

> Chacun pourtant à un droit particulier sur sa propre personne. [...] Le travail de son corps et l'ouvrage de ses mains, nous pouvons le dire, sont son bien propre. Tout ce qu'il a tiré de l'*état de nature*, par sa peine et son industrie, appartient à lui seul [Locke, 1690, § 27].

Les hommes ont donc nécessairement le « droit de se conserver » [*ibid.*, §|25] et de s'approprier par leurs travaux les moyens de se conserver. La propriété sur les biens étant ainsi justifiée, Locke ajoute que les terres sont naturellement appropriées : s'il est naturel de m'approprier le fruit dont j'ai besoin, il est naturel de m'approprier l'arbre qui donne naissance à ce fruit, et

14. Voir Bouillot [2017].

15. Les « bêcheux » jugeaient que l'appropriation privée de la terre était à l'origine des maux de l'humanité et était contraire à l'intention divine selon ce psaume de David. Elle ne pouvait donc être que d'origine diabolique. Le grand classique sur cette question est le livre de Hill [1977].

la terre sur laquelle cet arbre croît. Locke parvient ainsi à expliquer comment la propriété foncière ne contredit pas la Bible, comme l'affirmaient avec force les *Diggers*.

Cependant, les échanges de troc sont alors *accidentels*. C'est pourquoi ils n'obéissent à aucune règle nécessaire. L'état de nature est stable parce que c'est un état de paix. Chaque individu est seul face à la nature dont il s'approprie les fruits dans la limite de ses besoins. En effet, il est normal que les besoins soient limités :

> On objectera, peut-être, que si, en cueillant et amassant des fruits de la terre, un homme acquiert un droit propre et particulier sur ces fruits, il pourra en prendre autant qu'il voudra. Je réponds qu'il ne s'ensuit point qu'il ait droit d'en user de cette manière. Car la même loi de nature, qui donne à ceux qui cueillent et amassent des fruits communs [...] renferme en même temps ce droit dans certains bornes [*ibid.*, § 31].

La propriété est donc limitée par le gaspillage, que la raison interdit, même si le désir d'appropriation illimitée de biens (qui doit donc être distingué du besoin) demeure, car il n'est pas rationnel de travailler pour acquérir des biens qui excèdent le besoin qu'on en a[16]. Ainsi, nous sommes dans un état d'abondance et la cupidité ne peut s'exercer rationnellement sans gaspillage.

Cependant, une convention donnant une valeur *imaginaire* à l'argent et à l'or (donc une valeur distincte de celle qu'ils possèdent *réellement* comme métaux précieux) fait passer à la deuxième étape de l'État de nature décrit par Locke :

> Les hommes ont en effet convenu de donner à l'or et à l'argent, pour ce qu'ils étaient durables, rares et peu sujets à être contrefaits, une valeur imaginaire [Locke, 1691, p. 35].

Ici nous trouvons le passage auquel fait allusion Smith et qui surprend les éditeurs de l'édition de Glasgow. Certes l'inaltérabilité des métaux précieux leur permet de tenir assez facilement leur rôle de lien entre le présent et le futur que leur confère la convention (universelle, puisque les métaux précieux circulent des Indes occidentales aux Indes orientales) qui les érige en étalons monétaires universels. Qu'il existe un accord universel pour conférer aux

16. En d'autres termes : l'utilité marginale du travail étant décroissante, il existe toujours un point où celle-ci égalise l'utilité marginale décroissante du bien acquis grâce au travail. Ajoutons que Locke précise que les besoins sont très limités, ce qui peut être interprété comme une hypothèse de *proximité* du point de satiété.

métaux précieux un rôle monétaire est accepté comme évident[17]. Et Locke est clair : cette convention est première. Mais cette valeur *imaginaire* accordée à l'or et l'argent implique une modification de leur statut : en tant qu'étalons monétaires, ils perdent leur utilité privée pour acquérir une utilité sociale. En d'autres termes, on pourrait presque dire que c'est parce que les métaux précieux sont monnaie qu'ils sont non consommables, donc imputrescibles et donc durables.

Mais pourquoi la convention monétaire engendre-t-elle des conflits dans l'état de nature ?

Une fois la convention monétaire instaurée, il devient alors rationnel et donc possible de s'affranchir de la limite du besoin, ne serait-ce que parce qu'il est possible de s'affranchir des limites imposées par la pénibilité du travail. On peut acquérir la monnaie grâce à l'échange et acquérir plus de monnaie et de terre qu'on en a besoin puisque l'on peut maintenant devenir propriétaire *sans travailler*, en prêtant la monnaie, en payant des salaires ou en louant la terre à des travailleurs. Aussi, selon Locke, une fois la monnaie introduite, un homme peut accumuler de la monnaie sans priver un autre homme des moyens de subsistance et au contraire en lui donnant les moyens de s'en procurer. On trouve ici la thèse centrale et ancienne selon laquelle la monnaie préexiste non seulement aux échanges *réglés* mais aussi à l'enrichissement. Cette thèse développe également l'idée qu'il existe deux usages de la monnaie : intermédiaire des échanges d'une part, et moyen de l'enrichissement d'autre part.

Examinons maintenant le conflit qui met fin à l'état de paix. Puisqu'il existe deux formes durables d'accumuler la richesse sans travailler, apparaissent deux classes sociales : les *Moneyed Men* et les *Landed Men* qui entrent en conflit pour obtenir de la monnaie[18]. Le conflit entre ces deux classes se substitue aux conflits interindividuels qui caractérisaient l'état de nature hobbesien. La terre et la monnaie apparaissent alors comme les moyens de l'enrichissement sans limites. Le conflit entre les *Landed Men* et les *Moneyed Men* est inévitable puisque les uns et les autres recherchent l'argent, que ce soit pour le prêter ou pour acquérir des terres. Selon Locke, c'est donc à ce moment qu'apparaît le conflit dans l'état de nature et l'inégalité des possessions de la terre et

17. On peut, si l'on veut, comparer cette convention monétaire aux conventions langagières : règles sans auteurs pour les créer, ni État pour les faire respecter.

18. Cette opposition est tout à fait courante. Elle se combine à l'opposition beaucoup plus ancienne entre la cour et la campagne (*court and country*), ainsi qu'à l'opposition entre les partis Whig et Tory. Voir Kenyon [1977].

de la monnaie[19]. Contrairement à une interprétation courante, le conflit qui traverse l'état de nature après l'instauration de la convention monétaire n'est pas, en général, un conflit entre riches et pauvres [Vaughn, 1960] ou entre travailleurs et non-travailleurs [Macpherson, 1962] mais un conflit entre les deux classes possédantes[20]. C'est pourquoi une des fonctions du gouvernement est de maintenir un stock monétaire suffisant pour satisfaire les deux classes de propriétaires. Dans une métaphore saisissante, Locke [1691, p. 123] compare le gouvernement à « un bon père de famille » qui veille à éviter que ses enfants se disputent à propos de la monnaie.

Ainsi, la convention instaurant la monnaie est tout à fait centrale dans l'œuvre de Locke. D'une part elle permet les échanges et l'enrichissement, d'autre part elle engendre le conflit de classes (*the usual conflict*) entre *Moneyed* et *Landed Interest*. Or c'est ce conflit qui transforme l'état de nature d'un état de paix en un état de guerre, dont il revient au gouvernement d'éviter de dégénérer. C'est pourquoi il est important que le gouvernement veille aux échanges extérieurs, afin d'éviter que leur déficit n'engendre une aggravation du conflit.

2.2 Comment le taux d'intérêt naturel peut-il baisser ?

Josiah Child, gouverneur de la Compagnie anglaise des Indes orientales, propose un abaissement du taux légal de l'intérêt. Selon Child et la plupart des auteurs de son époque[21], une baisse du taux d'intérêt favorise la croissance du pays et est favorable à toutes les classes sociales : elle diminue le prix des marchandises, ce qui accroît la compétitivité internationale de l'économie, et elle augmente le prix des terres. Bien entendu, Locke ne conteste pas cette analyse. Cependant, il s'oppose sur le sens de causalité entre ces deux

19. Concernant le rôle des travailleurs, Locke considère qu'ils ne sont pas capables de se voir comme une classe avec un intérêt commun. C'est une idée assez commune pour l'époque, qu'on retrouvera chez Smith [1776, p. 335]. Voir Diatkine [1988, p. 10].

20. La position de Locke nous semble typique [Bouillot, 2017]. En effet, Locke affirme que : « La part de l'ouvrier, en effet, ne lui permet guère que de subsister, et ne laisse en aucun cas à cette classe d'hommes le temps et l'occasion de penser plus avant, ou de disputer leur part aux plus fortunés (en vertu d'un intérêt commun) ; ce n'est que poussés par une grande et commune détresse, et unis dans un mécontentement universel, qu'ils oublient le respect et s'enhardissent à s'emparer par la force de ce qui leur revient. Il arrive alors qu'ils envahissent les maisons des riches, et emportent tout comme un ouragan. Mais cela ne se produit que rarement, et seulement par l'effet de la mauvaise administration ou de la négligence du gouvernement » [1691, p. 123].

21. De manière non exhaustive, on peut citer : Dudley North, *Discourses Upon Trade* [1691] ; Thomas Culpeper, *A tract against usury* [1621]…

notions. Child affirme qu'une baisse du taux d'intérêt légal favoriserait l'enrichissement de l'Angleterre. En revanche, Locke inverse la causalité : c'est en favorisant l'enrichissement que le taux d'intérêt *naturel* baissera et donc que le gouvernement pourra gérer le conflit.

Le taux d'intérêt naturel est défini par Locke comme « le prix que la monnaie, si elle était également répartie, atteindrait naturellement de par sa rareté présente » [Locke, 1691, p. 11]. Il n'est pas facile d'interpréter cette proposition[22]. Il nous faut nous contenter de constater que si le taux légal diffère trop ou trop longtemps du taux naturel, alors c'est le comportement des agents qui manifestera cet écart.

Selon Locke, si le taux d'intérêt légal est fixé en dessous du taux d'intérêt naturel alors d'une part les emprunteurs recourront à l'usure clandestine car « il se fera alors entre les hommes des ententes et collusions secrètes qui, même si l'on soupçonne leur existence, ne se pourront prouver que s'ils les confessent » [Locke, 1691, p. 7]. Et d'autre part, la quantité de monnaie prêtée diminuera. En effet, les agents ne voudront pas risquer leur monnaie pour un taux artificiellement déprécié. Par conséquent, nous dit Locke, ce n'est pas le taux d'intérêt légal qui doit baisser mais le taux d'intérêt naturel. Le gouvernement peut agir de manière *indirecte* sur le taux d'intérêt naturel : c'est via la balance commerciale que le gouvernement va pouvoir influencer ce taux naturel.

Les mesures les plus courantes sont alors envisagées par Locke. Ce sont les mesures somptuaires. C'est un lieu commun de l'époque [Holmes, 1967] d'insister sur le fait que les dépenses de luxe obligent le courtisan à hypothéquer ses terres. Locke dénonce le courtisan consommateur de biens de luxe comme responsable du déficit de la balance commerciale :

> Si le *landed gentleman* veut absolument plus de vins de Bordeaux, d'épices, de soieries et d'autres marchandises consommables venant de l'étranger (toutes choses que son exemple met à la mode) que nous ne pouvons en échanger contre les marchandises que nous exportons, il faudra bien de la monnaie pour balancer les comptes, et payer ce que nous devons [Locke, 1691, p. 125].

Par ailleurs, afin d'avoir une balance commerciale positive, Locke recommande un retour à « la vertu et la prévoyance dont faisaient preuve nos ancêtres (qui se satisfaisaient pour les commodités de la vie de ce que produisait notre pays, et n'éprouvaient nul désir coûteux des objets de luxe

22. Concernant la définition du taux d'intérêt naturel chez Locke voir Bouillot [2017b].

et d'apparat venant de l'étranger) » [*ibid.*]. Le gouvernement doit donc empêcher l'importation de biens de luxe grâce, on peut supposer, à une politique de taxation douanière adéquate.

Il est également important de veiller à la maîtrise des liens commerciaux avec l'étranger que, sinon :

> Notre mauvaise administration ou notre manque de monnaie laisseront échapper [...]. Le commerce est donc nécessaire à la production des richesses, et la monnaie à la poursuite du commerce, qui doit être notre principal souci et notre première préoccupation [*ibid.*, p. 21].

Locke assigne donc au gouvernement un rôle de surveillance et de contrôle de l'activité économique qui n'a rien d'original. Ainsi, nous avons vu que même si Locke s'oppose à Child sur le sens de la causalité entre croissance économique et bas taux d'intérêt, il lui paraît évident qu'il entre dans les objectifs du législateur de surveiller attentivement la balance des échanges extérieurs.

On voit donc que le *Traité* évoqué par Smith dans les *Lectures on Jurisprudence* exprime la pensée mercantiliste de façon tout à fait habituelle. Pourtant, sur ce plan ce n'est pas Locke mais Mun qui est jugé représentatif par Smith. Il nous faut maintenant examiner pourquoi.

III. Ce qui est bon pour la Compagnie des Indes orientales est-il bon pour la Grande-Bretagne ?

L'hypothèse que nous allons développer dans notre troisième partie est que Locke ne confond pas l'intérêt des marchands avec l'intérêt général. C'est pourquoi Smith le distingue de Mun et n'en fait pas un partisan représentatif du système mercantile. Dans un premier temps, nous expliquerons comment cette confusion d'intérêt a été mise en place en Grande-Bretagne (3.1). Dans un second temps, à l'aide de l'exemple du Bengale, nous analyserons comment Smith conçoit la société commerciale défendue selon lui par Mun (3.2).

3.1 Intérêt général et intérêt des marchands en Grande-Bretagne

Le régime politique qui s'est implanté en Grande-Bretagne à partir de la révolution de 1688 s'est stabilisé d'abord sous le règne de la reine Anne (1702-1714), puis sous celui de ses successeurs George I et George II.

Marx[23] avait remarqué que tout le XVIIIe siècle anglais était rempli par le conflit (et par la conscience de ce conflit) entre *landed interest* et *moneyed interest* (l'intervention des travailleurs apparaissant, on l'a vu, exceptionnelle). Cette opposition entre les deux classes dirigeantes est née dans les années 1680. À la fin du XVIIe siècle et au début du XVIIIe siècle apparaissent sur le devant de la scène politique deux partis, whig et tory. Chacun prétendra défendre l'intérêt commun et accusera l'autre de défendre des intérêts particuliers.

Les tories défendent les valeurs de la Grande-Bretagne traditionnelle, fondées sur ce personnage devenu mythique, parce que déjà en voie de disparition, qui est l'exploitant agricole indépendant, le *yeoman*. Ou fondées sur une variante assez proche, le *country gentleman*, qui incarne lui aussi les vertus traditionnelles du patriotisme et d'indépendance. Si l'on adjoint le *landlord* au *yeoman* et au *country gentleman*, alors se trouve constitué le *landed interest*, qui le plus souvent est perçu comme porteur de l'intérêt général.

En revanche, les contours du *moneyed interest* sont plutôt flous. Néanmoins, il incorpore au moins dans son noyau central les prêteurs qui perçoivent l'intérêt de la monnaie, et souvent les marchands qui vivent de profits. Ces derniers sont perçus comme tirant leurs revenus soit du prêt (en général), soit du commerce extérieur. Selon les tories, ils n'ont aucun intérêt particulier qui les rattache à leur mère patrie. Bien au contraire, puisque c'est en dernière analyse l'or et l'argent qui les font vivre et que les métaux précieux proviennent des possessions espagnoles d'Amérique, ils sont toujours soupçonnés de collusion avec l'Espagne catholique ou plus généralement avec l'étranger.

Les whigs ne partagent pas une vision aussi négative du *moneyed interest*. Cependant, on l'a vu chez Locke, le conflit entre les deux classes est précisément ce qui justifie une politique mercantile. Pour les whigs, il est donc du devoir du gouvernement de garder un équilibre entre *landed interest* et *moneyed interest*. Aussi, ils sont loin d'affirmer que ce dernier est l'unique porteur des intérêts britanniques [Holmes, 1967]. Les whigs vont gouverner sans opposition sous les règnes des premiers monarques de la famille de Hanovre, le parti tory s'étant discrédité en soutenant les prétendants Stuart.

En revanche, la thèse selon laquelle l'intérêt de l'Empire britannique est celui des marchands va être mise en avant au moment de cette grande

23. « À de rares exceptions près, le siècle de 1650 à 1750 est tout entier occupé par la lutte que se livrent *moneyed interest* et *landed interest* » [1974, t. III, p. 430].

période de transformation économique et sociale qui va de la fin de la guerre de Sept Ans (1763) au début de la guerre d'indépendance américaine (1776), période qui est celle de la gestation de la RDN. Les historiens [Koehn, 1994 ; Brewer, 1976 ; Hibbert, 1998 ; Ditchfield, 2002] ont souligné à quel point la scène politique change grandement au début des années 1760.

La fin la guerre de Sept Ans a lieu trois ans après l'avènement de George III, sous le ministère de Bute qui négocie le Traité de Paris en 1763. Le souci principal du gouvernement est celui de la gestion de la dette publique, dont on sait qu'elle s'était accrue considérablement pendant la guerre de Sept Ans[24]. Pour accroître les ressources du gouvernement, Grenville fait donc voter en avril 1764 le *Sugar Act*, puis après une discussion assez âpre en février, le *Stamp Act*[25] en mars 1765.

L'agitation contre cet impôt se développa dans les colonies d'Amérique du Nord. Dès le début de l'automne 1765, les informations concernant les émeutes américaines contre le *Stamp Act* étaient parvenues en Grande-Bretagne. Les colons s'organisaient et menaçaient de boycotter les produits anglais[26]. Une fraction whig dirigée par le marquis de Rockingham et son secrétaire Burke menait une campagne visant à organiser les marchands de Londres. Le but recherché est que ceux-ci et leurs collègues sur tout le territoire britannique fassent pression sur leurs représentants afin d'abolir le *Stamp Act*, en arguant des pertes que le boycott américain leur faisait subir ou risquait de leur faire subir. Une fraction de l'aristocratie est donc conduite à affirmer sa totale solidarité avec les bénéficiaires de l'exclusif colonial. Le *Stamp Act* fut donc abrogé.

La prise de conscience que le vieil Empire britannique est devenu un empire colonial est donc le résultat de cette question nouvelle posée par le Traité de Paris : comment adapter le régime politique de la Grande-Bretagne à la gestion d'un empire devenu à la fois immense, mais encore trop faible face à la menace française, et source de revenus considérables, mais encore insuffisants pour pouvoir le conserver ? La réponse à cette question est immédiate : pour la première fois fut affirmée par le gouvernement aristocratique, et pas seulement par les auteurs mercantilistes, que les intérêts de l'Empire et ceux des marchands étaient identiques.

24. Elle a presque doublé, passant de près de 70 000 000 £ à 130 000 000 £.

25. L'acte du timbre cité par Smith, cf. *supra*, p. 5.

26. Voir Middlekauff [1982].

Cette question et donc cette réponse ne concernent pas seulement les colonies anglaises d'Amérique du Nord. Elles concernent en premier chef le Bengale et donc la Compagnie anglaise des Indes orientales.

3.2 Le cœur du système mercantile selon Smith : l'exemple du Bengale

Depuis la guerre de Succession d'Autriche (1740-1748) et surtout la guerre de Sept Ans (1756-1763), les compagnies des Indes, françaises et anglaises, ont été entraînées, de gré ou de force, dans des conflits en Inde. Finalement, ceux-ci se sont soldés par la mainmise de la Compagnie anglaise sur le Bengale, l'Orissa et le Bihar. Soit environ 30 000 000 d'habitants sur une superficie de près de 500 000 km^2. Aussi la compagnie est-elle passée du statut ordinaire d'une compagnie de commerce privilégiée à celui d'un dominion « privé ». Ce changement est « une transformation qu'il est difficile d'expliquer » [Marshall, 1998, p. 491]. Ce qui est certain, c'est que le gouvernement britannique n'a ni prévu ni dirigé cet accroissement.

Après la bataille de Buxar (1765), la Compagnie a obtenu lors du traité d'Allahabad le *diwani*, c'est-à-dire le droit de collecter l'impôt (3 millions de £) pour le compte de l'empereur des Indes (le grand Moghol). Ce droit est d'autant plus important que la plus grande part restait entre les mains de son détenteur. Il ne s'agissait que d'une partie du prélèvement sur le produit agricole, estimé à environ un tiers du produit brut. Clive estimait finalement le revenu net de la compagnie à 1 500 000 £[27]. Ainsi, à son activité de compagnie de commerce, la compagnie ajoutait celle de collecteur d'impôts et de percepteur de la rente foncière. Le poids économique de la Compagnie était tel que l'on avait de bonnes raisons de penser que ses difficultés pouvaient avoir des répercussions sur l'ensemble de l'activité britannique. Et c'est exactement ce qui s'est passé.

Les années 1760 sont les années de grande prospérité en Grande-Bretagne. Des processus spéculatifs se développèrent, en particulier sur les titres de la Compagnie des Indes [Bowen, 1989]. Or les gains nets tirés du *diwani* furent largement surestimés. La terrible famine qui sévit au Bengale, que Smith, on

27. Clive suppose que le revenu net ainsi prélevé permettrait de payer la totalité des achats de la Compagnie, tant en Inde qu'en Chine (« Lettre de Lord Clive aux Directeurs de la Compagnie », 30 septembre 1765, citée par Bowen [1989, p. 189]). Effectivement, cette somme peut être mise en face de la valeur des importations en provenance des Indes orientales : 1 101 000 £ de marchandises sont importées en Angleterre et au Pays de Galles en 1750-1751. Ce montant double en 1772-1773, si l'on tient compte des importations en Écosse.

va le voir, attribue à la politique de la Compagnie et qui causa peut-être le décès d'un tiers de la population, a certainement affaibli la Compagnie[28].

On ignore si la spéculation sur les titres de la Compagnie et si l'endettement croissant de ses agents furent la cause de la crise de 1772 qui débute à Londres. Mais celle-ci fut sévère et la Compagnie en subit les conséquences. Entre 1769 et 1771, la Compagnie avait emprunté 2 000 000 £ à la Banque d'Angleterre. Elle en emprunte encore 1 500 000 £ pendant la crise de 1772.

La Compagnie des Indes orientales n'était pas la seule à être endettée. Toutes les colonies (Indes occidentales et Amérique du Nord) l'étaient également[29]. La chute de la Banque Neale, James, Fordyce & Down (qui avait financé la spéculation sur les titres de la Compagnie des Indes orientales) à Londres en juin 1772 précipita celle de l'Ayr Bank de Douglas, Heron & Co[30] à Édimbourg, qui était en relations d'affaires avec elle. Les conséquences économiques furent graves dans l'industrie linière, où le chômage fit son apparition brutalement[31]. Enfin, une série de très mauvaises récoltes aggrava considérablement la situation et des émeutes éclatèrent dans les centres liniers (Perth, Fife, Angus).

La crise économique de 1772 fut donc grave. D'abord, comme l'a souligné Braudel [1979, p. 230], elle fut la première crise dont Londres fut le point de départ, les nombreuses crises financières antérieures étant déclenchées à partir d'Amsterdam. Et surtout elle ne resta pas limitée au domaine économique. Pour aider la Compagnie des Indes orientales à rembourser le prêt que le gouvernement avait été obligé de lui consentir, on sait que ce dernier l'autorisa à vendre directement son thé à Boston. On sait aussi que cette expression très claire de la confusion entre l'intérêt de la Compagnie et celle du gouvernement fut le déclencheur de la Guerre d'Indépendance (*Tea Party* de Boston).

C'est ainsi que la position affichée par les Rockingham whigs selon laquelle l'intérêt des marchands est identique à l'intérêt de l'Empire devint enfin une maxime du gouvernement britannique, longtemps après avoir été revendiquée par les partisans du système mercantile, tels que Mun. La thèse

28. Kanta Ray [1998].

29. Voir, par exemple : Sheridan [1960, p. 162] : « In Great Britain the years from the mid-sixties to the early seventies were characterized by a remarkable expansion of manufacturing, mining, and internal improvements which is the well-known story of the early Industrial Revolution. »

30. Voir Hamilton [1956].

31. Voir Hamilton [*ibid.*, p. 413].

de Locke, défendue par le parti whig à la fin du XVIIe siècle, d'un équilibre à maintenir entre le *landed interest* et le *moneyed interest*, est donc abandonnée.

Telle est l'essence de la critique politique proposée dans la RDN. Si la critique par Smith du système mercantile avait été seulement celle de la prétention du législateur à agir sur les grandeurs naturelles, nous avons vu que Locke aurait été une cible de choix. Mais ce n'est pas seulement (ou pas du tout) cette critique qui lui importe. Le cœur du système mercantile réside dans l'exclusif colonial. Or l'exclusif colonial sans compromis se manifeste dans les compagnies privilégiées, au premier rang desquelles se trouve la Compagnie des Indes orientales qui exerce le gouvernement sur le Bengale.

C'est exactement ce que Smith écrit dans la RDN : « Le gouvernement d'une compagnie exclusive de marchands est peut-être, pour un pays quelconque, le pire de tous les gouvernements » [RDN, II, p. 178]. Cette proposition résume l'exposé des désastres provoqués par la Compagnie des Indes au Bengale.

Après avoir exposé comment la Compagnie hollandaise, pour conserver son monopsone sur les épices, faisait détruire le surplus des récoltes pour éviter que les paysans ne cherchent à vendre à des concurrents, il ajoute :

> La compagnie anglaise n'a pas encore eu le temps d'établir dans le Bengale un système aussi complètement destructeur. Toutefois, le plan suivi par l'administration de cette compagnie a eu exactement la même tendance. [...] En maintes circonstances, les facteurs de la compagnie ont tâché d'établir pour leur propre compte le monopole de quelques-unes des plus importantes branches, non seulement du commerce étranger, mais même du commerce intérieur du pays [RDN, II, p. 252].

Smith pense qu'il est probable que la politique de la Compagnie ne soit pas étrangère à la catastrophe démographique que nous avons évoquée plus haut :

> La sécheresse qui eut lieu au Bengale, il y a quelques années, aurait vraisemblablement occasionné une très grande disette. Quelques règlements impropres, quelques entraves absurdes mises, par les facteurs de la Compagnie des Indes, au commerce du riz, sont peut-être ce qui a contribué à changer cette disette en une famine [*ibid.*, p. 125].

Pourtant, le Bengale avait été cité parmi les pays dont les ressources naturelles et le réseau navigable avaient permis « les progrès de l'agriculture depuis la plus haute antiquité ». Mais depuis qu'il est entré sous la dépendance de la Compagnie, le Bengale est l'exemple d'une économie en décroissance où le fond de salaire diminue d'année en année.

Un modèle de ce genre est suffisamment exceptionnel pour mériter d'être cité intégralement :

> Mais il en serait autrement dans un pays où les fonds destinés à faire subsister le travail viendraient à décroître sensiblement. [...] Il s'y établirait une si grande concurrence pour le travail, que les salaires seraient bornés à la plus chétive et à la plus misérable subsistance de l'ouvrier. [...] La misère, la famine et la mortalité désoleraient bientôt cette classe, et de là s'étendraient aux classes supérieures, jusqu'à ce que le nombre des habitants du pays se trouvât réduit à ce qui pourrait aisément subsister par la quantité de revenus et de capitaux qui y seraient restés, et qui auraient échappé à la tyrannie ou à la calamité universelle. *Tel est peut-être, à peu de chose près, l'état actuel du Bengale et de quelques autres établissements anglais dans les Indes orientales.* [...] La différence qui se trouve entre l'état de l'Amérique septentrionale et celui des Indes orientales est peut-être le fait le plus propre à faire sentir la différence qui existe entre l'esprit de la *constitution britannique*, qui protège et gouverne le premier de ces pays, et l'esprit de la compagnie mercantile qui maîtrise et qui opprime l'autre [RDN, I, p. 144, les italiques sont nôtres].

On ne saurait mieux exprimer l'idée que c'est la menace que, selon Smith, le système mercantile fait peser sur cette constitution britannique qui est l'objet ultime de sa critique du système mercantile.

Conclusion

L'opposition de Smith au système mercantile se développe sur deux plans doctrinaux distincts. D'une part celui de la politique économique, où il s'oppose au principe selon lequel il est du devoir du gouvernement de veiller au maintien d'un excédent des échanges extérieurs. D'autre part sur celui de la politique générale, où le système mercantile affirme l'identité de l'intérêt des marchands et de l'intérêt général, affirmation exprimée avec toute sa force par la Compagnie des Indes au Bengale.

Selon Smith lui-même, le livre I de la RDN est destiné à critiquer cette thèse. Pour s'en convaincre, le plus simple est de se référer aux dernières lignes du Livre I de la RDN. Après avoir rappelé que le revenu de toute société est formé à partir de trois composantes primitives que sont les rentes, les salaires et les profits, revenu que perçoivent les trois classes des propriétaires, des travailleurs et des marchands et manufacturiers, Smith rappelle que l'objet du premier livre de la RDN était de montrer que l'intérêt des deux premières classes est toujours identique à l'intérêt général de la société. Malheureusement, les propriétaires fonciers et les travailleurs ne peuvent, pour des raisons diverses, non seulement connaître l'intérêt général, mais aussi leur intérêt particulier. En revanche :

> Les marchands et les maîtres manufacturiers [...] ont, en général, plus de subtilité dans l'entendement que la majeure partie des propriétaires de la campagne. [...] Leur supériorité sur le propriétaire de la campagne ne consiste pas tant dans une plus parfaite connaissance de l'intérêt général que dans une connaissance de leurs propres intérêts, plus exacte que celle que celui-ci a des siens. C'est avec cette connaissance supérieure de leurs propres intérêts qu'ils ont souvent surpris sa générosité, et qu'ils l'ont induit à abandonner à la fois la défense de son propre intérêt et celle de l'intérêt public, en persuadant à sa trop crédule honnêteté que c'était *leur intérêt, et non le sien, qui était le bien général*[32] [RDN, I, p. 336, souligné par nous].

Nous le voyons, à supposer que l'intérêt des propriétaires et des travailleurs soit identique à celui de la société – thèse qu'a tenté de démontrer Smith –, il se trouve que les membres de ces deux classes sont incapables de connaître leur intérêt. *A fortiori* ils sont incapables de connaître l'intérêt général. En revanche, la classe des marchands et des manufacturiers connaît parfaitement son intérêt. Aucune des trois classes ne connaît donc le bien commun mais la classe des marchands est la seule à connaître parfaitement le sien. Elle est aussi la seule capable de construire un système d'économie politique susceptible de *séduire le législateur*. Ce n'est donc pas par la corruption que le lobbyisme est efficace, mais par son *élégance*[33].

Ceci étant admis, les célèbres propositions libérales de la RDN acquièrent tout leur sens. Pour ne citer que la plus fameuse, associée à la métaphore de la « main invisible » :

> Quant à la question de savoir quelle est l'espèce d'industrie nationale que son capital peut mettre en œuvre, et de laquelle le produit promet de valoir davantage, il est évident que chaque individu, dans sa position particulière, est beaucoup mieux à même d'en juger qu'aucun homme d'État ou législateur ne pourra le faire pour lui. L'homme d'État qui chercherait à diriger les particuliers dans la route qu'ils ont à tenir pour

32. Les *landlords* et les *country gentlemen* constituent l'essentiel du personnel politique britannique à la fin du XVIIIe siècle.

33. L'esthétique des systèmes, et en particulier du système mercantile, joue un rôle très important selon Smith, qui écrit dans la *Théorie des sentiments moraux* : « Quand le législateur établit des primes et d'autres encouragements afin de développer les manufactures de toile ou de laine, sa conduite procède rarement d'une pure sympathie qui portera des vêtements [...] et encore moins avec le manufacturier et le marchand. [...] La perfection de la police, le développement du commerce et des manufactures, sont de nobles et magnifiques objets. Les contempler nous plaît, et tout ce qui peut les favoriser nous intéresse » [Smith, 1759-1976, p. 185].

> l'emploi de leurs capitaux, non seulement s'embarrasserait du soin le plus inutile, mais encore il s'arrogerait une autorité qu'il ne serait pas sage de confier, je ne dis pas à un individu, mais à un conseil ou à un sénat, quel qu'il pût être ; autorité qui ne pourrait jamais être plus dangereusement placée que dans les mains de l'homme assez insensé et assez présomptueux pour se croire capable de l'exercer [RDN, II, p. 43].

Le législateur ne peut savoir ce qui est bon pour chaque investisseur (ou chaque particulier) qui seul dispose de l'information *privée* nécessaire au calcul de profitabilité. S'il s'imagine le contraire, ce ne peut être que parce qu'il a été séduit par un système proposé par les marchands. Réciproquement, les marchands n'ont aucune raison de connaître le bien général, puisqu'ils sont marchands et non législateurs (sauf au Bengale) et, nous a dit Smith juste auparavant :

> Je n'ai jamais vu que ceux [les marchands] qui aspiraient, dans leurs entreprises de commerce, à travailler pour le bien général, aient fait beaucoup de bonnes choses. Il est vrai que cette belle passion n'est pas très commune parmi les marchands, et qu'il ne faudrait pas de longs discours pour les en guérir [*ibid.*].

Ainsi, cette connaissance du bien général ne peut pas leur être demandée. En revanche, on doit l'attendre du législateur ou des législateurs. Mais qui sont ces derniers ? Comment ceux-ci peuvent-ils accéder à cette connaissance ? On sait que Smith voulait fonder la science du législateur et qu'il regrettait de ne pas y être parvenu. L'économie en est assurément une branche. Elle ne saurait se substituer au législateur, mais elle devrait lui permettre d'échapper aux propos captieux des marchands. Y parvient-elle ? Il est permis d'en douter.

Références

Aristote [1990], *Les Politiques*, trad. Pellegrin, Paris : Flammarion.

Audard, Catherine [2009], *Qu'est-ce que le libéralisme ?*, Paris : Gallimard.

Bouillot, Céline [2017], « The conflict in the Lockean state of nature », working paper.

Bouillot, Céline [2017b], « Lockean monetary policies and social conflict », working paper.

Bowen, Howard [1989], « Investment and Empire in the Later Eighteenth Century: East India Stockholding, 1756-1791 », *The Economic History Review*, New Series, vol. 42, n° 2, p. 186-206.

Braudel, Fernand [1979], *Civilisation matérielle, économie et capitalisme, XVe-XVIIIe siècle*, t. III, Paris : Armand Colin.

Brewer, John [1976], *English Politics in the first decade of George III's reign*, Cambridge: CUP.

Diatkine, Daniel [1988], « La monnaie dans la philosophie politique de John Locke », *Économie et Sociétés (Série Œconomia)*, vol. 3, p. 3-16.

Diatkine, Daniel [2012], « Promesse et monnaie chez Hume », *Économie et Société (Série Histoire de la pensée économique PE)*, vol. 46, p. 122-144.

Diatkine, Daniel [2015], « David Hume », in H. D. Kurz et G. Faccarello (eds.), *Handbook of the History of Economic Analysis*, Cheltenham: Edward Elgar.

Ditchfield, Grayson [2002], *George III: An Essay in Monarchy*, Houndmills, Basingstoke: Palgrave.

Evensky, Jerry [2015], *Adam Smith's Wealth of Nations*, Cambridge: Cambridge University Press.

Hamilton, Henry [1956], « The Failure of the Ayr Bank, 1772 », *Economic History Review*, 2nd ser., vol. 8, p. 405-417.

Hibbert, Christopher [1998], *George III, a Personnal History*, London: Viking.

Hill, Christopher [1977], *Le monde à l'envers, les idées radicales au cours de la révolution anglaise*, Paris : Payot.

Holmes, Geoffrey [1967], *British Politics in the Age of Anne*, London: MacMillan.

Kanta Ray, Rajat [1998], « Indian Society and the Establishment of British Supremacy, 1765-1819 », in P. J. Marshall (ed.), *The Oxford History of the British Empire, The Eighteenth Century*, Oxford: Oxford University Press.

Kenyon, John Philipps [1977], *Revolution Principles: The Politics of Party 1689-1720*, Cambridge: Cambridge University Press.

Keynes, John Maynard, 1936 [1971], *Théorie générale de l'emploi, de l'intérêt et de la monnaie*, trad. J. de Largentaye, Paris : Payot.

Koehn, Nancy [1994], *The Power of the Commerce*, Ithaca: Cornell University Press.

Locke, John (1690) [1992], *Second traité du gouvernement civil*, trad. D. Mazel, Paris : Flammarion.

Locke, John (1691) [2011], « Some Considerations of the consequences of the lowering of interest, and raising the value of money », in A. Tiran (dir.) *Écrits monétaires*, trad. F. Briozzo, Paris, Classiques Garnier, p. 2-206.

Macpherson, Crawford Brough [1962], *The political theory of possessive individualism*, Oxford, Oxford University Press, 2011.

Marx Karl [1974], *Théorie sur la plus-value*, vol. 3, Paris : Éditions sociales.

Middlekauff, Robert [1982], *The Glorious Cause: The American Revolution, 1763-178*, Oxford: Oxford University Press.

Mirabeau, Victor Riqueti [1763], *Philosophie rurale ou économie générale et politique de l'agriculture*, Amsterdam : Les Libraires associés.

Mizuta, Hiroshi [1967], *Adam Smith's Library*, Cambridge: Cambridge University Press.

Samuels, Warren Joseph & Medema, Steven [2005], « Freeing Smith from the "Free Market": On the Misperception of Adam Smith on the Economic Role of Government », *History of Political Economy*, vol. 37, n° 2, p. 219-226.

Pack, Spencer [1991], *Capitalism as a Moral System Adam Smith's Critique of the Free Market Economy*, Aldershot: Edward Elgar.

Quesnay, François (1760) [2005], « Le tableau économique et ses explications », dans C. Théré, L. Charles et J.-C. Perrot (dir.), *Œuvres économiques complètes et autres textes*, tome 1, Paris : INED.

Quesnay, François (1767) [2005], « Maximes générales du gouvernement économiques d'un royaume agricole », dans C. Théré, L. Charles et J.-C. Perrot (dir.), *Œuvres économiques complètes et autres textes*, tome 1, Paris : INED.

Sheridan, Richard [1960], « The British Credit Crisis of 1772 and the American Revolution », *The Journal of Economic History*, vol. 20, n° 2, p. 161-186.

Smith, Adam (1763-1766) [1978], *Lectures on Jurisprudence*, Meek, Raphael and Stein (eds.), Oxford: Oxford University Press.

Smith, Adam (1776) [1991], *Recherche sur la nature et les causes de la richesse des nations*, traduction de Germain Garnier, vol. 1, Paris : Garnier-Flammarion.

Smith Adam [1977], *Correspondence of Adam Smith, The Glasgow Edition of the Works and Correspondence of Adam Smith*, Ernest Campbell Mossner et Ian Simpson Ross (eds.), Oxford: Oxford University Press.

Smith Adam (1759) [1976], « The Theory of Moral Sentiments », *The Glasgow Edition of the Works and Correspondence of Adam Smith*, Oxford: Clarendon Press.

Steiner, Philippe [1989], « Intérêts, intérêts sinistres et intérêts éclairés, problème du libéralisme chez J.-B. Say », *Cahiers d'économie politique*, vol. 16, n° 1, p. 21-41.

Vaughn, Karen Iversen [1980], *John Locke, Economist and Social Scientist*, Chicago, IL: The University Chicago Press.

Viner, Jacob [1928], « Adam Smith and laissez faire », in J. M. Clark *et al.* (eds.), *Adam Smith 1776-1926*, Chicago, IL: University of Chicago Press.

L'*INQUIRY INTO THE NATURE AND ORIGIN OF PUBLIC WEALTH* DE LAUDERDALE : UNE CRITIQUE D'ADAM SMITH POUR DÉNONCER LE SYSTÈME MERCANTILE

Jean-Daniel Boyer[1], *Simon Hupfel*[2]

L'objectif de cet article est de montrer que l'*Inquiry* publiée par Lauderdale en 1804 consiste essentiellement à approfondir la critique que fait Smith du système mercantile, afin de dénoncer la politique économique de William Pitt. Cette perspective permet de mettre en lumière le lien entre les raisonnements élaborés par Lauderdale au sujet de la notion de richesse, du capital et de son accumulation, de la demande. Ces raisonnements semblent s'inscrire dans le cadre d'un discours politique whig caractéristique du XVIIIe siècle et d'un libéralisme où la principale tâche de l'État serait de garantir la libre expression des demandes privées.

Lauderdale's* Inquiry into the Nature and Origin of Public Wealth*: A critique of Adam Smith to denounce the mercantile system

The purpose of this article is to show how the Inquiry *published by Lauderdale in 1804 consists chiefly in a development of Smith's critique of the mercantile system, directed against William Pitt's economic policy. This perspective enables one to understand the relationships between Lauderdale's reflections on wealth, capital and its accumulation, and demand. These reasonings seem to fit in the framework of a typical whig political discourse of the 18th century, and display a liberalism in which the main task of the State would be to secure the free expression of private demands.*

Mots clefs : Lauderdale, Adam Smith, discours politique, whig, richesse publique, suraccumulation.

Keywords: Lauderdale, Adam Smith, political discourse, whig, public wealth, overaccumulation.

JEL Codes : B11, B12, B31

1. Université de Strasbourg, DynamE UMR 7367, boyer@unistra.fr.

2. Université de Haute-Alsace, BETA UMR 7522, simon.hupfel@uha.fr. Les auteurs tiennent à remercier les deux relecteurs anonymes pour leurs judicieuses remarques, ainsi que l'ensemble des participants au colloque où cet article a initialement été présenté.

La contribution de Lauderdale au développement de l'économie politique est souvent réduite à son unique œuvre théorique, publiée en 1804, *An Inquiry into the Nature and Origin of Public Wealth*[3]. Une telle réduction n'est probablement pas sans lien avec l'approche, courante en histoire de la pensée économique, qui consiste à évaluer prioritairement la profondeur des concepts développés par un auteur, indépendamment du contexte économique, social ou politique de leur élaboration. C'est ainsi que l'*Inquiry* de Lauderdale, qui se présente explicitement comme une critique de la *Richesse des Nations*, a généralement été considérée comme une tentative, stimulante mais infructueuse, de « dépasser » Adam Smith.

La thèse défendue dans cet article est qu'une telle approche ne permet pas de comprendre le sens de la réflexion de Lauderdale. D'abord parce que cette dernière s'inscrit dans une œuvre d'ensemble essentiellement politique, qui impose de prendre en compte les éléments du débat public britannique et l'ensemble des écrits publiés dans ce cadre par son auteur. Ensuite et surtout car la volonté de classer les auteurs, à la manière d'une course de chevaux, conduit à opposer la contribution de Lauderdale à celle de Smith, qui n'en est en réalité pas la cible ultime[4]. Si Lauderdale regrette ainsi dès l'introduction de l'*Inquiry*, en citant Locke, « les méprises et la confusion qu'un faux emploi des mots répand dans le monde » [Lauderdale 1804, p. 1][5], c'est pour signaler comment certaines imprécisions et erreurs commises par Smith ont permis au « système mercantile d'économie politique » [*ibid.*, p. 4] de prospérer, malgré sa critique. Ces imprécisions et erreurs ont même permis de mettre en œuvre un ensemble de politiques caractéristiques de ce système tout en revendiquant l'héritage smithien. C'est ce dont Lauderdale accuse le gouvernement de William Pitt le Jeune, qui est son adversaire politique direct.

La réflexion de Lauderdale s'inscrit donc prioritairement dans le cadre du conflit des interprétations de l'œuvre de Smith [Rothschild, 1992, 2001], bien plus qu'elle ne cherche à s'y opposer[6]. Il n'y a aucun doute sur le fait qu'elle

3. On identifie généralement James Maitland, 8e comte de Lauderdale (1759-1839), à ce titre qu'il acquiert à la mort de son père, en 1790.

4. On renvoie à l'expression de Schumpeter, qui range précisément Lauderdale derrière Smith, dans la catégorie de ceux qui « ont couru aussi » [Schumpeter, 1983, p. 143].

5. Nous traduirons toujours le texte de la première édition anglaise de 1804.

6. Lauderdale fut un lecteur attentif de Smith, qu'il avait côtoyé à plusieurs reprises (voir notamment le récit d'Andrew Dalzell [1862, p. 42-43], qui décrit les moments passés en compagnie de Burke, Smith, Dugald Stewart et Lauderdale (alors vicomte Maitland), au printemps 1784). L'exemplaire de la *Richesse des Nations*, actuellement conservé à la bibliothèque de l'Université de Tokyo Keizai, en témoigne. Les

ait été guidée par des objectifs politiques, alors que les débats parlementaires occupaient l'essentiel son activité. Lauderdale y affirma continuellement sa fidélité à Charles James Fox et aux premiers principes du whiggisme, que Pitt aurait trahi depuis son accession au pouvoir, en consacrant l'ascendant pris par la Couronne sur le Parlement britannique. Défendue à la Chambre des Communes dans les années 1780, cette ligne fut reprise après la Révolution française, alors que Lauderdale avait succédé à son père aux Lords, en 1790. Elle consistait principalement à critiquer l'attitude belliciste de Pitt vis-à-vis de la France, dénonçant à la fois l'entrée en guerre du Royaume-Uni, les restrictions des libertés civiles qu'elle permit d'imposer et le coût colossal qu'elle impliquait, qui était de nature à entraîner la faillite du système de financement de l'État (*funding system*).

On retrouve dans cet argumentaire la plupart des éléments d'un discours politique whig qui s'élabore dès le début du XVIIIe siècle, à la suite de la révolution financière britannique et des guerres de Succession d'Espagne, que James Pocock [1975, 1998] a étudié en détail. Ce discours se structure notamment autour des œuvres de Defoe, Fletcher ou Davenant, qui s'interrogent sur la nature des liens noués entre financiers et gouvernants pour subvenir aux dépenses de guerre, puis autour de celles de Hume et Smith, qui s'inquiètent de l'affirmation des intérêts marchands aux dépens de l'intérêt général. Si l'on pointe généralement cette préoccupation comme un trait essentiel du whiggisme, il faut bien comprendre le caractère extrêmement large et englobant de ce terme, qui n'est pas utilisé dans ce cas pour désigner le parti whig au sens strict, mais bien comme un langage, une rhétorique, qu'utilisent aussi bien les partisans que les critiques des gouvernements whigs qui se succèdent au cours du XVIIIe siècle. C'est assurément dans ce langage que Lauderdale ancre son propos dès ses premiers écrits, lorsqu'il dénonce le système de corruption généralisée mis en place par Pitt à la solde de la couronne, et déplore la disparition de la « vertu publique » [Lauderdale, 1794, p. 218] de gouvernants accusés d'avoir engagé le pays dans la guerre afin d'accéder au pouvoir et de s'y maintenir.

---

notes de Lauderdale prises en marge, dans les interlignes, ou insérées dans l'ouvrage, ont été regroupées par Sugiyama [1996]. Il subsiste un doute quant à la datation de ces notes, qui semblent davantage avoir été insérées entre la première édition de l'*Inquiry* en 1804 et la seconde de 1819 [Sugiyama, 1996, p. 2]. La référence à des événements de 1814 ou le fait que les insertions témoignent d'une pensée économique déjà précise et très assurée donnent du crédit à cette datation. Néanmoins, la première édition de l'*Inquiry* témoigne déjà d'une lecture approfondie de la *Richesse des Nations*. Lauderdale s'y réfère constamment pour élaborer sa pensée, s'y opposer ou démontrer l'originalité de ses concepts et de ses réflexions.

Dans ce cadre, la spécificité de la réflexion de Lauderdale est qu'elle va se porter de plus en plus précisément sur les questions financières. Il prononce ainsi un long discours dédié à ces questions en mai 1796, quelques jours avant son départ de la chambre des Lords, où son siège ne fut pas renouvelé[7]. Il continue cependant à jouer un rôle actif en tant que conseiller auprès de Fox et de ses partisans, en particulier sur les aspects financiers – la perte de son siège lui permettant d'en approfondir l'étude[8]. Il publie ainsi deux autres pamphlets sur des questions de finance publique, en 1797 et 1798, dans lesquels il dénonce notamment la croissance des dépenses de guerre et la vente à quelques banquiers de bons du trésor anglais, à un prix très inférieur à leur valeur faciale, pour y subvenir[9]. Il s'oppose ensuite à l'impôt sur le revenu de Pitt, dans un autre discours publié en 1799, où il propose un projet alternatif de taxation de l'héritage. On le voit alors progressivement se référer dans ses écrits à certaines œuvres économiques, notamment celles des physiocrates et de Smith. Il semble en fait que Lauderdale ait cherché de nouvelles ressources dans l'économie politique naissante pour approfondir sa critique du gouvernement Pitt et renouveler le discours politique whig dont il se pensait l'héritier. La publication de son *Inquiry* en 1804 peut être vue comme l'aboutissement de cette tentative, comme le résultat d'une poussée théorique engagée quelques années plus tôt pour renforcer sa critique du gouvernement Pitt et contester à ce dernier la référence à Adam Smith, dont il usait abondamment[10].

---

7. Ce discours fut publié immédiatement sous le titre *Substance of a Speech Made in the House of Lords, on Friday, May 13, 1796*. On peut aussi le trouver dans la *Parliamentary History of England* de Cobbett, vol. 32, p. 1138-1155. La perte du siège de Lauderdale fut orchestrée par Henry Dundas, principal représentant de Pitt en Écosse, qu'il contrôlait au moyen d'un vaste système de corruption. Ce système était déjà utilisé par William Pitt l'ancien, et explique en partie l'anglophobie féroce de la plupart des auteurs écossais de l'époque, tel David Hume, qui décrit l'Anglais comme « un vil animal, qui est un homme certes, mais aussi une bête nuisible corrompue par plus d'un siècle de licence » [Hume, 1932, p. 216].

8. Thomson [1970, p. 353-354], donne des précisions sur le rôle joué par Lauderdale en tant que conseiller des parlementaires foxites sur ces questions. Il est difficile néanmoins de savoir à quel point ce rôle avait été formalisé et correspondait à une stratégie du parti.

9. Sur ces essais, on renvoie à l'article d'Herbert Thomson [1970].

10. En dehors des références directes à Smith, que l'on verra dans la suite, Pitt lui avait publiquement rendu hommage, en sa présence, lors d'un dîner en 1787 [Derry, 1962, p. 46]. Il semble que Smith ait apprécié le jeune Pitt et son action, puisqu'ils eurent des échanges en matière de politique économique [Grampp, 1982, p. 15] et que Smith fit à plusieurs reprises l'éloge du Premier ministre, comme à l'issue d'un dîner chez Pitt, avec Dundas et Addington (futur vicomte Sidmouth et successeur de Pitt au poste de Premier ministre) [Pellew, 1847, p. 151].

L'idée avancée ici est que l'on ne peut comprendre la signification de ce texte sans le rapporter à cette tentative, et sans voir qu'elle s'inscrit dans le contexte de cette opposition politique et dans le cadre d'une rhétorique et d'un ensemble d'arguments (whigs) qui formaient l'environnement de son auteur. C'est ce que l'on tentera de montrer en regroupant les développements de l'*Inquiry* en trois pôles de réflexions, qui correspondent globalement au cheminement de Lauderdale dans l'ouvrage. Le premier porte sur la définition de la richesse, et la distinction entre richesse publique et fortunes privées. Le deuxième concerne le rôle du capital et son accumulation. Le troisième renvoie aux effets de la parcimonie et de l'épargne forcée sur le fonctionnement « naturel » de l'économie.

1. Une conception de la richesse et de la valeur destinée à s'opposer à la thèse de l'identité des intérêts privés et de l'intérêt général

Lauderdale termine l'introduction de son ouvrage en saluant l'offensive d'Adam Smith contre le système mercantile. Comme lui, il dénonce « l'habitude de considérer la richesse et la monnaie comme synonymes » [Lauderdale, 1804, p. 6]. Mais malgré la pertinence de son analyse, Smith a commis plusieurs erreurs qui l'ont empêché d'anéantir totalement le système des marchands. La première consiste dans l'usage indifférencié du terme de richesse, pour désigner à la fois la richesse d'une nation (*Wealth of a nation*) et les fortunes des individus (*riches of individuals*)[11]. Une telle assimilation l'a conduit à affirmer que le « capital d'une société était équivalent à la somme de celui des individus qui la composent » [Lauderdale, 1804, p. 7 ; Smith, 1776, I, p. 410][12], ce qui l'aurait empêché de rompre pleinement avec le système mercantile. D'après Lauderdale, il existe une faille dans les raisonnements de Smith sur ce point, qui permettait à des acteurs privés de présenter leur intérêt propre comme étant identique à l'intérêt national.

De cette erreur fondamentale découle une autre méprise grave, qui consiste à évaluer la richesse d'une nation d'après le même critère monétaire

11. On utilisera toujours ici le terme de « richesse » pour traduire le terme *Wealth* du texte original, et le terme de « fortunes », au pluriel, pour traduire celui de *riches*, utilisé par Lauderdale, afin d'éviter toute confusion entre les notions de richesse publique et de fortunes privées ou individuelles (ces deux derniers adjectifs seront utilisés comme synonymes, conformément au texte original).

12. La référence à la *Richesse des Nations* est celle de Lauderdale, et renvoie en fait à la page 409 de l'édition de 1776 qu'il possédait, que l'on notera dans la suite WNL. Dans l'édition de référence aujourd'hui utilisée [Smith, 1976], notée ici WN, elle correspond à WN, II, 3, 15.

que les fortunes individuelles, et ainsi à « proclamer la valeur d'échange comme base de la richesse » [*ibid.*, p. 7]. Bien que Quesnay et les physiocrates aient remarqué la nécessité de « distinguer les biens d'avec les richesses » [Lauderdale 1804a, p. 19][13], la valeur usuelle de la valeur vénale, « personne ne l'a sérieusement prise en compte dans ses raisonnements, à l'exception de l'auteur de l'*Inquiry* [*into the Nature and Origin of Public Wealth*] » [*ibid.*]. Selon Lauderdale, l'originalité de son œuvre consiste donc dans la tentative de fonder l'économie politique sur cette distinction, en posant une définition de la richesse publique différente de celle des fortunes privées, afin d'empêcher que des agents privés assimilent indûment leurs intérêts personnels à l'intérêt général[14].

Après avoir rejeté toute possibilité de fonder la valeur sur un étalon unique et absolu, pour affirmer que celle-ci est toujours relative au caractère désirable et rare d'un objet, Lauderdale se met à la recherche d'une définition, jusqu'alors manquante, de la richesse publique (*Public Wealth*). Celle-ci est constituée de « tout ce que l'homme désire comme lui étant utile ou agréable » [*ibid.*, p. 56][15], par opposition aux fortunes individuelles (*individual riches*) composées de « tout ce que l'homme désire comme lui étant utile ou agréable, et qui se trouve dans un certain degré de rareté » [*ibid.*, p. 57]. Il s'agit donc d'une distinction entre richesse et valeur, fondée sur le fait qu'il existe des biens abondants et utiles, qui constituent donc des richesses mais ne possèdent pas de valeur marchande.

---

13. Lauderdale cite la maxime XVIII des *Maximes du gouvernement économique d'un royaume agricole* de Quesnay en réponse à la revue de littérature assassine d'Henry Brougham parue en juillet 1804 dans l'*Edinburgh Review*. Ce dernier lui reproche, entre autres, de fonder l'ensemble de sa réflexion sur le vieux paradoxe entre valeur d'usage et valeur d'échange [Brougham, 1804, p. 347]. Lauderdale rétorque qu'il a sciemment préféré faire référence au terme de valeur usuelle, car il permet d'inclure « les *besoins de commodité et d'agrément*, ainsi que les *besoins d'utilité* » [Lauderdale, 1804a, p. 17, en français et en italiques dans le texte original]. Dans sa réponse aux attaques de Brougham, Lauderdale donne plusieurs précisions sur ses raisonnements, auxquelles on se référera dans cet article lorsqu'ils permettent de clarifier son propos.

14. On peut noter au passage l'importance du nombre et la place centrale des références souvent élogieuses de Lauderdale aux « œconomistes », principalement aux physiocrates et à Turgot. Si ces références sont loin d'être une exception, elles s'inscrivent toutefois chez lui dans le cadre d'un tropisme français particulièrement remarquable, puisqu'il parlait couramment la langue, avait effectué plusieurs séjours à Paris et avait cultivé des amitiés avec plusieurs hommes politiques de premier plan, notamment avec Jacques-Pierre Brissot (il se rendit d'abord à Paris en 1774, accompagné de son tuteur Andrew Dalzell, puis par deux fois en août et en décembre 1792, avec le médecin John Moore, qui rédigea un journal relatif à ces séjours [Moore, 1792]).

15. Il cite à cet endroit le *Projet d'une dîme royale* de Vauban, selon lequel « la vraie richesse d'un royaume consiste dans l'abondance des denrées » [Vauban, 1708, p. 22]. Lauderdale signale que Voltaire, dans ses *Doutes sur le testament du cardinal de Richelieu*, affirme que ce livre aurait en fait été écrit par Boisguilbert.

C'est précisément en ce qu'elles cherchent toutes à additionner les valeurs marchandes détenues par les membres de la communauté, que les tentatives passées de mesure de la richesse nationale sont défaillantes[16]. Elles ne prennent pas en compte l'ensemble des biens utiles et agréables à l'homme qui existent en abondance, ce qui laisse penser que l'on pourrait augmenter la somme des valeurs marchandes en raréfiant l'offre de ces biens abondants, « proposition qui révolterait le sens commun de l'humanité » [Lauderdale, 1804, p. 43]. Pour affirmer sa thèse, Lauderdale imagine « un pays où seraient présents en abondance tous les biens qui satisfont aux nécessités et aux agréments de la vie, fournissant un accès universel aux sources d'eau les plus pures » [*ibid.*, p. 43-44]. Il se demande ensuite « quelle opinion devrait-on se faire de la proposition qui consisterait, afin d'accroître la richesse du pays, à limiter la quantité d'eau à disposition ? » [*ibid.*, p. 44]. Une telle limitation « n'enlèverait pas à l'eau son caractère utile et agréable, mais en ferait une denrée rare, ce qui lui conférerait assurément de la valeur » [*ibid.*, p. 44]. Le prix de l'eau déterminerait ensuite la valeur de la propriété des sources, et « les fortunes individuelles du pays s'en trouveraient augmentées, d'une grandeur égale à la somme des valeurs des titres de propriété [*fee-simples*] de l'ensemble de ses puits » [*ibid.*, p. 45]. Pourtant, la richesse publique aurait assurément diminué.

Plusieurs autres exemples ou réciproques sont donnés de cette idée centrale, visant à illustrer l'absurdité des computations issues de l'arithmétique politique de Petty, en démontrant que « la somme totale des fortunes individuelles ne peut être considérée comme un indicateur fiable de la richesse publique » [*ibid.*, p. 46]. Plus encore, « il est possible d'imaginer une très forte augmentation de la richesse nationale, qui diminuerait la masse des fortunes individuelles » [*ibid.*, p. 47]. C'est ce raisonnement qui est parfois appelé « paradoxe de Lauderdale » et qui a souvent été mobilisé en écologie économique, notamment pour traiter des questions contemporaines de valorisation des écosystèmes (voir par exemple Daly [1998]).

Lauderdale cherche ensuite à démontrer qu'au-delà de cet exemple de la privatisation d'un bien public, la richesse nationale et les fortunes individuelles varient presque toujours en sens inverse. Selon lui, « la richesse de la nation est généralement diminuée en proportion de l'augmentation

16. Il mentionne les études de Petty, King, Hooke, Pulteney et Beeke, en se référant aux *Financial and Political Facts of the Eighteenth Century*, publiés par John M'Arthur en 1801 [Lauderdale, 1804, p. 41-42]. Il semble clairement reprendre les pages 61-62 de cet ouvrage, même s'il possédait les originaux des œuvres mentionnées, à l'exception des travaux de Beeke, selon l'index de sa bibliothèque conservée à l'Université de Tokyo Keizai.

des fortunes individuelles par l'augmentation de la valeur d'un bien, et l'opulence nationale est généralement accrue en proportion de la diminution des fortunes individuelles consécutives à la baisse de valeur d'un bien » [Lauderdale, 1804, p. 50].

Cette tentative de généralisation est fondée sur les analyses de King, reprises par Davenant dans son *Essay upon the Probable Methods of making a People Gainers in the Balance of Trade*[17] et communément appelée loi King-Davenant. Celle-ci énonce qu'il existe une relation plus que proportionnelle entre les variations de la quantité offerte de blé et celles de son prix sur le marché. Lauderdale fait de cette loi la pierre de touche de sa réflexion, pour démontrer la relation inverse qui existe selon lui entre la richesse publique et les fortunes privées.

Pour y parvenir, il convient d'étudier comment varient richesse publique et fortunes privées en fonction des quantités offertes et demandées. Lauderdale se lance alors dans l'examen, aussi détaillé que fastidieux, de la réaction des prix aux évolutions de l'offre et de la demande. Il reprend à son compte l'idée de King-Davenant, qu'il justifie essentiellement par le fait que « le désir de tout homme de conserver ses jouissances habituelles doit élever le prix de toute marchandise dont la quantité diminue » [*ibid.*, p. 65]. Lauderdale remarque toutefois que l'élasticité-prix de la demande d'une marchandise dépend de la nature des biens que l'on considère – l'augmentation des prix engendrée par la raréfaction des biens de première nécessité est ainsi plus forte que celle affectant les biens de luxe [*ibid.*, p. 71] – et des « inclinations que la nécessité, l'habitude ou le goût ont créées à son endroit » [*ibid.*, p. 65].

Sur cette base, Lauderdale entreprend ensuite l'examen, non moins fastidieux, des élasticités croisées en étudiant les évolutions des dépenses de consommation, suite à une augmentation (ou une baisse) de l'offre et de la demande d'un bien. Il en conclut « qu'il n'existe aucun bien dont la quantité peut être augmentée pour en diminuer la valeur, sans occasionner l'augmentation de la valeur d'autres biens » [*ibid.*, p. 96], et réciproquement pour ce qui est d'une augmentation de prix[18].

17. Cité explicitement par Lauderdale [1804, p. 51].

18. Le principal résultat de ces raisonnements est que seule l'évolution de l'offre a des effets sur la richesse publique. Les fortunes privées évolueraient de manière différente, en relation négative à la quantité de biens offerts, mais aussi en fonction des effets de la demande sur les prix. Si l'on comprend assez bien le lien positif entre offre et richesse publique, la relation croissante entre prix et fortunes privées pose problème. Il existe sur ce point une imprécision de taille dans la démonstration de Lauderdale, qui affirme qu'une raréfaction de l'offre d'un bien doit produire une hausse de valeur supérieure à la diminution engendrée par les baisses de prix d'autres articles [*ibid.*, p. 82]. Cette défaillance est notamment pointée

La majeure partie de l'analyse des relations entre prix, offre et demande a été saluée par les commentateurs postérieurs [notamment Paglin, 1961, p. 36] comme par ses contemporains, dont Ricardo : « Des produits dont un particulier ou une compagnie ont le monopole, varient de valeur d'après la loi que Lord Lauderdale a posée ; ils baissent à proportion qu'on les offre en plus grande quantité, et ils haussent avec le désir que montrent les acheteurs de les acquérir ; leur prix n'a point de rapport nécessaire avec la valeur naturelle » [Ricardo, 1977, p. 114]. Mais le cas particulier du monopole auquel Ricardo confine la pertinence des analyses de Lauderdale constitue en fait, pour ce dernier, le cas général. Plus précisément, Lauderdale suppose constamment la présence de coalitions qui tentent de contrôler les quantités offertes et demandées et d'imposer des lois qui favorisent leurs intérêts, « puisque les hommes sont uniquement intéressés à solliciter des arrangements législatifs qui permettent d'augmenter leurs fortunes individuelles » [Lauderdale, 1804, p. 100-101]. Lauderdale critique ici les acteurs privés qui font croire, grâce aux computations fallacieuses de l'arithmétique politique, que des propositions de loi seraient favorables à l'accroissement de la richesse publique alors qu'elles favorisent en réalité leurs intérêts personnels au détriment de la collectivité.

Telle est alors la thèse centrale de son ouvrage, selon laquelle « rien, en dehors de l'impossibilité d'une coalition générale (*general combination*) ne protège le bien public contre la rapace avarice des particuliers » [*ibid.*, p. 54]. Lauderdale remet ainsi en cause les pratiques monopolistes des marchands, qui ont toujours intérêt à se coaliser pour limiter les quantités produites, afin d'augmenter, de manière plus que proportionnelle à cette raréfaction, les prix et leurs profits aux dépens de la société[19].

La relation inverse entre richesse publique et fortunes privées se vérifie invariablement selon lui, sauf « en un cas, des plus improbables – où la

par Brougham dans sa revue [Brougham, 1804, p. 351-352] et la réponse de Lauderdale peut permettre de mieux comprendre son affirmation. En suivant toujours l'hypothèse selon laquelle les individus souhaitent maintenir leur structure de consommation, il suppose que la baisse de la consommation d'autres articles ne suffira pas à acheter la somme désirée du bien dont le prix hausse, et que « les consommateurs donnent en échange de cette production une proportion de ce qui peut être appelé capital, dans le sens général du terme, par opposition au revenu » [Lauderdale, 1804a, p. 27]. Ceci pourrait permettre d'expliquer que « la valeur d'échange totale du revenu doive augmenter » [*ibid.*, p. 29] et donc la relation inverse entre richesse publique et fortunes privées, mais l'absence de précisions supplémentaires empêche d'éclaircir totalement ce problème qui n'atteint pas, du reste, le cœur de l'argumentation. Celle-ci porte prioritairement, comme on va le voir, sur la question des transferts de richesses engendrées par ces hausses de prix.

19. On peut se référer à l'article de Céline Bouillot et Daniel Diatkine, dans ce numéro, au sujet de la critique smithienne du système mercantile et des pratiques monopolistes des marchands.

quantité et la demande d'un bien sont augmentées proportionnellement, et que les fonds, créés au même moment, permettent d'acquérir cette quantité supplémentaire, ainsi que de satisfaire la nouvelle demande » [*ibid.*, p. 105]. C'est seulement et uniquement dans ce cas qu'« une augmentation de la masse des fortunes individuelles produirait un effet similaire sur la richesse de la Nation » [*ibid.*]. Ces développements conduisent ainsi à une vision de la croissance sur le fil du rasoir[20], où la richesse publique est en permanence sous la menace des stratagèmes élaborés par des individus poursuivant leurs intérêts privés, et qui tentent de montrer la coïncidence, éventuellement au moyen des calculs de l'arithmétique politique, entre leur intérêt individuel et l'intérêt général. On peut d'ailleurs considérer l'œuvre de Lauderdale comme résolument dirigée contre les philosophies mécanistes qui cherchent à réduire le choix politique à un calcul, dont William Petty peut être considéré comme le fondateur[21]. Ce type d'argumentation traverse en effet le XVIIIe siècle et se trouve réactivé après la Révolution française, contre une forme d'idéologie administrative dont Condorcet, Hartley ou Bentham seraient les principaux représentants [voir à ce sujet Pocock, 1975, p. 425 ; 1998, p. 72].

Ces réflexions sur la notion de richesse ont eu un écho important. Ainsi, Ricardo semble en partie faire correspondre sa distinction entre valeur et richesse à celle que propose Lauderdale entre richesse publique et fortunes privées. Il définit la richesse comme la somme de « toutes les choses nécessaires, utiles ou agréables à la vie » [Ricardo, 1977, p. 244], tandis que la valeur « dépendr[ait] de la facilité ou difficulté comparative avec laquelle ces richesses sont produites » [*ibid.*, p. 244]. Il rejette toutefois l'évaluation de la richesse en dehors de la sphère de l'analyse économique, entraînant dans son sillage toute la théorie économique moderne, pour se concentrer sur l'étude de la valeur. Et s'il est vrai que la distinction entre richesse publique et fortunes privées, c'est-à-dire entre une quantité de biens disponibles et une somme de valeurs monétaires, apparaît comme une base peu propice au développement d'une science économique mathématique, elle n'en reste pas moins concevable, et même stimulante.

20. L'idée selon laquelle les thèses de Lauderdale le rapprocheraient davantage de celles d'Harrod et Domar que de Keynes peut sans doute être défendue en ce sens, comme le fait Mark Blaug [1991]. On peut toutefois s'interroger sur l'intérêt de tels rapprochements, entre des penseurs si éloignés, qui tiennent souvent plus à « une certaine similarité générique, dans un sens large », comme le disait Lionel Robbins au sujet de Malthus et Keynes (dans une lettre citée par Paul Lambert [1962, p. 798]), qu'à une véritable convergence des analyses.

21. On peut renvoyer sur cette question du mécanisme à l'ouvrage de Didier Deleule [1979], qui en fait un point central de sa comparaison de Quesnay et Hume.

Outre les remarques de Ricardo, l'ouvrage de Lauderdale paraît avoir suscité un intérêt immédiat. Il fut immédiatement critiqué par Henry Brougham dans l'*Edinburgh Review*, et remarqué par Dugald Stewart, qui en recommande la lecture à ses étudiants [Stewart, 1856, p. 459]. L'*Inquiry* fut traduite en 1808 en français et en allemand, et éditée une seconde fois en 1819. La définition de la richesse proposée par Lauderdale fut plus tard saluée par Daniel Raymond [1823, p. 180][22] et on en retrouve la trace dans de nombreux ouvrages, sans que l'œuvre de Lauderdale soit nécessairement mentionnée. C'est notamment le cas de John Stuart Mill, qui reprend presque exactement les termes des raisonnements de Lauderdale au début de ses *Principles* [Mill, 1848, p. 8][23].

Pour Lauderdale, la définition de la richesse publique est surtout le moyen d'alimenter et d'approfondir sa critique du système mercantile, reprenant comme Smith l'idée selon laquelle le trait saillant en serait l'esprit de monopole. Si le lien est peu pointé dans l'*Inquiry* (relativement aux pamphlets des années 1790), il est très clair que les raisonnements de Lauderdale ont été nourris par l'expérience de l'alternance entre guerre et paix qui suivit la Révolution française, et par celle des variations de la demande et des prix qui en résultèrent [*ibid.*, p. 46-47, p. 90]. Cette critique de l'esprit de monopole est aussi associée à la dénonciation de la politique belliciste menée par William Pitt, dont profitent les grands marchands. Ceux-ci parviennent à surmonter la baisse initiale de la demande accompagnant le début de la guerre, en bénéficiant d'aides gouvernementales pour les aider à affronter la raréfaction de leurs débouchés, puis se retrouvent en situation dominante à mesure que l'offre diminue, notamment du fait de la baisse des importations [*ibid.*, p. 91-93].

Le nœud du problème consiste donc dans ces arrangements entre le gouvernement et les représentants des intérêts commerciaux, qui profitent

22. Il n'est pas impossible que Lauderdale ait pu servir d'appui aux penseurs qui cherchaient à raisonner en termes d'« économie nationale », comme Raymond. Ses réflexions sur la richesse publique sont également mentionnées par Hildenbrand et Schmoller.

23. Après avoir rejeté l'air hors de la catégorie des richesses pouvant être étudiées par l'économie politique, il souligne que « l'humanité est beaucoup plus riche en l'obtenant gratuitement ». Il suppose ensuite que l'air puisse être accaparé [*monopolized*] et remarque que « la richesse globale de l'humanité pourrait apparaître grandie au premier abord, par ce qui serait pour elle un terrible désastre ». Ces considérations conduisent à faire « une distinction importante en ce qui concerne la signification du terme de richesse, lorsqu'on l'applique aux propriétés d'un individu ou d'une nation, ou de l'humanité. Rien n'est inclus dans la richesse de l'humanité qui ne procure utilité ou plaisir. Pour un individu, toute chose, même inutile en soi, constitue une richesse si elle lui permet d'acheter à d'autres une partie de leurs biens utiles ou agréables » [Mill, 1848, p. 8, notre traduction].

d'un contexte de guerre prolongée. Leur dénonciation par Lauderdale depuis l'entrée en guerre du Royaume-Uni contre la France s'inscrit bien dans le discours whig sur l'émergence de la « société commerciale » en Grande-Bretagne. James Pocock précise que « ce n'était pas le marché, mais la bourse qui fut à l'origine de cette prise de conscience, en Angleterre, vers 1700, du fait que les relations politiques allaient devenir des relations capitalistes. [...] Le marchand fut inclus dans le réquisitoire contre le capitalisme, et la société de crédit prit le nom de société "commerciale" suite à l'observation d'un lien assez évident entre commerce et crédit » [Pocock, 1998, p. 142 ; voir aussi p. 93]. Lauderdale semble bien utiliser le terme de marchand en ce sens, non pour dénoncer les marchands en tant que tels, mais pour viser les intérêts financiers, qui profitent de la pénurie générée par la guerre et deviennent créanciers d'un État qui s'endette de plus en plus pour financer ses opérations militaires. Ils tirent ainsi parti des rendements élevés des obligations publiques, dont le prix était soutenu par le fonds d'amortissement (*sinking fund*) mis en place par Pitt en 1786, et renforcé en 1794 [Lauderdale, 1804a, p. 22-23].

Outre la guerre et l'augmentation du prix des marchandises, l'autre levier utilisé par les intérêts « commerciaux » consiste en effet à détourner le capital de la production au profit de placements financiers, en négociant là encore avec les pouvoirs publics des accords et des emprunts avantageux. Si l'on voit poindre dès son pamphlet de 1797 une ébauche de théorie du capital et de son accumulation, qui viendrait renforcer l'offensive politique menée contre le gouvernement Pitt, c'est dans l'*Inquiry* qu'une telle théorie est réellement inaugurée[24].

2. Les déterminants de la richesse publique : demande privée et accumulation du capital

De ces réflexions sur la notion de richesse découle l'idée centrale que la croissance de la richesse réelle de la nation, c'est-à-dire la richesse publique, est maximale lorsque les quantités de biens offerts et demandés augmentent en proportion. Cette adéquation est assurée d'autant mieux que l'offre de biens peut s'ajuster librement aux désirs de consommation, qui sont toujours vus chez Lauderdale comme antérieurs à la production. C'est donc bien la demande qui constitue l'élément déterminant de la dynamique économique.

24. Sur les tâtonnements de Lauderdale au sujet du capital et de son accumulation dans ces premiers pamphlets, voir Thomson [1970].

Même si ses variations n'ont pas d'effet immédiat sur les quantités produites, et donc sur la richesse publique, les changements de prix qu'elles entraînent peuvent être conçus comme « les moyens pratiques d'exprimer le degré de désir pour un article particulier de la richesse » [Lauderdale, 1804, p. 107]. C'est en cela que « la demande doit réguler en toutes circonstances tant la quantité que la qualité des produits » [*ibid.*, p. 108, voir aussi p. 304-308] :

> Quand des variations de valeur sont créées par une augmentation de la demande pour une denrée quelconque, l'industrie de la communauté n'est pas seulement poussée à accroître la production de cet article, suivant l'encouragement extraordinaire produit par l'augmentation de sa valeur ; mais une partie de l'industrie est en même temps appelée à se dégager de la fabrication et de la production d'autres articles, en réponse au découragement créé par la baisse de leur valeur [*ibid.*, p. 108].

La production de richesses doit être régulée par la demande solvable [*effectual demand*], laquelle fait explicitement écho à la notion de demande effective de Smith [*ibid.*, p. 310 ; WN, I, 7, 12 et IV, 7, 12][25]. En ce sens, Lauderdale prend au sérieux les positions de ce dernier, selon lesquelles « la consommation est la seule fin et la seule raison d'être de toute production » [WN, IV, 8, 49][26].

C'est à travers cet aspect que s'exprime le caractère très libéral et anti-interventionniste de la pensée de Lauderdale. Il est essentiel que la demande puisse s'exprimer et que les offreurs puissent y répondre librement, pour tendre vers cet état idéal où la demande guide parfaitement le système productif. Réciproquement, il faudrait que les investissements productifs suivent exactement les désirs de consommation, ce qui est un cas fort improbable. Cet idéal semble renvoyer à la réflexion politique de Lauderdale, puisque les intérêts marchands empêchent le fonctionnement naturel de l'économie en contrariant l'adéquation de l'offre à la demande, de la même manière qu'ils corrompent le pouvoir politique et empêchent le bon fonctionnement de la démocratie. La trajectoire d'équilibre où l'offre vient répondre de façon adéquate à la demande est en permanence menacée par les stratagèmes élaborés par les particuliers et les perturbations causées par les interventions gouvernementales. Toute tentative d'influencer durablement l'ordre de la

25. Il faut noter ici qu'il existe une ambiguïté dans le texte de Lauderdale, qui affirme parfois que la demande guide effectivement le système productif, et parfois qu'il devrait idéalement en être ainsi.

26. Notons aussi que la focale est constamment placée par Lauderdale sur la demande privée, et non sur celle qui pourrait résulter de dépenses gouvernementales, ce qui remet encore en cause la pertinence de la filiation souvent avancée avec les idées de Keynes. Cela permet aussi de comprendre ses références aux physiocrates et à leur valorisation de la dépense privée des propriétaires fonciers.

production serait en effet vouée à l'échec, si elle ne correspondait pas aux évolutions de la demande privée :

> Ni les intérêts privés ou les influences d'ordres particuliers de la société, ni les politiques des gouvernements ne peuvent réussir à orienter l'industrie d'un pays dans une voie spécifique, sans chercher à augmenter la demande des articles produits par cette industrie. [...] Les soutiens et aides pécuniaires au manufacturier peuvent créer, et même entretenir, un commerce peu favorable [*losing trade*], mais seule la demande peut créer un commerce florissant, ou orienter l'application permanente de l'industrie d'un pays dans une voie particulière [*ibid.*, p. 307].

C'est après avoir bien souligné le rôle premier de la demande que Lauderdale se consacre à l'examen des « sources de la richesse » [*ibid.*, p. 111] et aux moyens qui permettent, du côté de l'offre, de satisfaire les demandes d'une communauté.

Refusant d'accorder la primauté à la terre, au travail ou au capital, Lauderdale affirme qu'ils sont « tous les trois des sources originales de richesse, qui contribue chacune pour une part distincte dans la production de ces objets désirables » [*ibid.*, p. 121]. Cette part peut d'ailleurs évoluer au long de l'histoire humaine, de la situation primitive où l'homme « tire la plus grande part de sa richesse de la terre » [*ibid.*, p. 274] à la société civilisée, où la richesse provient de l'application du travail et du capital à la terre et à l'industrie [*ibid.*, p. 278][27]. En développant cette idée, Lauderdale souligne les mérites de Smith d'avoir montré, en opposition aux physiocrates, que le travail des artisans, des manufacturiers et des commerçants ne pouvait être considéré comme stérile et improductif. Mais contre Smith, il signale l'erreur qui consiste à qualifier d'improductif le travail des domestiques, au prétexte « qu'ils travaillent et subsistent exclusivement aux dépens de leurs maîtres, et que leur ouvrage n'est pas de nature à compenser cette dépense » [*ibid.*, p. 137 ; WNL, II, p. 273 ; WN, IV, 9, 31]. Pour Smith, « ce travail consiste en un service qui périt généralement à l'instant même qu'il est rendu et ne se fixe pas, ne se réalise pas en marchandises commerçables qui puissent remplacer la valeur des gages et de la subsistance » [*ibid.*]. Cette erreur procède selon Lauderdale de l'identification de la richesse à la richesse monétaire, ce qui conduit Smith, comme d'ailleurs les physiocrates, à reconnaître comme productifs les seuls travaux qui créent de nouvelles valeurs, matérialisées par un bien commerçable. Mais « si la richesse est vue sous son véritable jour, consistant dans l'abondance des objets désirés, il est impossible de concevoir

27. Lauderdale semble suivre en cela une perspective caractéristique de la pensée écossaise de l'époque, développée notamment par John Millar, dont il avait suivi les enseignements à Glasgow.

pourquoi on n'y inclurait pas ce qui tend à satisfaire nos désirs immédiats, aussi bien que ce qu'on amasse et réserve pour la satisfaction de nos désirs futurs » [*ibid.*, p. 152].

Dans son analyse des déterminants de la richesse, c'est à l'étude du rôle du capital que Lauderdale consacre de loin le plus d'attention, car « les moyens par lesquels le capital contribue à la richesse apparaissent de façon moins évidente » [*ibid.*, p. 155] qu'au sujet de la terre et du travail. Il en va de même des profits qui découlent de son utilisation, dont la justification n'a pas été précisément établie jusqu'ici. Ainsi, Locke conçoit le profit comme « la récompense du travail d'un homme dans la poche d'un autre » [*ibid.*, p. 157 ; Locke, 1692, p. 53-54], une vision qui serait globalement reprise par Smith, selon Lauderdale. Turgot ne parviendrait pas non plus à fonder justement le profit sur les services rendus par le capital, lorsqu'il le définit « comme une compensation de ce qu'un capital aurait produit s'il avait été employé à acheter des terres » [*ibid.*, p. 158][28].

Lauderdale se met ensuite à la recherche d'une définition qui permette de rendre compte des différents usages du capital qui dégagent un profit. Après avoir classé ces usages en cinq catégories [*ibid.*, p. 159-160, puis p. 162-203], il avance que « dans chacun de ces cas où le capital est employé de façon à générer un profit, celui-ci provient uniformément *soit de ce qu'il supplée à une portion de travail que l'homme devrait autrement effectuer de ses mains, soit du fait qu'il accomplit une portion de travail impossible à effectuer par l'effort humain* » [*ibid.*, p. 161 et 204, italiques dans l'original]. Sa rémunération correspondrait donc au coût du travail épargné suite à l'utilisation de machines et serait prise sur le fonds des salaires [*ibid.*, p. 169]. En mettant l'accent sur la capacité du capital à suppléer le travail, Lauderdale s'oppose à Smith, pour qui le capital permettrait de mettre le travail en action ou « d'augmenter la puissance productive du travail » [*ibid.*, p. 203 ; WNL, I, p. 437, 441, 445 ; WN, II, 5, 1-2-11-12-19-20].

Plus largement, le reproche adressé à Smith est d'avoir constamment surestimé les effets de la division du travail par rapport à ceux du capital, allant jusqu'à la décrire comme le facteur déterminant l'introduction de nouvelles machines [*ibid.*, p. 282-304]. Selon Lauderdale, cette attitude procède avant tout « du désir anxieux de soutenir l'opinion ou la théorie dominantes [...] selon laquelle la division du travail est la cause de l'opulence

28. Lauderdale renvoie au paragraphe 60 des *Réflexions sur la formation et la distribution des richesses*, dont il possédait un exemplaire acquis à Paris à l'été 1792, détenu aujourd'hui par la Goldsmiths'-Kress Library of Economic Literature.

universelle, qui prévaut heureusement dans beaucoup de sociétés civilisées » [*ibid.*, p. 291][29]. Complétant son propos d'exemples issus du moulinage de la soie ou de la distillerie, Lauderdale accuse également David Hume de « ne pas avoir suffisamment tenu compte des ressources infinies provenant de l'ingéniosité de l'homme, qui lui permet d'inventer des moyens de suppléer au travail grâce au capital » [*ibid.*, p. 299]. Il fait encore référence à l'article « Bas » de Diderot dans l'*Encyclopédie* [*ibid.*, p. 164], qui met en exergue le rôle des machines pour la fabrication de vêtements communs, et l'oppose à l'exemple des épingles – sur lequel s'appuyait Smith – « que l'on utilise généralement pour illustrer l'importance de la division du travail » [*ibid.*, p. 286].

L'ensemble de ces erreurs au sujet du rôle du capital a une conséquence très grave, que Lauderdale souhaite contrecarrer :

> L'idée selon laquelle le capital met le travail en action, qu'il en augmente la puissance productive, donne naissance à cette opinion : que le travail [...] est partout proportionné à la quantité de capital existant [WNL, 1, p. 3 ; WN, I, I, 6] et que l'industrie d'un pays est toujours proportionnée au capital qui l'emploie, d'où il s'ensuivrait qu'augmenter les capitaux constitue le moyen souverain et illimité d'accroître la richesse. Au lieu de cela, si l'on admet que les capitaux ne peuvent être employés de façon utile et profitable qu'en ce qu'ils permettent de suppléer à un travail ou de l'exécuter, on tirera cette conséquence qu'un pays ne peut tirer bénéfice de la possession de plus de capitaux qu'il ne peut en employer à effectuer un travail ou à y suppléer, dans la production et la fabrication de ces objets pour lesquels il existe une demande [*ibid.*, p. 204-205].

Une « funeste passion », une « avidité », un « amour de l'accumulation » [*ibid.*, respectivement p. 218, 217 et 220] s'enracinent dans cette vision erronée, à laquelle aurait souscrit Smith, de façon étonnante :

> Il est incroyable que l'auteur de la *Richesse des Nations*, qui ridiculise avec succès l'accumulation infinie de capital circulant, en le comparant à l'amassage de casseroles et de poêlons, ne perçut pas que le même ridicule s'appliquait à l'augmentation illimitée des biens de toutes les branches dont la description de la propriété d'un pays constitue son capital [*ibid.*, p. 228][30].

29. Lauderdale fait remonter les origines de cette idée à Xénophon, en suivant un passage que lui a signalé son ancien précepteur, Andrew Dalzell [*ibid.*, p. 282-284]. Cet aspect est intéressant car il peut indiquer que l'on se situe ici en plein dans les débats internes aux Lumières écossaises, portant en l'occurrence sur la division du travail, dont Dalzell était une figure centrale.

30. Il est vrai que Smith valorise l'accumulation du capital dans la *Richesse des Nations*. Celle-ci déterminerait mécaniquement la proportion de personnes occupées à un travail utile, qui constitue

L'idée qui découle des raisonnements de Lauderdale, et qui est martelée tout au long de l'*Inquiry*, est qu'il existe toujours un niveau, dépendant de la demande et de l'état de la technique à un moment donné, au-delà duquel l'accumulation du capital se traduirait en pure perte :

> Quel que soit l'état de la société qu'on considère, une certaine quantité de capital, fonction de l'état des connaissances de l'humanité, peut être employée utilement et à profit pour suppléer et exécuter le travail consistant à cultiver, façonner et transporter les matières brutes. L'invention humaine, visant à suppléer au travail, peut élargir les possibilités d'en employer une quantité plus importante, à mesure du progrès de la société. Mais il doit exister, à tout moment, un point déterminé par l'état des connaissances dans l'art d'exécuter un travail ou d'y suppléer à l'aide de capital, au-delà duquel la quantité de capital ne peut être augmentée à profit, et au-delà duquel elle n'augmentera pas naturellement [*ibid.*, p. 228].

La question qui est immédiatement soulevée est donc celle de savoir pour quelles raisons « l'industrie d'une communauté pourrait être détournée d'une voie (*path*) où elle est utile, vers une autre sur laquelle, à moins d'acquérir un nouveau territoire ou de découvrir de nouveaux moyens d'exécuter un travail ou d'y suppléer grâce au capital, elle est inutile à l'humanité » [*ibid.*, p. 216]. Si l'amour de l'accumulation peut contribuer à un tel détournement, celui-ci est d'abord engagé au profit de certains intérêts particuliers qui en bénéficient :

> Lorsque l'on réalise que [...] l'accumulation [...] ne tend ni à augmenter le produit du sol, ni à exécuter une part de travail qui aurait autrement dû l'être par la main de l'homme, il semble que l'on doive immédiatement affirmer que l'accumulation peut constituer une méthode qui permet de transférer des richesses de A, B et C à D, mais qu'elle ne peut permettre d'augmenter la richesse publique [*ibid.*, p. 209].

Ces intérêts peuvent exercer leur influence tant aux premiers stades de la société que dans les États de l'Europe moderne, « où un vaste commerce charrie les capitaux sur de multiples canaux [*channels*], et dont même le

l'une des deux causes de l'enrichissement de la Nation. Elle déterminerait également l'autre source de la croissance – la puissance productive du travail – même si, au cours de son ouvrage et comme le souligne Lauderdale, Smith met essentiellement l'accent sur le rôle joué par la division du travail. L'accumulation du capital et le réinvestissement des profits acquièrent une dimension normative chez Smith, notamment dans le Livre II de la *Richesse des Nations*. Ils constituent le souci quotidien du producteur smithien à tel point que ce dernier, fasciné par l'accumulation, en oublie la recherche de sa propre utilité. Selon Daniel Diatkine, ce désir et cette tendance à suraccumuler du capital reviendraient à confondre les fins et les moyens [Diatkine, 2000, p. 500] ; « l'amour du système » caractériserait l'individu smithien et Smith lui-même dans la *Richesse des Nations*.

cours des canaux naturels, sur lesquels fluctue toute propriété, est dérangé par la prolifération envahissante d'arrangements financiers » [*ibid.*, p. 212].

Accumuler au-delà du seuil maximal de capital utilisable revient à détourner artificiellement la demande des secteurs fabriquant des biens de consommation vers ceux qui fabriquent des biens de production, dont les prix, ainsi que la rémunération des travailleurs de ces secteurs augmentent alors :

> Mais comme cette hausse de valeur, et l'encouragement donné par conséquent à ces sortes de travail, doit entraîner une baisse des dépenses touchant les biens qui seraient immédiatement consommés, cela doit réduire leur valeur en proportion de la réduction de la demande qui les affecte, dans un degré supérieur à celui de l'accroissement de la valeur de ce travail, ou de ces biens, pour l'acquisition desquels elle est détournée [*perverted*]. Ceci signifie qu'elle doit produire une plus grande diminution des encouragements à fournir de la nourriture, des vêtements et ces autres articles qui auraient été consommés, en l'absence de cette avidité à accumuler du capital, que l'augmentation des encouragements à fabriquer ces biens qui, s'ils pouvaient tous être utilisés, pourraient permettre de suppléer au travail [*ibid.*, p. 217-218].

La suraccumulation tend donc sans délai à accroître les fortunes privées, et en particulier celles des détenteurs de capitaux, aux dépens de la richesse publique, puisque la quantité de biens de consommation désirés par la communauté se trouve diminuée.

Comme les biens de production fabriqués ne correspondent à aucun besoin final, leur valeur doit également diminuer par la suite, débouchant sur une baisse généralisée des prix. Au final, la population « souffre donc de cet amour de l'accumulation, lorsqu'il est poussé au-delà de ses limites acceptables : 1. En créant une quantité de capital superflue et 2. En ôtant une part des encouragements à la reproduction future » [*ibid.*, p. 220]. Ces biens de capital non utilisés sont comparés « aux plus beaux palais de Dehli, inoccupés et non désirés, ou aux spacieux entrepôts d'Anvers, qui ne sont plus que des monuments en l'honneur de leur commerce défunt » [*ibid.*, p. 221]. Comme « le degré d'avidité observé sur le marché des biens de consommation doit impérieusement réguler la nature des biens produits par la suite [...] suivant la demande effective » [*ibid.*, p. 221-222], de telles dépenses inutiles doivent nécessairement avoir pour conséquence de décourager la production des biens de consommation demandés par la population.

Si c'est donc bien sous l'influence et au profit des intérêts des détenteurs de capitaux que le phénomène de suraccumulation apparaît, Lauderdale s'attache ensuite à montrer quels sont les préjugés grâce auxquels de tels intérêts peuvent s'imposer, quelles politiques économiques ils commandent et quels effets néfastes elles produisent, notamment en termes de répartition des revenus.

3. La critique de la parcimonie, de l'épargne forcée et des inégalités comme entraves au fonctionnement naturel de l'économie

Après avoir établi les effets néfastes de la suraccumulation du capital, Lauderdale s'interroge sur les origines de la croyance erronée selon laquelle « la parcimonie, ou l'accumulation que l'on fait en se privant des objets que l'on désire [...] est le meilleur moyen d'accroître la richesse publique » [*ibid.*, p. 208-209]. Cette croyance est d'autant plus puissante qu'elle a été sanctionnée par l'autorité du père de l'économie politique, lorsqu'il affirme que « tout prodigue paraît être un ennemi de l'intérêt général, et tout homme économe un bienfaiteur de la communauté » [*ibid.* p. 41 ; WN, II, 3, 25][31].

C'est en s'appuyant sur ce préjugé et en se référant explicitement à Smith, que William Pitt a pu défendre le bien-fondé de politiques consistant à favoriser « l'accumulation constante de capital, à laquelle on assiste partout à plus ou moins grande échelle, dans tous les cas où elle n'est pas entravée par une calamité publique ou par certaines politiques erronées et malveillantes, mais qui doit être bien visible et rapide dans tout pays étant parvenu à un état avancé de prospérité économique » [Lauderdale, 1804, p. 237 ; *Parliamentary History of England*, vol. 29, p. 834][32]. Pour Lauderdale, ces politiques constituent en réalité un nouvel avatar du système mercantile. Destinées à financer la dette publique et, en dernière instance, la guerre, elles visent à affirmer la puissance britannique au détriment du bien-être de la population.

31. Il existe effectivement une ambiguïté chez Smith, qui affirme aussi : « Un homme frugal, ou un homme brûlant d'être riche, passe pour aimer l'argent » [WN, IV, 1, 1]. On peut ajouter que la frugalité est une valeur défendue par Thomas Mun, dans son *England's Treasure by foreign trade* de 1664, ouvrage considéré par Smith comme l'un des fondements théoriques du système mercantile [WN, IV, 1, 7 et 10]. D'après Mun [1664, ch. 3], la frugalité est un moyen de limiter les importations mais aussi de favoriser les exportations puisque les marchandises du cru non consommées peuvent être exportées. La frugalité est donc l'un des moyens d'avoir une balance commerciale excédentaire.

32. Cette paraphrase de Smith par Pitt est retournée par Lauderdale dans son *Plan for Altering the Manner of Collecting a Large Part of the Public Revenue* de 1799.

Son attention se porte en particulier sur une législation de 1786 (26 Geo. III, cap. 31) instaurant un fonds d'amortissement (*sinking fund*) afin de rembourser la dette publique britannique. Le principe de son fonctionnement consiste pour l'État à constituer un fonds alimenté par les recettes fiscales destiné à racheter les titres de la dette publique et à les accumuler pour en engranger les intérêts, lesquels doivent, dans un second temps, permettre d'acquérir de nouveaux titres, jusqu'à parvenir à éteindre la dette. Lauderdale récapitule l'histoire de ces fonds d'amortissement en mentionnant les cas de la Hollande et du Vatican au XVIIe siècle, puis de l'Angleterre au début du XVIIIe siècle [*ibid.*, p. 230-231]. Mais ce mécanisme connut un véritable regain d'intérêt dans la seconde moitié du XVIIIe siècle, grâce notamment aux travaux du mathématicien Richard Price, qui élabora une théorie des intérêts composés (*compound interests*), devant permettre l'élimination mécanique des dettes publiques. Price était aussi un moraliste et un pamphlétaire radical, fervent partisan de la Révolution française, dont les thèses furent vantées par nombre d'auteurs libéraux, en Grande-Bretagne comme en France[33].

C'est probablement l'une des raisons qui expliquent que Lauderdale, dans ses premiers écrits, se montre peu critique à l'égard du *sinking fund*, estimant son principe valable et ses bénéfices possibles en temps de paix [voir Lauderdale, 1794, p. 83 et 1796, p. 43]. Son propos se durcit jusqu'en 1804, où il oppose notamment les fonds introduits sous Walpole – sans conséquence sur la consommation car constitués de sommes épargnées grâce à la réduction des intérêts de la dette [Lauderdale, 1804, p. 231] – au fonds de Pitt, alimenté par des impôts nouveaux, qui n'ont cessé d'augmenter avec l'intensification de la guerre contre la France, culminant avec l'introduction d'un impôt sur le revenu en 1799 (*income tax*), dont Lauderdale était un farouche opposant[34]. Dans l'*Inquiry*, Lauderdale en vient à critiquer vivement ce mécanisme, dans son principe même, lorsqu'il évoque les dégâts qu'il aurait pu causer en temps de paix [*ibid.*, p. 252, p. 260], ce qui semble être le résultat de ses réflexions sur le rôle de la demande et l'accumulation du capital.

33. Voir par exemple les positions de Clavière et Brissot présentées par Whatmore et Livesey [2000]. Signalons aussi que son *Discourse on the Love of our Country* de 1789 fut l'une des causes qui décidèrent Burke à s'engager dans les controverses de la Révolution avec ses *Reflections on the Revolution in France*. Rappelons enfin que Price fut directement consulté par Pitt lors de la mise en place du fonds en 1786, sujet sur lequel on peut consulter Cone [1951].

34. Cette opposition est d'abord exposée dans Lauderdale [1799], puis dans l'*Inquiry*, où il revient sur la dotation initiale du fonds de 1 million de livres par an, son augmentation à 5 millions en 1792, et enfin sur la mise en place de l'*income tax* [Lauderdale, 1804, p. 234-240]. On peut à ce sujet consulter Newmarch [1855], qui détaille l'évolution des dotations du fonds et les nouveaux impôts qui sont levés pour l'alimenter.

Il convient ici de noter que ce n'est pas l'épargne elle-même qui est dénoncée par Lauderdale, mais bien une épargne excessive qui émerge artificiellement. Il peut s'agir d'une épargne forcée par « un système erroné de législation » ou découlant « des goûts pervers des individus » [*ibid.*, p. 271]. Cette crainte qu'une partie du revenu soit brusquement soustraite à la consommation est sans doute liée à sa lecture de Quesnay, dont il cite en ce sens les *Maximes* et la *Philosophie rurale* [*ibid.*, p. 247-248]. En tous les cas, c'est bien selon lui une telle soustraction qu'engendre le *sinking fund*, en détournant des revenus individuels au profit d'une « accumulation régulière et forcée, administrée par le gouvernement » [*ibid.*, p. 232], alors même « qu'il est difficilement possible de supposer qu'il existe de nouveaux canaux permettant d'utiliser ce nouveau capital, au moment où la demande de marchandises a été réduite de force » [*ibid.*, p. 251].

En l'absence de possibilité de consacrer efficacement un nouveau capital à la production :

> Les détenteurs de capitaux n'auront qu'un seul moyen de forcer l'emploi de leurs fonds : ils devront offrir de suppléer au travail à plus bas prix qu'on ne l'avait fait jusqu'alors. Une concurrence apparaîtra ainsi ; le profit des capitaux en sera diminué ; l'intérêt qui rémunère les actifs ou le numéraire devra diminuer et bien sûr la valeur des annuités fixes, ou des effets du Gouvernement, devra augmenter. Ceci devra s'amplifier progressivement, jusqu'à ce que le capital devienne tellement abondant et que les profits soient tellement réduits, que ses propriétaires seront incités à le déplacer dans d'autres pays, où des profits plus élevés peuvent être réalisés [*ibid.*, p. 251-252].

En détournant la demande des biens de consommation vers les biens de capital et le financement de la dette publique, les politiques d'accumulation forcée conduisent immanquablement à la déflation sur les marchés de biens, que les partisans de ces politiques prennent « pour l'effet de l'abondance, alors qu'elle résulte uniquement d'un effondrement de la demande » [*ibid.*, p. 264]. Pour Lauderdale, la suraccumulation provoque dans un second temps la baisse des profits et des taux d'intérêt, entraînant la fuite des capitaux vers l'étranger et la ruine de l'économie britannique. Pour soutenir la valeur des titres des créances publiques, l'État devra de ce fait augmenter les dotations du fonds d'amortissement en multipliant les impôts, notamment sur la consommation, ce qui accélérera la chute de la demande et précipitera la ruine du système[35].

35. Cette théorie est avancée par Lauderdale dès son discours de 1796, donné un mois après la publication du *Decline and Fall of the English System of Finance*, de Thomas Paine, dont il rejoint les conclusions.

Aux yeux de Lauderdale, le *sinking fund* aurait selon toute vraisemblance dû conduire l'Angleterre à la ruine, si les dépenses de guerre n'avaient permis de soutenir la demande, si les recettes anticipées par Pitt grâce à l'*income tax* avaient pu lui être affectées[36], s'il n'avait été adouci par les lois passées après la paix d'Amiens (42 Geo. III cap. 71) et si l'impôt sur le revenu n'avait été abrogé en 1802 (42 Geo. III cap. 42 ; [*ibid.*, p. 260-261]). Reste encore à savoir comment une législation aussi nocive a pu être mise en place. C'est, selon Lauderdale, par le biais « des rêves dorés que l'on a fait miroiter au parlement et à la nation pour se jouer d'eux, au moyen des calculs qui ont été élaborés à ce sujet » [*ibid.*, p. 269] :

> Car le fonds d'amortissement, dérivé de cette illusion, ne peut jamais permettre d'accumuler un montant égal à la dette de la nation, sans ruiner le pays. Mais son existence a grandement facilité la contraction de nouvelles dettes, c'est-à-dire qu'elle a permis aux dirigeants du gouvernement de totalement déranger la distribution naturelle, la plus avantageuse, de la propriété de ce pays – cette distribution qui, ancrant réellement le plus grand intérêt du propriétaire dans la propriété qu'il doit gérer, fournit le plus grand encouragement aux efforts qu'il lui consacre, qui profitent indifféremment au propriétaire et à la société [*ibid.*, p. 270].

On retrouve donc la conclusion centrale selon laquelle l'accumulation forcée ne saurait permettre d'augmenter la richesse publique, et qu'elle perturbe au contraire l'expression de la demande, et par suite l'ajustement « naturel » de l'offre à celle-ci, considéré comme le seul moyen de faire coïncider l'intérêt privé à l'intérêt général.

Lauderdale se consacre d'ailleurs, pour clore ses recherches, à l'étude des « moyens d'accroître la richesse et des causes qui en régulent la croissance » [*ibid.*, p. 273]. Afin de comprendre « pourquoi les sociétés civilisées n'ont pas tiré un bénéfice égal [des différentes sources de richesse] et quelles sont les circonstances qui retardent les progrès de l'industrie dans certains

---

L'index de sa bibliothèque indique que Lauderdale possédait cet ouvrage, qui n'y a pas été conservé cependant. Lauderdale possédait en fait la quasi-totalité de l'œuvre de Paine (conservée notamment dans sa bibliothèque politique, à l'Université Waseda de Tokyo), et les nombreuses annotations que l'on y trouve, ainsi que les thèmes communs aux deux auteurs, laissent penser que Paine a joué un rôle important dans le développement de sa pensée.

36. Cette dernière était un impôt progressif appliqué aux revenus supérieurs à 60 livres par an, dont le taux augmentait jusqu'à un plafond de 10 % pour les revenus égaux ou supérieurs à 200 livres. Alors que Pitt en espérait 10 millions de livres par an, qui devaient s'ajouter aux 5 millions retenus par le nouveau fonds depuis 1792, la difficulté à la collecter fit qu'elle rapporta entre 6 250 000 livres en 1799 et 5 600 000 livres en 1801, selon Dowell [1888, vol. 3, p. 92-95].

pays » [*ibid.*, p. 324], Lauderdale pointe la « distribution des richesses » [*ibid.*, p. 314] ou la « distribution de la propriété » [*ibid.*, p. 321], comme le principal facteur « qui régule la part de la demande adressée à un bien » [*ibid.*, p. 314]. Donnant l'exemple de nombreux pays, et en particulier de la France et de l'Angleterre, il expose les bénéfices d'une distribution plus égalitaire des richesses, qui « assure l'accroissement de l'opulence, en soutenant une demande régulière et progressive sur le marché intérieur, et de façon encore plus efficace, en fournissant à ceux dont les habitudes sont susceptibles de créer un désir de suppléer au travail, le pouvoir de l'exécuter » [*ibid.*, p. 349-350].

L'argument est donc qu'une distribution plus égalitaire profiterait aux « fermiers, manufacturiers et marchands dont l'activité ouvre les yeux sur les moyens nouveaux de suppléer au travail qu'ils accomplissent ou dirigent, et que leurs fortunes réduites mais croissantes leur permettraient d'exécuter, au bénéfice de leur fortune privée et plus encore à celui de la richesse publique » [*ibid.*, p. 350]. Il cite en ce sens des passages des *Essais* de Bacon, où sont vantés les mérites d'une société où chaque sujet se verrait allouer « une portion de terre nécessaire à assurer son indépendance et un degré d'abondance convenable », pour se rapprocher « de la description que fait Virgile de l'ancienne Italie » [*ibid.*, p. 350], mais aussi Voltaire dans son discours de réception à l'Académie française : « Quand le commerce est en peu de mains, on voit quelques fortunes prodigieuses et beaucoup de misère ; lorsqu'enfin il est plus étendu, l'opulence est générale, les grandes fortunes rares » [*ibid.*, p. 350][37].

On retrouve ici le lien au langage politique dans lequel Lauderdale inscrit son propos, dénonçant le pouvoir des intérêts d'argent qui perturbent le fonctionnement naturel de l'économie, pour s'enrichir aux dépens de la société, accroissant ainsi l'inégalité de la distribution des richesses. Cette vision est enfin complétée par l'examen des effets du commerce international sur la richesse publique. Ce dernier est vu comme une cause majeure de l'enrichissement, à travers l'extension de la demande, « encourageant et soutenant une production plus grande que la plus judicieuse distribution des richesses pourrait créer dans n'importe quel pays isolé et coupé de toute

37. Ces critiques des inégalités rejoignent aussi certaines positions qu'il a pu prendre dans l'arène parlementaire, en particulier son opposition à l'impôt sur le revenu, qu'il proposa de remplacer par un impôt sur les successions dans son *Plan* de 1799, permettant de lutter contre l'accaparement des richesses et des moyens de production. Lauderdale devrait dès lors se montrer favorable à une amélioration des salaires ouvriers, sur laquelle il s'est très peu prononcé dans sa carrière parlementaire, et même s'il ne propose pas véritablement de mesure pour y parvenir, à l'exception de mesures fiscales.

communication » [*ibid.*, p. 351-352]. Ceci conduit Lauderdale à pointer l'état idéal dans lequel pourrait se trouver l'Empire britannique :

> Si la paix et la tranquillité pouvaient être maintenues, il n'y aurait jamais de période dans laquelle la propriété de l'humanité ne serait presque universellement arrangée de façon à assurer une extension similaire de la demande pour le produit de chaque espèce d'industrie dans laquelle un pays quelconque excellerait [*ibid.*, p. 358-359].

Lauderdale réaffirme son idée-force selon laquelle tout obstacle au commerce, en ce qu'il empêche la demande de s'exprimer librement et dans toute son ampleur, entrave le développement naturel de l'industrie qui lui correspond. Le libre commerce est seul à même de garantir l'accroissement simultané des fortunes privées et de la richesse publique. Ce passage montre aussi le lien entre la critique de la guerre, qui est au cœur des premiers écrits de Lauderdale, et la réflexion économique élaborée dans l'*Inquiry*.

Conclusion

Il fait peu de doute qu'à la seule lecture de son *Inquiry into the Nature and Origin of Public Wealth*, Lauderdale puisse apparaître comme un penseur critique de Smith. L'examen rétrospectif des concepts qui y sont développés a conduit à le ranger parmi d'autres auteurs « mineurs », ayant formulé des remarques intéressantes, mais dont la profondeur et la cohérence étaient loin de le rendre capable de dépasser le maître. C'est ainsi qu'en se focalisant sur différents aspects de sa réflexion, Lauderdale a pu être présenté comme un représentant d'une tradition anti-ricardienne dans le sillage de Malthus, comme un précurseur des conceptions de Keynes sur le rôle de la demande, ou encore comme un économiste autrichien avant l'heure[38].

Sans nier catégoriquement l'intérêt de telles mises en relation conceptuelles *a posteriori*, il nous semble que ces études, fondées sur la seule analyse du (grand) texte de Lauderdale, ne permettent en rien de comprendre le sens

38. Il semble que Lauderdale ait en effet particulièrement suscité l'intérêt des économistes de l'école autrichienne, sans doute suite à Böhm-Bawerk, qui lui confère une « place assez importante » dans l'histoire de la théorie de l'intérêt, en ce qu'« il inaugure les théories de la productivité indirecte du capital » [Böhm-Bawerk, 1890, p. 282]. Ses thèses sur la suraccumulation sont examinées en détail par Frank A. Fetter [1945]. Son classement dans cette tradition des penseurs de la suraccumulation, ou de la sous-consommation (voir Bleaney [1976, p. 26], qui le désigne comme « le premier auteur ayant formulé la thèse de la sous-consommation »), ouvre la question de sa filiation aux analyses de Malthus et de Keynes. On trouve ainsi d'interminables débats à ce sujet, animés notamment par M. Paglin [1961], ou en France par B. J. Gordon et T. S. Jilek [1965], ainsi que P. Lambert [1966].

de son œuvre, la signification qu'il lui accordait, ou encore, si l'on veut, son intention en la publiant. Dans le cadre du thème général de ce numéro, le souci est qu'elles ne renseignent pas non plus sur la *construction* de schèmes de pensée que l'on qualifie aujourd'hui de libéraux, c'est-à-dire des raisons qui ont conduit leurs auteurs à les mettre en avant à un moment donné, dans un contexte historique précis.

Or, dans le cas de Lauderdale, ce contexte joue un rôle déterminant. On ne peut percevoir le sens de son travail dans l'*Inquiry* sans le relier à l'activité politique qui était son occupation principale. Les réflexions qu'il y livre s'inscrivent ainsi à la suite des pamphlets des années 1790, et plus largement dans le cadre d'un débat politique où Lauderdale cherche à s'opposer à Pitt, en développant le discours du camp (whig et à ce moment foxite) dont il se présente comme le défenseur. Ce n'est que dans le cadre de cette opposition, et en le réinscrivant dans l'histoire du langage politique de son temps, que l'on peut comprendre la signification de sa pensée.

L'*Inquiry* qu'il publie en 1804 apparaît alors comme une tentative d'adapter le discours politique whig du XVIIIe siècle au langage de l'économie politique naissante. Les réflexions de Lauderdale sur la richesse, sur le capital et son accumulation, de même que sur la parcimonie et ses effets, s'articulent à la critique politique des liens d'argent qui se nouent entre gouvernants et financiers à travers le *funding system*, destiné à financer la guerre, à asseoir la domination britannique sur le monde et à légitimer le pouvoir en place, consacrant ainsi l'ascendant de la couronne sur le parlement. Ces liens auraient des conséquences désastreuses en matière de corruption, de libertés civiles et conduiraient surtout à la multiplication des conflits armés. C'est donc à une forme idéale d'exercice de la démocratie, renvoyant à l'esprit de la constitution britannique [Lauderdale, 1794, p. 255-257] mis en péril par l'émergence de la « société commerciale », qu'il faut relier l'idée-force que Lauderdale développe sur le plan économique dans l'*Inquiry*. Celle-ci consiste à mettre en évidence une fine trajectoire « naturelle » d'équilibre – quasiment impossible à atteindre mais vers laquelle il faut tendre – entre les demandes de la population et les moyens déployés par les industriels et les commerçants pour y répondre.

Elle implique ainsi de mettre en place un système politique capable de faire émerger les préférences de la communauté, ainsi que d'empêcher les valets du système mercantile de manipuler à leur profit l'appareil industriel, commercial et financier. C'est en ce sens que l'*Inquiry* de Lauderdale semble bien s'inscrire dans la filiation de Smith, cherchant à corriger certains points de son œuvre afin de renforcer sa critique du système mercantile, incarné par la politique de Pitt.

Bibliographie

Blaug, Mark [1991], *Henry Thornton [1760-1815], Jeremy Bentham [1748-1832], James Lauderdale [1759-1839] and Sismonde de Sismondi [1773-1842]*, London: Edward Elgar (Pionneers in Economics series).

Bleaney, Michael [1976], *Underconsumption Theories. A History and Critical Analysis*, London: Lawrence and Wishart.

Böhm-Bawerk, Eugen von [1890], *Capital and Interest*, London-New York: Macmillan.

Brougham, Henry [1804], « Lord Lauderdale's *Inquiry into the Nature and Origin of Public Wealth*, by the Earl of Lauderdale », *Edinburgh Review*, vol. 8 (juillet), p. 343-377.

Clavière, Étienne et Brissot de Warwille, Jacques-Pierre [1787], *De la France et des États-Unis ou de l'importance de la Révolution de l'Amérique pour le bonheur de la France*, Londres.

Cone, Carl B. [1951], « Richard Price and Pitt's Sinking Fund of 1786 », *The Economic History Review*, New Series, vol. 4, n° 2, p. 243-251.

Cobbett, William [1818], *The Parliamentary History of England*, vol. 29 et 32, London: Hansard.

Corry, Bernard A. [1958], « The Theory of the Economic Effects of Government Expenditure in English Classical Political Economy », *Economica*, New Series, vol. 25, n° 97, p. 34-48.

Daly, Herman A. [1998], « The Return of the Lauderdale's Paradox », *Ecological Economics*, vol. 25, p. 21-23.

Dalzell, Andrew [1862], *History of the University of Edinburgh, from its Foundation*, vol. 1, Edimburg: Edmonston and Douglas.

Davenant, Charles [1771], *An Essay upon the Probable Methods of making a People Gainers in the Balance of Trade*, in *The Political and Commercial Works of Charles Davenant*, vol. 2, London.

Deleule, Didier [1979], *Hume et la naissance du libéralisme économique*, Paris : Aubier, coll. « Analyse et raisons ».

Diatkine, Daniel [2000], « L'utilité et l'amour du système dans la "Théorie des sentiments moraux" », *Revue philosophique de la France et de l'étranger*, vol. 190, n° 4, p. 489-505.

Dowell, Stephen [1888], *History of Taxation and Taxes in England*, London-New York: Longmans & Green.

Fetter, Frank A. [1945], « Lauderdale's Oversaving Theory », *The American Economic Review*, vol. 35, n° 3, p. 263-283.

Gordon Barry J. et Jilek, T. S. [1965], « Malthus, Keynes et l'apport de Lauderdale », *Revue d'économie politique*, vol. 75, n° 1.

Hume, David [1932], *The Letters of David Hume*, John Y. T. Greig (ed.), Oxford: Clarendon Press.

Lambert, Paul [1962], « Malthus et Keynes. Nouvel examen de la parenté profonde des deux œuvres », *Revue d'économie politique*, vol. 72, n° 6, p. 785-829.

——— [1966], « Lauderdale, Malthus et Keynes », *Revue d'économie politique*, vol. 76, n° 1, p. 132-156.

Locke, John [1692], *Some Considerations of the Consequences of the Lowering of Interest, and Raising the Value of Money*, London: Awnsham & John Churchill.

Maitland, James, Lauderdale [1793], *Protests entered upon the Journal of the Lords House of Parliament against a War with France*, London: James Ridgway.

——— [1794], *Letters to the Peers of Scotland*, London: G. G. and J. Robinson.

——— [1796], *Substance of a Speech Made in the House of Lords, on Friday, May 13, 1796*, London: G. G. and J. Robinson.

——— [1797], *Thoughts on Finance, Suggested by the Measures of the Present Session*, London: G. G. and J. Robinson.

——— [1798], *A Letter on the Present Measures of Finance*, London: G. G. and J. Robinson.

——— [1799], *A Plan for Altering the Manner of Collecting a Large Part of the Public Revenue, with a Short Statement of the Advantages to be derived from it*, London.

——— [1804], *An Inquiry Into the Nature and Origin of Public Wealth*, Edimburg, Constable & Co., London: Longman & Rees.

——— [1804a], *Observations by the Earl of Lauderdale on the Review of his Inquiry into the Nature and Origin of Public Wealth*, Edimburg, Constable & Co., Londpn: Longman & Rees.

——— [1808], *Recherches sur la nature et l'origine de la richesse publique*, traduction d'Étienne Lagentie de Lavaïsse, Paris : Dentu.

——— [1808], *Ueber National-Wohlstand*, Berlin.

Mill, John Stuart [1848], *The Principles of Political Economy with Some of Their Applications to Social Philosophy [Books I-II]*, in John Mercel Robson (ed.), *The Collected Works of John Stuart Mill*, vol. 2, Toronto: University of Toronto Press, 1965.

Mitchell, Leslie G. [1971], *Charles James Fox and the Disintegration of the Whig Party, 1782-1794*, London: Oxford University Press.

Moore, John [1792], *A journal during a residence in France, from the beginning of August, to the middle of December*, 1792, London: G. G. and J. Robinson.

Newmarch, William [1855], « On the Loans Raised by Mr. Pitt During the First French War, 1793-1801 ; With Some Statements in Defence of the Methods of Funding Employed », *Journal of the Statistical Society of London*, vol. 18, n° 2, p. 104-140.

Paglin, Morton [1961] *Malthus and Lauderdale. The Anti-Ricardian Tradition*, New York: Augustus M. Kelley.

Paine, Thomas [1791], *Rights of Man*, London: J. S. Jordan.

——— [1796], *The Decline and Fall of the English System of Finance*, Paris : Hartley, Adlard and Son.

Pellew, George [1847], *The Life and Correspondence of the Right Honourable Henry Addington, First Viscount Sidmouth*, London: J. Murray.

Pocock, James G. A. [1998], *Vertu, commerce et histoire*, Paris : PUF. Traduction de l'édition originale de 1985.

——— [1975], *The Machiavellian Moment. Florentine Political Thought and the Atlantic Republican Tradition*, Princeton: Princeton University Press.

Price, Richard [1772], *An appeal to the public, on the subject of the national debt*, London: Cadell.

——— [1789], *Discourse on the Love of our Country*, London: Cadell.

Raymond, Daniel [1823], *The Elements of Political Economy*, vol. 1, Baltimore: F. Lucas, J.-R. and E. J. Coale.

Ricardo, David [1977], *Des principes d'économie politique et de l'impôt*, Paris : Flammarion, coll. « Champs », traduction de Francisco Solano Constancio et Alcide Fonteyraud en 1847, à partir de la 3e édition anglaise de 1821.

Rothschild, Emma [2002], *Economic sentiments. Adam Smith, Condorcet, and the Enlightenment*, Cambridge: Harvard University Press.

——— [1992], « Adam Smith and Conservative Economics », *The Economic History Review*, New Series, vol. 45, n° 1, p. 74-96.

Schumpeter, Joseph A. [1983], *Histoire de l'analyse économique*, vol. 2, Paris : Gallimard, coll. « Tel ». Traduction de l'édition originale de 1954.

Smith, Adam [1776], *An Inquiry into the Nature and Causes of the Wealth of Nations*, London: Strahan & Cadell.

——— [1976], *An Inquiry into the Nature and Causes of the Wealth of Nations*, Oxford: Oxford University Press. Réédition du texte de l'édition de 1793.

Sugiyama, Chuhei [1996], *Lauderdale's notes on Adam Smith's Wealth of nations*, London-New York: Routledge.

Stewart, Dugald [1856], *Lectures on Political Economy*, vol. 2, Edimburg: Constable & Co.

Thomson, Herbert F. [1970], « Lauderdale's early pamphlets on public finance [1796-1799] », *History of Political Economy*, vol. 2, n° 2, p. 344-380.

——— 1974, « Lauderdale's Doctrine and Policy on the Parliamentary Stage », *Nebraska Journal of Economics and Business*, vol. 13, n° 4, p. 92-108.

Whatmore, Richard et Livesey, James [2000], « Étienne Clavière, Jacques-Pierre Brissot et les fondations intellectuelles de la politique des girondins », *Annales historiques de la Révolution française*, n° 321, p. 1-26.

Archives

Tokyo Keizai University Library, Rare collections, Lauderdale Library :

Vauban, Sébastien le Prestre de [1708], *Projet d'une dîme royale*, Bruxelles : George de Backer.

M'Arthur, John [1801], *Financial and Political Facts of the Eighteenth Century*, London: J. Wright.

University of London, The Goldsmiths'-Kress Library of Economic Literature :

Turgot, Anne Robert Jacques [1788], *Réflexions sur la formation et la distribution des richesses*, Paris.

CONSTRUIRE ET DÉFENDRE LE LIBÉRALISME EN PÉRIODE RÉVOLUTIONNAIRE : LES JUSTIFICATIONS DE LA PRÉSERVATION ILLIBÉRALE DE LA LIBERTÉ CHEZ SIEYÈS

Erwan Sommerer[1]

Sieyès est sous le Directoire l'un des intellectuels dont la pensée exprime le mieux les ambiguïtés du libéralisme. Confronté au problème de la préservation de l'ordre républicain, il doit gérer tant sur le plan théorique que pratique le passage d'une logique révolutionnaire à une position conservatrice visant à protéger le système politico-institutionnel né de la révolution. Ainsi, l'équivocité de son parcours intellectuel naît de la distinction entre les principes libéraux applicables à une société pacifiée et les méthodes illibérales que l'État assume d'utiliser contre ceux qu'il identifie comme ses ennemis.

Building and defending liberalism in revolutionary times: the justifications for the illiberal preservation of freedom in Sieyès's thought

Sieyes is under the Directory one of the intellectuals whose thought best expresses the ambiguities of liberalism. Confronted with the problem of preserving the republican order, he must manage both theoretically and practically the transition from a revolutionary logic to a conservative position aimed at protecting the political-institutional system born from the revolution. Thus, the equivocality of his intellectual journey springs from the distinction between the liberal principles applicable to a pacified society and the illiberal methods that the State assumes to use against those it identifies as its enemies.

Mots clefs : Sieyès, libéralisme, Révolution française, contractualisme, pensée post-révolutionnaire.

Keywords: Sieyès, liberalism, French Revolution, contractualism, post-revolutionary thought.

JEL Codes : B11, B12, B31

1. Groupe d'études sieyèsiennes – GES / CRHI EA 4318 (Université Nice Sophia Antipolis).

Comment une œuvre évolue-t-elle en période révolutionnaire ? Quelles idées, quels concepts, quelles manières de lire le monde émergent d'une situation de désagrégation des certitudes et de lutte entre des tentatives antagonistes de restauration de l'ordre ? Ces questions se posent inévitablement lorsque l'on étudie le parcours intellectuel de Sieyès. L'intérêt de sa pensée politique, en effet, est que celle-ci a été formulée en lien étroit avec les événements. Partiellement élaborée avant la Révolution française, elle a été remaniée et enrichie au fil des crises, de la succession des constitutions et des renouvellements parfois brutaux du personnel politique. Or, par bien des aspects, cette pensée peut être qualifiée de libérale : sa valorisation de la liberté individuelle, sa critique de la souveraineté illimitée et de la démocratie antique ainsi que ses innovations en matière de contrôle de constitutionnalité sont généralement considérées comme l'une des sources principales du « gouvernement des modernes » défini en 1819 par Constant [Pasquino, 1987, p. 214-229]. Ainsi, tout en évoluant au fil des circonstances, Sieyès n'a cessé de promouvoir un certain modèle d'organisation de la société – une conception du « meilleur régime » – énoncé à travers de multiples interventions dans l'espace public, notamment sous forme de brochures ou de discours parlementaires.

Étudier ce modèle dans son contexte historique de production permet d'en comprendre le processus d'énonciation. Surtout, cela aide à en saisir les nuances et les ambiguïtés. Le libéralisme de Sieyès, en effet, s'est développé au cours d'une période d'intense conflictualité et d'instabilité qui a profondément affecté sa nature. La valorisation de la liberté y procède d'une réserve de violence et d'intolérance qui ne manque pas d'interroger sur l'ambivalence non seulement de l'œuvre sieyèsienne, mais aussi de la pensée libérale elle-même. C'est ce que nous souhaitons démontrer ici : analyser le développement du libéralisme sieyèsien permet de jeter une lumière crue sur la façon dont cette doctrine, en tant que système d'organisation de la société, incorpore la possibilité de se défendre face à ses ennemis dans un contexte hautement antagoniste.

Au cœur de notre propos réside le postulat qu'il n'est pas envisageable de dissocier les transformations de la société des propositions symboliques mises en circulation dans l'espace public pour déclencher ces transformations, pour en influencer le cours ou pour maîtriser leur interprétation dans une période de prolifération discursive. Pour les acteurs immergés dans la Révolution, l'enjeu est d'en contrôler la signification de manière à tenter de conserver une place dominante dans les institutions. Cela implique de réagir aux attaques, de contrer les thèses des adversaires et, ce faisant, de les disqualifier. Les protagonistes doivent sans cesse se justifier, se défendre, débattre et proposer une description adéquate des événements. Cela peut être, selon les cas, une question de carrière ou de survie[2].

Sieyès, de façon ponctuelle, parvient à être l'un des « producteurs de sens » majeurs de certaines séquences clés. C'est le cas au cours de l'été 1789, lorsque sa brochure *Qu'est-ce que le Tiers-état ?* fait de lui l'un des polémistes antinobiliaires les plus en vue et l'un des députés les plus influents aux États généraux. Mais sa capacité à énoncer la signification des événements est aussi très vive sous le Directoire. Il est alors l'un des intellectuels qui décrit avec le plus d'acuité les contours et les impasses du libéralisme dans les dernières années de la Révolution. Dès l'an III, il est confronté au problème de la préservation de l'ordre républicain et doit gérer, tant sur le plan théorique que pratique, le passage d'une logique révolutionnaire – celle qui a présidé à la crise de 1789 et à la disparition de l'Ancien Régime – à une position conservatrice visant à protéger le système politico-institutionnel né de cette disparition. C'est à l'aune de cette évolution, que l'on peut qualifier de « post-révolutionnaire », que son libéralisme mérite d'être scruté. Nous verrons ainsi que l'équivocité du parcours intellectuel de Sieyès, qui devient extrême sous le Directoire, naît de la distinction entre les principes libéraux applicables à une société stable et pacifiée, et les méthodes illibérales que l'État assume d'utiliser contre ceux qu'il identifie comme ses ennemis. Se pose ici la question de ce que le libéralisme lui-même implique en termes de répression du pluralisme et d'usage de moyens non libéraux contre ceux qui plaident pour d'autres conceptions politiques ou morales.

Explorer cette perspective ne pourra se faire dans un premier temps qu'en englobant dans la réflexion des textes de jeunesse qui, pour la plupart, s'inscrivent dans le champ de l'économie politique. C'est en effet dans cette partie longtemps ignorée de son œuvre que l'on peut situer la genèse de sa pensée ultérieure, mais aussi de la tension entre libéralisme et autoritarisme qui n'a cessé par la suite de la traverser. Puis, à partir de l'étude de ces ébauches économiques, nous suivrons la reformulation de cette tension dans le champ de la théorie politique afin de la considérer dans toute son ampleur.

2. Cette idée de lutte pour la désignation adéquate des choses et des événements, avec les conséquences pratiques qui en découlent, se retrouve chez Koselleck dans la notion de « combat sémantique », qui renvoie à l'effort « pour tenter de définir des positions politiques et sociales et à les maintenir ou les imposer par voie de définition ». L'auteur précise également que cette approche implique « une exigence méthodologique minimale » qui est « l'obligation de saisir les conflits sociaux et politiques du passé à travers les frontières conceptuelles de l'époque et l'interprétation du langage des partenaires d'alors ». Cela permet de mettre au jour les tentatives des auteurs pour lier production discursive et mobilisation politique [Koselleck, 1990, p. 104].

En analysant de quelle manière la pensée de Sieyès s'est affinée et précisée face à deux ennemis auxquels il n'a cessé d'opposer des armes intellectuelles et politique – les artistocrates et les Jacobins –, nous serons ainsi amenés à appréhender pleinement la portée et les limites d'un libéralisme combatif né dans une situation de crise politico-institutionnelle aiguë.

I. Les manuscrits d'économie politique : libéralisme ou autoritarisme ?

L'émergence de la pensée sieyèsienne dans les textes de jeunesse

Les études sieyèsiennes ont été marquées en 1967 par la redécouverte d'un nombre important de manuscrits qui ont considérablement aidé à comprendre cet auteur par-delà les textes les plus connus, notamment *Qu'est-ce que le Tiers-état ?*, auxquels il a longtemps été réduit. Ces manuscrits ont révélé son intérêt pour deux domaines qui ne transparaissent que de façon sous-jacente ou intermittente dans son œuvre publique, à savoir l'économie politique et la métaphysique. Cette situation a posé une difficulté méthodologique qui n'a pas été tout de suite perçue : comment incorporer ces manuscrits à une analyse élargie de l'œuvre ? La tentation était forte d'en faire une clé d'interprétation de la pensée sieyèsienne dont les textes publics n'auraient alors été que la partie émergée[3]. Ce fut particulièrement le cas pour ceux d'économie politique, constitués de textes de jeunesse, écrits dans les années 1770 et qui instaurent un dialogue critique avec Quesnay, Smith ou Necker. Ils consistent en des notes de lecture plus ou moins approfondies, parfois très longues mais peu novatrices, des réflexions éparses et quelques textes complets, notamment des *Lettres aux économistes sur leur système de politique et de morale* adressées aux physiocrates que Sieyès fut sur le point de rendre publiques en 1775 [Fauré, 1999b, p. 171-184].

Lors de sa publication en 1999, l'ensemble fut jugé sévèrement par Jacques Valier qui estima que « l'apport de Sieyès à l'économie politique est négligeable » [Valier, 1999, p 192]. Mais comme le rappela par la suite Catherine Larrère, leur intérêt se situe bien moins du côté de la pensée économique en tant que telle, domaine dans lequel il ne semble pas réellement capable d'innover, que de celui d'une réflexion plus générale sur l'organisation de la société [Larrère, 2008, p. 196]. Ce que l'on peut

3. Nous avions ainsi interrogé la possibilité d'un usage « raisonnable » des archives et prôné le maintien d'une hiérarchie dans laquelle l'œuvre publique demeure prioritaire [Sommerer, 2009].

donc raisonnablement chercher dans ces textes, si l'on se situe dans une optique d'éclaircissement de l'œuvre de maturité, sont des réflexions, des intuitions ou des premiers tâtonnements théoriques dont on retrouve plus tard la trace dans les interventions publiques de la période révolutionnaire. En se plongeant dans l'économie politique, Sieyès pose les fondements de ses raisonnements ultérieurs. Ces manuscrits nous montrent ainsi sa pensée en état d'ébauche, esquissée dans un vocabulaire que son auteur a presque totalement abonné ensuite. Cela concerne surtout trois grandes idées.

La première est que la société est constituée d'individus qui se rassemblent pour coopérer afin de produire plus de richesses ensemble que séparément. Le « travailleur collectif » [Valier, 1999, p. 190] apparaît ainsi plus efficace que la somme des travailleurs isolés, ce qui justifie la nécessité d'entrer en société : « une association n'est qu'un moyen plus parfait d'obtenir avec plus de profusion et plus de sûreté ce que chacun désire, les richesses [...]. Le travail général est donc le fondement de la société, et l'ordre social n'est que le meilleur ordre possible des travaux » [Fauré, 1999b, p. 175-176]. Cette insistance sur le travail vise à réfuter la position des physiocrates sur la source de la richesse, mais elle s'inscrit dans une même conception de la société, vecteur nécessaire de réalisation des buts humains. Il est alors tentant de chercher chez le jeune Sieyès, lecteur de Quesnay, Dupont de Nemours ou Lemercier de la Rivière, la définition typiquement physiocratique de l'ordre social comme continuation logique des droits naturels, au premier rang desquels la propriété[4]. Mais ce vocabulaire, absent des *Lettres aux économistes* et des manuscrits économiques, est plutôt celui de la fin des années 1780 et de l'œuvre de maturité, marquée par le contractualisme de Locke[5]. Toutefois l'essentiel n'est pas là : ce qui compte est l'idée qu'à travers leur existence sociale, les hommes visent à augmenter leurs capacités productives et leurs jouissances et ne perdent donc rien par rapport à un éventuel état d'isolement présocial.

La deuxième idée identifie le modèle idéal d'organisation de la société à un partage des activités fondé sur le principe de l'utilité réciproque. Chacun possède une fonction dans laquelle il se spécialise et peut échanger

4. Voir à ce sujet l'analyse de Fauré concernant la notion d'« ordre social » chez Sieyès. L'idée d'une influence physiocratique est tout à fait convaincante mais ne peut être aisément démontrée à partir des manuscrits [Fauré, 2007, p. 409, note 1].

5. Un fragment difficile à dater et intitulé *Lois* évoque cependant des droits naturels antérieurs à la loi positive mais protégés par elle. Le cadre théorique, où la notion d'« association » domine, n'est plus celui de l'économie politique mais renvoie plutôt à l'idée de contrat social [Fauré, 2007a, p. 417]. Cf. aussi p. 470 pour la définition de l'association comme un « acte d'union qui a établi l'état de société ».

ce qu'il produit contre un bien ou un service. Ainsi, ce que Sieyès appelle la « classe nourricière » échange-t-elle sa production (nommée le « produit disponible ») contre celle des autres acteurs, notamment les « travaux du législateur » : celui-ci « éclaire les hommes sur leur bonheur », « maintient l'ordre par la force » ou « corrige les maux causés par la nature et par les hommes » [Zapperi, 1985a, p. 50-51][6]. C'est ce type de raisonnement qui lui fait dire quelques années plus tard qu'il a devancé Adam Smith dans la découverte des progrès liés à la « division du travail ». Il utilise dès lors fréquemment cette traduction littérale de l'expression « division of labour » faite par l'abbé Blavet dans la première édition française de *La Richesse des Nations* parue dans le *Journal du commerce, de l'agriculture, des arts et des finances* en 1779 et 1780 [Fauré, 2007, p. 34][7]. Vexé, peut-être, de ne pas avoir publié plus tôt à ce propos, il s'affirme précurseur et prétend avoir innové en étendant d'emblée cette idée à toute l'organisation de la société. De là découle son insistance, vouée à s'installer au cœur de son œuvre, sur le lien entre prospérité, liberté et « travail représentatif » : c'est en déléguant à d'autres ce que l'on ne peut faire soi-même, en se faisant représenter dans le plus d'activités possibles, que l'on trouve le temps d'accomplir ses propres tâches et de jouir de ses biens.

Enfin, la troisième idée, exprimée de façon très dispersée, sans vrai développement approfondi, est le rejet de la « classe des oisifs », c'est-à-dire des propriétaires disposant de privilèges (principalement fiscaux) qui entravent la libre concurrence et donc l'augmentation des richesses. Évoquant le système des rentes, Sieyès s'en prend ainsi à « la foule des canaux factices ouverts à une distribution de jouissances réellement antinaturelles et dangereuses [...] qui permettent à une partie de la nation de rester oisive » [Fauré, 1999c, p. 200]. Déjà, ici, pointe le rejet de ceux qui ne participent pas à l'harmonie sociale et auxquels ses bienfaits ne doivent pas s'appliquer. Ainsi, l'idée de classe superflue ou parasitaire émerge dès l'œuvre de jeunesse [Fauré, 1999, p. 22]. Le propriétaire de la terre « ne crée rien » et ne participe donc pas à la production nationale [Fauré, 2007, p. 313 et note 13]. Mieux, une différence est faite entre un « privilège naturel » tel qu'« un degré de force ou d'intelligence particulier » et un « privilège factice ». Ici se dessine l'idée qu'il défend en 1789, selon laquelle les inégalités naturelles peuvent être tolérées à l'intérieur d'un système où les inégalités juridiques sont abolies.

6. Voir aussi le tableau dans le troisième cahier de ses *Delineamens politiques* [Fauré, 1999c, p. 327-328]. Une version plus philosophique incluant la fonction du « métaphysicien » se trouve dans le *Grand Cahier Métaphysique* [Fauré, 1999a, p. 98].

7. Sieyès fait explicitement référence à la réédition parue à Yverdon en 1781 dans le texte *Travail ne favorise la liberté qu'en devenant représentatif* [Zapperi, 1985b, p. 62].

La prudence invite à ne pas projeter inconsidérément sur ces manuscrits, écrits à partir du milieu des années 1770, le contenu d'une pensée qui ne commence à trouver sa pleine expression qu'une quinzaine d'années plus tard. La question des « classes oisives », notamment, n'existe dans les manuscrits de jeunesse que sous forme très obscure et prête le flanc à des interprétations multiples. Mais il n'est pas pour autant interdit de repérer des idées et des arguments qui seront sans cesse repris et reformulés par Sieyès tout au long de sa carrière politique et intellectuelle : dès cette époque sont posés à la fois le principe de la coopération sociale en vue d'une plus grande prospérité, le lien entre division du travail, représentation et liberté et en même temps la méfiance envers les éléments non participants, traités comme exogènes. Autrement dit, l'on trouve ici certains aspects clés du libéralisme politique sieyèsien, avec ses ambiguïtés, énoncés de façon encore hésitante dans le registre de l'économie politique.

Les manuscrits de jeunesse seraient donc les « brouillons » d'une doctrine pleinement exprimée dans l'œuvre publique de la période révolutionnaire. Toutefois, adopter cette perspective revient à écarter sans les discuter des interprétations divergentes qui ont vu dans sa pensée bien autre chose qu'une défense de la liberté. Or, en restituer la complexité n'est envisageable que si l'on tient compte de la possibilité paradoxale de voir dans les manuscrits concernés le fondement d'une position théorique et pratique bien moins libérale qu'elle n'y paraît, voire franchement illibérale. Et si la méfiance envers les classes oisives, porteuse d'une logique d'exclusion, est un indice déjà sérieux en ce sens, c'est tout l'ensemble du système sieyèsien qui a fait l'objet d'une critique virulente en termes d'autoritarisme étatique et de domination socio-politique.

Le Sieyès autoritaire : une autre interprétation des manuscrits

Plusieurs commentateurs contemporains ont procédé à une lecture critique des manuscrits et ont découvert dans ces textes un Sieyès bien différent de celui des tenants de l'interprétation libérale de son œuvre. C'est le cas dès 1970 de Roberto Zapperi à l'occasion de la réédition de *Qu'est-ce que le Tiers-état ?*, dans l'une des premières études incorporant l'apport des manuscrits[8], prolongé ensuite par un article Marcel Dorigny en 1988. Dans les deux cas, l'on découvre une approche dépourvue de sympathie à l'égard de l'auteur, voire explicitement hostile en ce qui concerne Zapperi. L'enjeu est

8. L'autre est celle de Paul Bastid la même année, dans la réédition de son ouvrage canonique [Bastid, 1970].

à chaque fois de dévoiler ce que serait la réalité de la pensée et des intentions sieyèsiennes plus ou moins masquées par le langage de la liberté politique et économique. L'ensemble de sa production intellectuelle est passée au crible d'un soupçon d'autoritarisme que les manuscrits d'économie politique ont pour fonction de confirmer en jouant le rôle de prémices révélatrices.

C'est tout d'abord chez Zapperi que la critique est la plus globale et la plus cinglante. Sur un plan général – mais il n'est pas dans notre propos de discuter cette thèse ici –, Sieyès est décrit par cet auteur comme le symbole de l'incapacité de la bourgeoisie révolutionnaire à percevoir le capitalisme naissant. Les manuscrits d'économie politique révéleraient ainsi l'absence dans la pensée sieyèsienne de théorie de l'accumulation capitaliste et un attachement aux structures et aux modes de fonctionnement de l'Ancien Régime. Rappelons que Zapperi, malgré sa proximité avec le marxisme, mena une charge sans concession contre l'idée de « révolution bourgeoise » défendue par l'historiographie française [Zapperi, 1974]. Selon lui, la bourgeoisie de la fin du XVIIIe siècle ne constituait en rien une classe sociale soucieuse de moderniser le substrat socio-économique de l'organisation de la France. Loin d'être l'expression de la lutte de deux classes antagonistes, donc de la confrontation entre les tenants de deux modes de production inconciliables, la révolution ne fut, du moins à l'origine qu'une querelle entre élites pré-capitalistes, une simple péripétie politique que seule la mobilisation paysanne porta plus loin que prévu.

Sieyès serait alors l'incarnation de cette cécité à la modernité. Sa proximité critique avec les physiocrates et sa lecture de Smith confirmeraient son enfermement dans un monde révolu. Pire, sa pensée serait l'expression d'une position négatrice de la conflictualité socio-politique et favorable à un ordre oligarchique autoritaire où la richesse demeurerait le seul mode d'accès au pouvoir. Le modèle de la division du travail appliqué au corps social fait ainsi l'objet chez Zapperi d'une attention toute particulière. À ses yeux, en effet, ce n'est que la projection d'une société figée où chacun est sommé de demeurer à la place que sa fonction économique lui assigne. Sous couvert d'efficacité et de rationalité, le concept jouerait le triple rôle contestable de valider et d'entériner les inégalités de statut social et économique, de légitimer l'existence d'une classe politique spécialisée et surtout de supplanter la lutte des classes par un rêve d'harmonie nationale qui s'apparente à un trucage idéologique.

La pensée sieyèsienne serait donc un « chef-d'œuvre de mystification » [Zapperi, 1985 p. 8][9] visant à dissimuler sous une rhétorique hostile aux

9. La présentation par Zapperi des *Écrits politiques* de Sieyès (1985) propose un résumé concis des critiques déjà émises en introduction de *Qu'est-ce que le Tiers-état ?* à l'occasion de la réédition de 1970.

nobles l'entente fondamentale entre les acteurs dominants de l'Ancien Régime. Zapperi évoque à ce propos le « gaspillage de la plus-value prélevée directement ou indirectement de la même source, l'agriculture, par cette bourgeoisie des offices, de la finance ou des professions libérales aussi bien que par la noblesse et le clergé » [Zapperi, 1970, p. 39]. La bourgeoisie, simple parasite au même titre que les autres ordres, n'aurait aspiré qu'à débloquer son accès aux fonctions étatiques les plus prestigieuses. Quant à la paysannerie, elle ne serait qu'une masse de travailleurs traités à peine mieux que des esclaves et « condamnés à servir pour l'éternité » [Zapperi, 1985, p. 11]. Sans compter que le rejet des corps intermédiaires, expression de la lutte contre les privilégiés, aurait pour objectif, en réduisant la société à une collection d'individus isolés, de tarir les « sources vivifiantes de l'initiative locale » [Zapperi 1970, p. 70] au profit d'une centralisation étatique dont Sieyès se fait le champion.

En référence à Proudhon, Zapperi peut ainsi faire sienne l'idée que « la survivance du vieil appareil répressif [...] était nécessaire à l'extorsion de la plus-value » [*ibid.*, p. 74]. Et c'est donc toute une mécanique de la domination qui se dévoile dans la pensée du jeune Sieyès. Celui-ci forge l'arsenal idéologique de la bourgeoisie : négation de la lutte des classes, perpétuation de la domination sur les paysans et destruction des corps autonomes au profit d'un État centralisé et répressif. La liberté tant louée par cet auteur serait alors au mieux réservée à une élite, ou au pire une simple fiction destinée à apaiser les classes subalternes.

L'interprétation de Dorigny s'inscrit dans la continuité de celle de Zapperi, avec deux nuances notables. La première est que Sieyès est cette fois admis du côté de la modernité capitaliste. La seconde est que son appartenance au libéralisme est évaluée sur un plan individuel. Chez Zapperi, en effet, la supercherie sieyèsienne n'est finalement rien d'autre que l'expression sophistiquée des mensonges propres à la doctrine libérale dans son ensemble. Dorigny, pour sa part, prend au sérieux l'idée d'une continuité avec Constant. Mais c'est pour mieux la réfuter en insistant à son tour sur la dimension autoritaire du modèle proposé, dans lequel une société composée d'individus atomisés se soumet à un État fort et dominateur qui agence l'organisation sociale selon ses desseins. Ainsi, « la lecture des manuscrits de Sieyès nous montre-t-elle chez lui un ardent théoricien de l'État considéré comme puissance tutélaire et presque omniprésente dans la vie sociale » [Dorigny, 1988, p. 31]. L'appareil étatique supplante les corps intermédiaires et apparaît « tout-puissant face à des individus isolés, privés de tout droit à une organisation autonome » [*ibid.*, p. 32]. Et si Dorigny reconnaît les tentatives de l'auteur pour équilibrer les institutions et éviter le despotisme, il refuse catégoriquement la filiation avec Constant. Enfin, il reprend l'argument de Zapperi selon lequel la division du travail n'est que l'autre nom de la pacification de la société. Selon lui, « cette harmonie sociale [...] était exempte de toute lutte des classes : l'intérêt de chacun étant complémentaire de celui de tous il n'y a pas lieu d'opposer les classes sociales les unes aux autres » [*ibid.*, p. 28].

Ce Sieyès-là n'est donc pas un mystificateur, producteur attitré de l'idéologie – c'est-à-dire des falsifications – de la bourgeoisie de son temps. Mais il n'est pas plus libéral que celui dépeint par Zapperi[10]. Or, dans les deux cas, plusieurs problèmes méritent d'être soulevés : la démarche vise à chaque fois à projeter l'œuvre de jeunesse, dont la nature fragmentaire et souvent contradictoire est passée sous silence, sur celle de la maturité pour valider l'hypothèse d'un penseur précocement acquis à une vision autoritaire et non libérale de la société, vision que la Révolution lui aurait soudain offert la possibilité du promouvoir dans l'espace public, voire de réaliser partiellement au cours de sa carrière politique. De plus, tout crédit est ôté aux déclarations de Sieyès lui-même à propos de la place centrale de la liberté dans son système, ainsi que sur les concepts constitutifs de son libéralisme politique de la période 1789-1799. Ce n'est chez Zapperi que la rhétorique cache-misère de son autoritarisme élitiste, tandis que Dorigny tend à en faire des éléments non pertinents, établissant une hiérarchie herméneutique qui fait des manuscrits une clé de lecture prioritaire de la totalité de l'œuvre.

L'interprétation fournie par ces auteurs n'apparaît donc pas convaincante. Pour autant, elle a le mérite de rappeler que le libéralisme de Sieyès s'accompagne de grandes ambiguïtés dont la critique des privilégiés, perceptible dès les années 1770 et maintenue sous une forme souvent très radicale et violente jusqu'au coup d'État du 18 brumaire, demeure un exemple frappant. C'est d'ailleurs sur ce point spécifique que s'est appuyé l'historien libéral Jacob Talmon pour classer la pensée sieyèsienne du côté de la « démocratie totalitaire », au même titre que celle des Jacobins [Talmon, 1952, p. 69-77]. De plus, certaines études récentes ont pointé le lien entre Sieyès et l'évolution conservatrice antidémocratique des dernières années de la Révolution : c'est le cas chez Pierre Serna, qui voit dans ses interventions publiques l'une des sources de l'« extrême-centre », cette oligarchie d'État accrochée au pouvoir [Serna, 2005, p. 400-405], mais aussi chez Andrew

10. Un des arguments de Dorigny est la tonalité colbertiste de certains manuscrits, ce qui révèle les hésitations de Sieyès quant au libéralisme économique. Sur ce sujet, voir également Fauré [2012, p. 153-163].

Jainchill, qui en fait l'idéologue du Consulat et le promoteur d'un « autoritarisme libéral » mêlant la défense des intérêts privés et le despotisme politique [Jainchill, 2008]. La portée de cette expression, qui ressemble à un oxymore, mérite d'être élucidée.

Zapperi et Dorigny n'auraient donc pas eu tout à fait tort de douter de la solidité du libéralisme sieyèsien. Mais, pour en saisir toute la complexité et en interroger les limites, il convient de suivre les étapes de sa formation au cours de la période révolutionnaire. Mieux, il importe à présent d'examiner comment cette formation s'est faite en confrontation avec deux ennemis désignés qui furent l'aristocratie et les Jacobins. De cette façon seulement, il sera possible d'appréhender les différentes facettes d'une pensée qui a autant insisté sur la liberté que sur les mesures à prendre pour préserver cette dernière face à ceux qui la menacent ou, pire, qui l'utilisent un temps et en bénéficient afin de l'abolir.

II. Un premier libéralisme face à un premier ennemi : la noblesse non contractante

La construction excluante de la société libérale

Pour rependre le terme employé par Christine Fauré, la période 1788-1789 est pour Sieyès l'occasion d'une « translation » [Fauré, 1999, p. 22] entre deux langages, celui de l'économie politique, sur le point d'être presque complètement abandonné – ou du moins de devenir comme le dit Zapperi une sorte de « toile de fond à demi cachée et floue » [Zapperi [1970, p. 8] [11] – et celui de la théorie politique imprégnée du contractualisme lockéen. C'est au cours de ces années-là que sa pensée acquiert donc une dimension libérale particulièrement nette, à l'intérieur d'un cadre philosophique où domine le thème des droits naturels et de l'association volontaire des individus. Surtout, cette évolution se fait dans un contexte particulièrement conflictuel. C'est à travers elle que Sieyès, publiant plusieurs pamphlets retentissants, fait irruption dans l'espace public à l'occasion de ce que Pasquino a appelé une « déclaration de guerre civile contre l'aristocratie » [Pasquino, 1998, p. 54]. De façon paradoxale cette inflexion vers un libéralisme politique plus clair et plus affirmé se fait dans un but antagoniste particulièrement vif, puisqu'il

11. Zapperi utilise toutefois cette expression pour défendre la thèse que les idées économiques de Sieyès perdurent sous une forme dissimulée, tandis qu'elle signifie pour nous que Sieyès a toujours gardé en mémoire ses manuscrits de jeunesse, se référant par la suite à la division du travail comme un concept définitivement acquis.

s'agit pour lui de mettre au jour les armes conceptuelles les plus à même de légitimer la lutte contre les privilégiés. Défense de la liberté et exclusion, voire répression, des ennemis sont ici étroitement mêlées.

L'ouvrage le plus lu et commenté de Sieyès, *Qu'est-ce que le Tiers-état ?*, joue un rôle particulièrement important puisque c'est dans ces pages que s'effectue la transition et que l'aversion antinobiliaire trouve son expression la plus détaillée. Les arguments issus des manuscrits d'économie politique y sont encore présents et servent d'arrière-plan. C'est le cas, notamment, dans les passages clés où l'auteur dénonce l'inutilité et le parasitisme de la noblesse dans une société où seul le Tiers-état produit les richesses nationales et fait fonctionner l'essentiel de l'appareil administratif. Ainsi peut-il déclarer, après avoir énuméré les différentes activités (agriculture, industrie, commerce, etc.) qui assurent la prospérité de la nation : « Tels sont les travaux qui soutiennent la société. Qui les supporte ? Le Tiers état » [Sieyès, 1989b, p. 3]. On retrouve ici les thèmes du travail comme marqueur d'appartenance à la société, de la coopération socio-économique et de la dénonciation des classes oisives ou non productives. Le début du livre, à ce titre, s'adosse très clairement aux réflexions manuscrites des années 1770. La différence majeure est que le rejet de l'aristocratie, qui n'était auparavant qu'implicite, éclate au grand jour dans un contexte de remise en cause de l'Ancien Régime. En effet, « l'ordre noble n'entre point dans l'organisation sociale » tandis que l'État « le plus mal ordonné de tous serait celui où [...] une classe entière de citoyens mettrait sa gloire à rester immobile au milieu du mouvement général et saurait consumer la meilleure part du produit, sans avoir concouru en rien à le faire naître. Une telle classe est assurément étrangère à la nation par sa fainéantise » [*ibid.*, p. 6-8]. L'ennemi, cette fois, est clairement désigné.

Mais un autre vocabulaire apparaît rapidement et se confirme au fil des chapitres, celui du contractualisme. Il se superpose en quelque sorte à l'ancien sans le recouper totalement, comme si l'auteur hésitait entre deux registres distincts de justification de ses appels au rejet des classes privilégiées. Ainsi, l'appartenance légitime à la nation n'est plus définie sur la base de l'apport au système économique, mais sur celle de l'adhésion volontaire des individus à une société placée sous l'égide d'une « loi commune », donc d'un principe d'égalité juridique qui vient abolir toute forme de privilège. Peu importe, dans ce cadre, le rôle ou la fonction sociale des associés. Cela aboutit en fait au même résultat pour les nobles – qui sont considérés comme des non-contractants en rupture avec l'égalité juridique – mais cela rend plus ouverte l'appartenance à l'association qui découle du contrat social, dont les étapes sont d'ailleurs assez clairement précisées [*ibid.*, p. 70-74].

La reformulation des idées de jeunesse à travers le contractualisme renforce donc à la fois la dimension individualiste de la pensée de Sieyès et son caractère d'arme dirigée contre la structure en ordres séparés de l'Ancien Régime. L'inspiration lockéenne n'y est toutefois pas encore manifeste car la question des droits naturels n'est pas abordée de front. Mais deux autres aspects du libéralisme sieyèsien émergent néanmoins. Le premier découle de la logique représentative, issue de l'application de la division du travail à la sphère politique. Les associés, une fois passé le pacte social, décident de déléguer à certains d'entre eux une partie de leur volonté destinée à assurer la gestion des affaires communes. L'apparition de l'État est donc le fruit d'un partage des tâches et le gouvernement est une spécialisation comme une autre. De cet aspect se déduit le second, qui est le principe d'une limite au pouvoir de l'État. Les individus ne confient pas la totalité de leur puissance aux gouvernants, mais seulement la portion nécessaire à cette activité spécialisée. Dans le schéma anti-hobbesien de Sieyès, l'État ne se voit déléguer qu'avec parcimonie un pouvoir que les membres de l'association conservent très largement pour eux. Et l'auteur souligne aussi la capacité de ces derniers à retirer à leurs représentants leurs prérogatives, voire à changer si besoin les formes institutionnelles assurant l'expression de leur volonté[12]. Ainsi, non seulement l'État n'a pas une puissance illimitée, mais sa structure même, son rôle et ses compétences, sont placés sous le contrôle des associés.

Mais le processus d'association est également source d'exclusion. Les dernières pages de *Qu'est-ce que le Tiers-état ?* sont à ce titre très violentes, comparant les nobles à une maladie du corps social, donc à un ennemi avec lequel la société ne peut avoir une relation normale mais qu'il lui faut « neutraliser » [*ibid.*, p. 127]. Le contexte même d'énonciation du libéralisme de Sieyès à l'époque – celui d'une conflictualité politique forte – rend son application dépendante d'un processus d'homogénéisation du corps national, corps dont le Tiers-état paraît bien être le seul membre légitime. La limitation de la puissance de l'État et l'égalité devant la loi ne s'appliquent qu'aux associés et non à ceux qui sont relégués à l'extérieur de la nation. Dès lors, tout ce que la pensée sieyèsienne va accorder ensuite aux citoyens en termes de préservation de leurs droits fondamentaux, elle va le refuser avec intransigeance à ceux qui sont identifiés comme ennemis.

L'ampleur de cette exclusion peut être mesurée de façon précise en examinant les autres livres et discours de Sieyès pendant cette période, notamment ses *Vues sur les moyens d'exécution dont les représentants de la*

12. C'est le rôle du pouvoir consistant et de sa séparation d'avec les pouvoirs constitués [*ibid.*, p. 77-82].

France pourront disposer en 1789, écrit en 1788, et son discours intitulé *Préliminaire de la Constitution française* suivi d'une *Reconnaissance et exposition raisonnée des droits de l'homme et du citoyen*, prononcé en juillet 1789 à l'Assemblée constituante à l'occasion du débat sur la Déclaration des droits. Il y décrit plus en détail les étapes menant de l'état de nature à l'association puis à la création des institutions. Ce qui en ressort est un modèle dans lequel l'individu est avant tout défini comme propriétaire de sa personne et de ses biens, construisant avec ses pairs une société destinée à protéger et à renforcer sa liberté [Sieyès, 1989c, p. 20-26]. Cette association de propriétaires ne se dote alors d'institutions que dans la mesure où les décisions collectives ne peuvent être prises à l'unanimité et où le besoin d'un corps de gouvernants spécialisés se fait sentir [Sieyès, 1989a, p. 19-23]. La division du travail et la finalité du contrat social impliquent ainsi que les associés recherchent avant tout le bonheur privé, la jouissance de leurs biens et se préoccupent plus de leurs propriétés que des affaires publiques. L'État n'est donc qu'un instrument de gestion fonctionnelle de la société et non pas le dépositaire de la puissance collective [*ibid.*, p. 33 et p. 36-38]. Autonomes, libres de posséder et de s'enrichir, les individus selon Sieyès ne s'intéressent à la politique qu'à distance et en délèguent volontiers la charge à quelques-uns d'entre eux.

Le pacte d'association engendre bien une société libérale. Mais cette société s'inscrit dans un espace soigneusement délimité d'où les non-contractants sont exclus. L'alternative au contrat social est explicitement établie : il s'agit de l'« état de guerre », qui intervient lorsque les hommes se considèrent comme des obstacles mutuels et refusent de coopérer pour parvenir à leurs buts. Ainsi, s'ils cessent de se voir comme « des moyens réciproques de bonheur », alors « il ne leur reste que le choix entre fuir et combattre sans cesse » [Sieyès 1989c, p. 21]. On le voit, Sieyès établit un libéralisme sous réserve, conditionné à l'acceptation de la liberté et de la propriété comme principes fondateurs de l'ordre social, mais aussi à l'acceptation de l'égalité, c'est-à-dire d'une loi commune d'où les exceptions, donc les privilèges, sont bannis. Et celui qui refuse les modalités du pacte « ne se réserve le droit que de quitter l'association, de s'expatrier, si les lois qu'on y fait, ne peuvent lui convenir » [Sieyès 1989a, p. 18]. En état de guerre contre le reste de la société, les nobles, « humeur maligne » [Sieyès, 1989b p. 127], sont sommés de partir. C'est à ce prix que s'obtient l'homogénéité morale et juridique apte à consolider la liberté.

Michel Foucault, commentant *Qu'est-ce que le Tiers-état ?* lors d'une séance de son cours au collège de France *Il faut défendre la société*, a analysé avec précision cet appel à la guerre intérieure. Il insiste ainsi sur la façon dont Sieyès s'oppose résolument à la conception nobiliaire de l'histoire de France. Là où l'aristocratie, s'inspirant de Boulainvilliers, décrivait le Tiers-état et la noblesse comme deux nations en lutte se partageant un même territoire, la rupture sieyèsienne consiste à réclamer pour la bourgeoisie le monopole de l'appartenance à la communauté issue du contrat social qu'est le corps national. Le Tiers se présente ainsi comme une totalité autosuffisante qui, loin de s'en tenir à l'affirmation de sa singularité et de ses droits spécifiques comme le faisaient alors les aristocrates, se définit au contraire dans une relation de coïncidence absolue avec l'État. En d'autres termes, à travers le pamphlet de Sieyès, l'on découvre comment une composante de la société présente ses valeurs et ses buts comme les seuls susceptibles d'étatisation, donc les seuls aptes à s'incarner dans les institutions et à être défendues par elles [Foucault, 1997, p. 194-200].

Nous ne nous pouvons cependant pas suivre tout à fait Foucault lorsqu'il repère dans *Qu'est-ce que le Tiers-état ?* une parfaite compatibilité entre les vocabulaires de l'économie politique et du contractualisme, décrivant la nation sieyèsienne comme étant à la fois une substance (les activités économiques) et une forme (l'institutionnalisation juridique). Nous avons montré qu'il s'agit plutôt d'une opération de substitution entre deux registres distincts, la notion de contrat renforçant les modalités d'exclusion des nobles en les présentant comme contre nature. Mais l'approche foucaldienne saisit parfaitement l'horizon de cette logique excluante : le statut de l'aristocratie ici est celui d'un ennemi intérieur, d'un surplus que l'État est appelé à réguler sur le mode de l'homogénéisation, que ce soit par la recherche du consentement (si les nobles acceptent de se rallier au nouveau régime) ou par la répression. Comme le suggère Foucault à la fin de son cours, c'est donc bien une dimension de la « société de normalisation » qui est ici en jeu.

La réactivation de la rhétorique antinobiliaire sous le Directoire

Le modèle libéral sous condition énoncé par Sieyès n'a pas simplement une portée théorique, mais aussi pratique. Si son intervention décisive lors de la transformation des États généraux en Assemblée constituante en est un exemple célèbre – il érige alors les députés du Tiers-état en représentants exclusifs de la totalité de la nation, excluant les nobles et le clergé –, c'est sous le Directoire qu'il tente de donner une portée concrète à ses idées. Cette période est en effet particulièrement conflictuelle : le camp royaliste remporte les élections de germinal an V et les républicains se sentent menacés par une poussée législative en faveur du retour des émigrés et des prêtres réfractaires. Une restauration légale de l'Ancien Régime est pressentie, ce qui conduit à une réaction antimonarchiste violente incarnée par le coup d'État du 18 fructidor an V (4 septembre 1797), au cours duquel les députés soupçonnés d'œuvrer au retour du roi sont arrêtés, démis de leurs mandats tandis qu'une soixantaine sont finalement déportés en Guyane. La répression est très intense et Sieyès, qui est sans doute l'un des instigateurs du coup de force, figure parmi les orateurs les plus virulents. Son contractualisme trouve à cette occasion une voie d'application particulièrement abrupte.

Dans les semaines qui suivent le coup d'État, il est membre d'une commission parlementaire chargée de faire des propositions sur le sort à réserver aux nobles. La ferveur républicaine est alors à son comble et Boulay de la Meurthe, l'un de ses principaux alliés, présente en vendémiaire an VI au Conseil des Cinq-Cents le rapport que Sieyès contribue très largement à rédiger. Le texte est très violent. Les nobles y sont décrits comme des étrangers au sein de la nation : « Il existe une incompatibilité réelle entre la République et toute espèce de noblesse fondée sur des distinctions de naissances et de titres héréditaires. [...] Cette vérité nous a conduits à une seconde ; c'est l'état de guerre qui, depuis l'origine de la révolution, doit exister et existe véritablement entre la ci-devant noblesse et la République » [Boulay de la Meurthe, 1797]. Hostiles à l'égalité des droits, les nobles forment une caste, un corps minoritaire qui tente de substituer ses intérêts à la loi commune. Ils sont, vis-à-vis de la République, des ennemis intérieurs dont il faut la nettoyer pour assurer la liberté [*ibid.*, p. 19]. Puisqu'ils persistent dans leur volonté de ne pas adhérer au pacte social, de se maintenir comme un groupe à part, ils doivent être non pas guillotinés – Sieyès juge cette méthode trop peu humaine – mais privés de leur citoyenneté et, pour une partie d'entre eux, chassés hors de France. Il propose donc de les déchoir tous de leur nationalité, autrement dit de leurs droits civiques, et d'expulser du territoire les membres de la « haute noblesse » [*ibid.*, p. 21-22].

Les effets pratiques du contractualisme trouvent ici leur aboutissement le plus extrême. Dans la continuité de ses idées de 1788 et 1789, Sieyès propose d'appliquer à la noblesse une logique d'ostracisme qui l'a toujours fasciné, et qui apparaît de loin en loin dans son œuvre, sous diverses formes. La proposition fait débat et circule dans l'opinion publique mais ne recueille pas l'approbation des milieux politiques et intellectuels. Elle est finalement rejetée par les députés, qui la considèrent excessive même si l'on en retrouve la trace dans la législation ultérieure[13]. Mais il faut surtout noter la cohérence entre la théorie contractualiste de 1789 et son application très crue en l'an V. Pour assurer la liberté des membres de l'association politique, Sieyès propose d'en priver ceux qui n'en font pas partie. Son libéralisme, né par la contestation, porteur de violence contre les nobles, assume donc de se maintenir par les mêmes moyens.

Il est dès lors difficile de nier, comme le fait Zapperi, la dimension de conflictualité en jeu dans l'aversion antinobiliaire de Sieyès. Sur un plan général, l'idée que la Révolution ne procède que d'une querelle d'élites d'Ancien Régime pose déjà une sérieuse difficulté. Non pas que la bourgeoisie révolutionnaire n'ait rien partagé avec l'aristocratie en termes de domination socio-économique – le thème de l'« alliance des propriétaires » étant un enjeu clé sous le Directoire – mais cela n'ôte rien à la vigueur de ce qui les opposait. Réduire la seule vraie conflictualité à la lutte entre les tenants de modes de production antagonistes ne vaut que dans une stricte perspective marxiste et revient à nier tout autre type de rupture, telle celle incarnée par la constitutionnalisation de la monarchie puis le passage à la république, la déclaration des droits, l'égalité juridique, etc. En somme, cela implique de refuser son autonomie à la sphère politico-juridique, simple émanation superficielle de l'infrastructure économique. Ce n'est pas la perspective que nous avons choisi ici d'adopter.

Sur le plan plus spécifique de la pensée de Sieyès, cette première difficulté se double d'une seconde, qui consiste à considérer l'ensemble de ses diatribes et de ses propositions antinobiliaires comme dénuées de réel fondement. Or nous pensons avoir démontré qu'il est difficile de prétendre, à la manière de Zapperi, que les textes et discours concernés ménagent l'aristocratie d'une façon ou d'une autre[14]. Que d'autres acteurs de la Révolution aient pu envisager une alliance avec la frange progressiste de la noblesse sur la base d'intérêts communs ne fait aucun doute – les Feuillants de Barnave en sont l'illustration –, mais l'épisode de l'an V prouve que l'hostilité sieyèsienne

13. Une résolution est adoptée par le Conseil des Cinq-Cents le 29 vendémiaire an VI après une seconde intervention de Boulay de la Meurthe. Selon la loi finalement votée par le Conseil des Anciens, les nobles sont déchus de leurs droits civiques mais peuvent demander à redevenir citoyen selon les procédures de l'article 10 de la constitution de l'an III (sur la naturalisation des étrangers). Les nobles ayant siégé dans les assemblées révolutionnaires ne sont pas concernés, ce qui protège notamment Barras [Lallement, 1821, p. 332].

14. C'est ce qu'il affirme pourtant en expliquant, de façon erronée, que les mesures de l'an V ne s'appliquent qu'à une portion minoritaire de la noblesse, et en épargnent la majeure partie. L'on voit mal comment interpréter en ce sens une déchéance massive de nationalité accompagnée d'une privation des droits civiques [Zapperi, 1970, p. 36-37].

envers les privilèges le poussait à identifier tout aristocrate à un ennemi. La réserve de violence et d'exclusion à l'œuvre dans sa doctrine libérale est donc indéniable. Et restituer la complexité de cette doctrine implique ici de ne pas en estomper les aspérités.

III. Face aux Jacobins : l'énonciation d'un libéralisme antidémocratique

La double limitation de la souveraineté et la méfiance envers les élections

Si la lutte contre l'aristocratie est l'un des antagonismes constitutifs du libéralisme de Sieyès, le rejet du jacobinisme, et plus largement de la rhétorique ultra-démocratique, a joué un rôle tout aussi décisif dans l'évolution de sa pensée. Sa conception même du système de division du travail, et donc de la politique comme tâche représentative, le rend dès 1788-1789 méfiant envers l'idée d'une souveraineté que les citoyens conserveraient face à l'État : les individus-propriétaires qui constituent l'association n'ont pas de voix collective ; celui qui délègue une tâche ne conserve pas la possibilité de la réaliser lui-même. Au cours des débats sur le veto royal, lorsque la possibilité de l'« appel au peuple » est évoquée (par voie de référendum ou de dissolution), Sieyès intervient vigoureusement pour rappeler que seuls les représentants parlent pour la nation, et que celle-ci n'a aucune volonté propre [1989d, p. 17-18]. Il est donc impossible d'opposer aux décisions législatives la parole du peuple ou de la nation, car cette parole n'existe pas. La pluralité des citoyens qui composent l'association ne constitue un peuple qu'à travers sa représentation dans les institutions.

Cette idée, dont la fonction en 1789 est d'écarter le principe des mandats impératifs – invoqué par la noblesse pour bloquer les États généraux – et d'assurer l'indépendance et la légitimité de l'Assemblée constituante, est clarifiée et réinvestie après la Terreur pour contrer la notion de souveraineté populaire telle que l'entendait le camp démocrate. Notons d'ailleurs à ce propos que la période 1794-1795 est la deuxième grande phase d'expression publique de Sieyès. Il sort de sa réserve après plusieurs années de silence politique et intellectuel, et l'on peut alors mesurer à quel point la Terreur l'a poussé à confronter son libéralisme à un modèle qui lui est opposé par bien des aspects : sa pensée a évolué et s'est précisée en réaction au jacobinisme triomphant.

Son retour au premier plan après le 9 Thermidor lui offre l'opportunité de dénoncer explicitement la conception jacobine du peuple en même temps que l'idée de souveraineté illimitée. Ainsi, selon lui, la notion de peuple n'est pour les Jacobins qu'une pure construction destinée à justifier leur pouvoir et leurs excès. Ce n'est rien d'autre que le nom qu'ils donnent « au premier attroupement que le hasard » suscite « au coin de la rue » [Sieyès, 1989e, p. 48]. Dès lors que le peuple n'existe pas en tant qu'acteur doté d'une volonté exprimable, prétendre accomplir celle-ci, voire l'incarner, ne peut être qu'une supercherie[15], surtout s'il s'agit d'en déduire un droit d'insurrection contre les représentants élus. C'est aussi un prétexte pour s'arroger un pouvoir sans limite : puisque la souveraineté populaire est réputée grandiose, suprême, alors ses porte-parole autodésignés s'investissent aussi d'un pouvoir sans freins. Or le peuple « n'a pas lui-même ces pouvoirs, ces droits illimités, que ses flatteurs lui ont attribués ». Lui faire croire le contraire, c'est « le doter de tout l'héritage de pompeux attributs et de pouvoirs absolus, qui ont fait briller les souverainetés usurpées » [Sieyès, 1989g, p. 7]. Selon Sieyès, à la source des épisodes les plus contestables de la Révolution, que ce soit les journées insurrectionnelles du 31 mai et du 2 juin qui voient la chute des Girondins, la domination de la Convention montagnarde ou la Terreur, réside donc une fausse conception de la souveraineté et de sa portée, elle-même liée à une fausse conception du peuple.

Développer cet argument lui permet de préciser son propre libéralisme dans le cadre des débats sur la future constitution du Directoire. C'est alors qu'il utilise pour la première fois en public le néologisme de « ré-totale », qui renvoie à un régime défini comme l'antithèse de la république libérale et individualiste qui est au centre de sa conception du meilleur régime [*ibid.*, p. 7]. Comprendre la portée de cette innovation langagière implique de cerner tous les aspects de la critique de la souveraineté qu'il formule à l'époque. Ainsi, pour Sieyès, « rien n'est illimité dans la nature » [Fauré 1999d, p. 510] et même la puissance qu'ont les individus hors de l'association, investis de leurs droits naturels, n'est pas sans limites – pas plus que celle qu'ils réunissent en passant le contrat social. Sans compter que lorsqu'ils fondent la société, on l'a vu, ils ne rassemblent qu'une part limitée de ce pouvoir et ne confient

15. La critique de la souveraineté populaire est sous-jacente dès le débat de 1789 sur le veto royal mais se systématise après 1794 avec de multiples occurrences : cf. par exemple Emmanuel Sieyès, *Discours prononcé à la Convention nationale dans la séance du 20 ventôse, an III* [1989f, p. 2] ; on retrouve cette critique dans les discours prononcés quelques années plus tard à l'encontre des néo-jacobins : *Discours prononcé par le citoyen Sieyès, président du Directoire exécutif, à la fête du quatorze juillet, le 26 messidor an VII* [1989i, deuxième page) ; *Discours du citoyen Sieyès, président du Directoire exécutif, à la célébration de l'anniversaire du 10 Août* [1989j p. 4-5].

à l'État que ce qui est nécessaire à sa mission : « Lorsqu'une association politique se forme, on ne met point en commun [...] toute la puissance de la masse entière des individus. [...] On ne met en commun, sous le nom de pouvoir public ou politique, que le moins possible » [Sieyès, 1989g, p. 6][16]. Les pouvoirs étatiques sont donc définis par une double limitation qui en fait un simple instrument doté d'une portion limitée d'une souveraineté qui, dès le départ, est elle-même définie comme limitée. Cet État doublement minimal ne doit en aucun cas intervenir dans les affaires privées des associés. Il n'est là que pour assurer leur sécurité et mettre en place les conditions d'exercice de leur droit à être de libres propriétaires.

Si la conception sieyèsienne de la représentation comme seul vecteur de dépassement de l'atomisation individualiste de la société peut rappeler Hobbes, sa théorie de l'État est donc par contre aux antipodes du Léviathan. S'ajoute à cela le fait qu'à la même époque, Sieyès dévoile une autre de ses idées, celle d'un « jury constitutionnaire » reprenant en partie le rôle du pouvoir constituant tel qu'il le concevait en 1789 [Sieyès, 1989h, p. 11-14]. L'une de ses tâches principales serait de protéger la constitution contre les atteintes du Corps législatif, et d'empêcher qu'une institution ne sorte de ses prérogatives [*ibid.*, p. 21]. À la thèse typiquement libérale d'une puissance étatique limitée par essence, respectueuse de la liberté individuelle, s'ajoute ainsi un mécanisme de contrôle du législateur. À rebours d'une définition de la souveraineté héritée selon lui de l'Ancien Régime et de l'absolutisme, Sieyès ne conçoit le pouvoir que strictement encadré. La « ré-totale », à l'inverse, caractérise un État intrusif de type hobbesien, auquel les associés abandonnent entièrement leur puissance, leur droit de propriété et leur liberté, mettant en commun tout ce qu'ils ont : la collectivité, puissance sans limite, prend le pas sur les individus. La société ressemble à un ordre monastique ou à une communauté jésuitique[17]. Réduit à l'impuissance, chaque membre est absorbé par la totalité.

Très logiquement, tout cela pousse Sieyès à se méfier considérablement du mécanisme par lequel l'illusion de la souveraineté populaire – et avec elle le cortège des démagogues prompts à la magnifier et à l'exagérer – menace sans cesse de resurgir, à savoir les élections. Dès son discours sur le veto royal de 1789, il mettait en garde contre la fausse conception du lien électif

16. Le propre de la logique représentative est de neutraliser totalement tout usage politique de la puissance que les associés semblent ici garder en réserve.

17. Il parle aussi d'un couvent « où tout le monde a cédé et confondu tous ses droits » [Fauré, 1999d, p. 511].

consistant à penser que les représentants devaient se faire les simples relais de la volonté préalable de leurs mandataires. Le contexte du Directoire, qui voit les échéances électorales successives être utilisées par les royalistes puis par les néo-jacobins pour contester la constitution de l'an III, renforce ses réticences et celles du personnel politique. C'est tout un régime qui est donc confronté au dilemme posé par un libéralisme politique qui profite à des camps ou à des partis soupçonnés de vouloir renverser la République ou en imposer une version plus radicale inspirée du robespierrisme déchu[18].

La pensée de Sieyès se fait l'écho de cette situation et l'on y trouve une tentative originale pour disjoindre libéralisme et élections. Ainsi, puisqu'il n'existe pas selon cet auteur de volonté préalable à la représentation, l'idée même d'un lien entre les électeurs et les députés pose problème. Postuler un tel lien risque en effet de mener à une méprise quant à la vraie nature de la représentation en poussant les citoyens à réclamer à tort une influence sur leurs représentants. Or cela ne peut que conduire à la démagogie ou, pire, à la conception jacobine de la souveraineté populaire qui n'est, dans cette perspective, qu'une sorte de ventriloquie au service du despotisme. Sans compter que le principe de division du travail implique que les associés ne sont pas censés ressentir le besoin, ni l'envie, d'accorder à la politique une place centrale dans leurs activités. Celles-ci sont avant tout économiques et visent le bien-être privé. Leur relation avec leurs députés ne saurait donc prendre la forme d'un droit de contrôle direct. Elle est plutôt fondée sur la confiance, thème sieyèsien par excellence, que l'on peut analyser comme la certitude, née du contrat social, de partager les mêmes valeurs – celles de la propriété privée et du système libéral qui va avec – que les gouvernants.

D'où, chez Sieyès, une réflexion sur le meilleur moyen de garantir cette liberté non politique et de la mettre à l'abri des effets pervers du modèle électif. Cela le conduit en l'an VIII, lorsqu'il est sollicité à l'issue du coup d'État du 18 brumaire pour rédiger la constitution destinée à supplanter celle de l'an III, à proposer le système des « listes de notabilité » qui ont tant fait pour nourrir, non sans raisons, sa réputation élitiste. Par ce mécanisme, les citoyens ne votent plus mais proposent des listes de noms dans lesquelles les autorités instituées viennent puiser pour désigner elles-mêmes, à tous les niveaux, les représentants de la nation [Fauré, 1999e, p. 520-521 et p. 526][19]. Cette sorte de constitutionnalisation de la cooptation a le double avantage,

18. Sur les néo-jacobins et le degré ambigu de conflictualité envers le Directoire qu'ils mettaient en œuvre, voir Gainot [2001, p. 450-456].

19. Voir aussi Boulay de la Meurthe [1836, p. 11-21].

à ses yeux, de laisser une marge de décision aux membres de l'association – dont le choix est supposé se porter sur les plus aptes d'entre eux – tout en garantissant aux élus en place la possibilité de sélectionner leurs pairs. L'incertitude électorale est largement voire totalement endiguée et l'absence de désignation directe doit permettre d'écarter tout malentendu quant au mandat des représentants.

Ambiguïté ou banalité d'un libéralisme de crise ?

Renforcer la liberté des associés, leur permettre de gagner le maximum de temps et de sécurité pour vaquer à leurs affaires privées, pour s'enrichir, implique donc de proposer un modèle qui a considérablement marqué le jeune Constant, proche de Sieyès sous le Directoire. C'est une liberté quasi apolitique propre au « gouvernement des modernes », caractérisant une société avant tout composée de propriétaires plus soucieux de vivre à l'abri des intrusions du pouvoir que de s'engager civiquement ; une liberté protégée par un État minimal – lorsqu'il s'agit de faire fonctionner l'association au quotidien, en situation « normale » et pacifiée – mais disposant d'une réserve de violence et d'intolérance dans laquelle il peut puiser en cas de contestation de ses valeurs fondatrices. Or c'est ce paradoxe d'un libéralisme construit sur fond d'illibéralisme qu'il convient, pour finir, d'explorer plus en détail.

L'historien américain Andrew Jainchill a proposé de nommer « autoritarisme libéral » une forme spécifique de liberté déployée à l'ombre d'un régime répressif. Le concept renvoie ainsi à un mode de gouvernement selon lequel « la liberté de poursuivre les fins privées [...] est protégée le plus efficacement par une autorité centrale forte qui restreint l'activité politique en la confinant dans des espaces les plus limités possibles » [Jainchill, 2008, p. 199]. La constitution du Consulat, puis de l'Empire, auraient ainsi été imprégnées de ce modèle selon lequel les conflits politiques, et donc la contestation et le débat public, doivent être neutralisés au profit d'une valorisation de la liberté privée des citoyens. Le Directoire aurait en quelque sorte abouti à la construction d'un régime profitant à une élite de propriétaires payant leur sécurité au prix de leurs droits politiques, sous l'égide rassurante d'un État fort et bureaucratique usant volontiers de l'arbitraire contre ses ennemis et demeurant soumis aux caprices de l'exécutif, c'est-à-dire de Bonaparte. En d'autres termes, ce régime serait né de la fatigue des libéraux envers la liberté politique.

L'hypothèse est en soi stimulante. Mais en ce qui concerne notre propos, elle pose une sérieuse difficulté dans la mesure où Jainchill fait de Sieyès le principal énonciateur de cet autoritarisme libéral, renouant au fil de sa démonstration avec l'hypothèse pourtant fragile d'un ancrage hobbesien de son œuvre. C'est ce qui lui permet d'affirmer que « pour Sieyès, comme pour Bodin et Hobbes avant lui, un peuple est transformé en une entité unique à partir d'une multitude à travers un acte de soumission au souverain » [*ibid.*, p. 215]. Le lien entre représentation et liberté est ici balayé, de même que toutes les précautions exprimées en l'an III en termes de limitation de l'État et de la souveraineté, au profit d'une interprétation assez proche de celles de Zapperi ou de Dorigny, selon lesquelles le modèle politique sieyèsien serait avant tout un modèle de domination oligarchique sur la société.

En plus d'être contestable à partir d'une lecture attentive de l'œuvre, l'hypothèse de Jainchill se heurte à une aporie de taille qui est d'occulter presque totalement le fait que les propositions constitutionnelles de Sieyès en l'an VIII – dont la dimension antidémocratique ne saurait évidemment être niée – ne sont pas celles retenues par Bonaparte. Celui-ci, méfiant envers son précieux allié du 18 brumaire, en altère profondément la nature de manière à ce que l'exécutif, qui était encadré et neutralisé dans le projet sieyèsien au point de provoquer la colère du futur Premier Consul, soit doté de pouvoirs considérables. De fait, rien n'est plus éloigné de l'intention réelle de Sieyès que la constitution définitive et la pratique bonapartiste du pouvoir. Et l'on ne peut que souscrire à ce qu'en disait déjà Bastid en 1939 : « Saisir Sieyès dans son contact malheureux avec le césarisme, qui n'a emprunté à sa pensée que pour la déformer, c'est méconnaître l'essence d'un système pour lequel le terme libéral mériterait d'avoir été inventé » [Bastid, 1970, p. 12].

L'on pourrait bien sûr disserter à satiété sur la part de risque autoritaire que la Cité idéale imaginée par Sieyès fait courir aux citoyens. Car, vue de l'intérieur, la condition des associés apparaît très particulière. La notion de représentation qu'il élabore implique de faire de la politique une activité comme une autre, la liberté n'étant pas liée à l'engagement politique mais à la spécialisation et au partage mutuel des tâches. Cette liberté s'obtient en échange du silence des membres de l'association qui, pleinement souverains au moment du pacte social semblent ensuite privés de parole publique. Dans ce contexte, même l'État initialement le plus minimal pourrait connaître une tentation despotique. Mais supposer que le modèle sieyèsien fait prendre le risque d'une telle dérive est une chose – Constant l'admet dans son discours sur la liberté des modernes – tandis qu'affirmer que la dérive était dans les intentions de l'auteur en est une autre, tout à fait différente[20].

20. Plus généralement, Jainchill néglige le fait que la préservation des libertés civiles ne fut aucunement envisagée par Bonaparte : le Consulat peut difficilement être qualifié de « libéral », tant sur le plan politique qu'économique. Dès lors, si le concept d'« autoritarisme libéral » peut servir à caractériser le

Mais alors comment appréhender l'œuvre de Sieyès ? Talmon, dans son livre controversé *Les origines de la démocratie totalitaire*, réserve un sort particulier à cet auteur qui « résume la philosophie politique du XVIIIe siècle, en vue d'une application immédiate et pratique » [Talmon, 1952, p. 93]. Après avoir énuméré tout ce qui en fait un précurseur du totalitarisme – son obsession du centralisme et de l'homogénéité nationale ainsi que son tempérament répressif –, il s'attache à montrer que Sieyès est poussé par sa conception de la propriété à formuler « une conception libérale du rôle de l'État » et à tempérer sa propre radicalité. Si l'on prend soin d'écarter la notion de « totalitarisme », sans doute excessive et assez difficile à manier sur un plan scientifique, ne peut-on voir chez Talmon l'intuition d'une ambivalence qui n'est pas seulement celle de la pensée sieyèsienne, mais aussi du libéralisme tel qu'il s'échafaude à l'époque en prise directe avec les événements ? L'analyse de la formation et des mutations de l'œuvre de Sieyès paraît le confirmer.

Sa dimension révolutionnaire puis post-révolutionnaire en est une clé d'interprétation essentielle. Cette œuvre procède en effet d'une distinction soigneuse entre les principes qui s'appliquent à l'intérieur de l'association, nous pourrions dire au « centre », là où les associés s'accordent pour vivre en harmonie, et ceux qui s'appliquent vis-à-vis de l'extérieur, aux frontières symboliques et morales de la nation, donc à sa « périphérie ». Dans ce cas sont employés des arguments et des méthodes qui caractérisent le libéralisme – mais aussi l'action de l'État – non pas en situation stable et pacifiée mais en situation de crise et de conflictualité. Que ce soit dans l'optique d'une conquête du pouvoir ou d'une conservation de celui-ci, il y a activation d'une logique combative ou défensive qui procède d'une différenciation très nette, que ce soit chez Sieyès ou chez les directoriaux, entre les individus à qui sont accordés les droits naturels et ceux qui, les menaçant parce qu'ils adoptent d'eux-mêmes une position contre nature, ne sauraient en bénéficier[21].

Sieyès peut donc bien être considéré comme l'un des énonciateurs privilégiés de la culture politique directoriale dans la mesure où ses interventions publiques et ses manuscrits expriment les difficultés d'un libéralisme qui se construit en même temps qu'il doit affronter des ennemis qui réclament

mélange d'autoritarisme et de libéralisme strictement économique propre à certains régimes ultérieurs, il échoue à rendre compte de la nature du Directoire et du Consulat.

21. En ce sens, Zapperi et Dorigny ont raison d'estimer que le modèle politique sieyèsien est une négation de la « lutte des classes ». Mais c'est parce que Sieyès projette dans ses textes et discours l'image d'une société idéale affranchie de ses ennemis intérieurs, donc victorieuse. La conflictualité en est expulsée comme elle l'est aussi de tout modèle de « meilleur régime », y compris celui de Marx.

à leur profit l'application de la liberté. Ce qui en brouille quelque peu les contours et le rend en apparence paradoxal est que s'y entrechoquent deux facettes qui n'ont pas vocation à se dévoiler simultanément ou, plus précisément, dont l'une – la seconde, qui concerne le traitement répressif des ennemis – se devrait de demeurer discrète. Mais cette facette illibérale du libéralisme, par laquelle il est fondé et préservé et qui est indispensable à son fonctionnement normé et banalisé, ne peut accomplir cette exigence de discrétion que dans le cadre d'un espace public à faible conflictualité d'où les ennemis ont été préalablement chassés. L'expérience bonapartiste nous indique alors simplement ce qui advient, à l'inverse, lorsque les méthodes périphériques colonisent le centre.

***

La mise au jour de la facette illibérale du libéralisme, souvent présentée comme une démystification, est un point de passage obligé dans la tradition marxiste, et la lecture zapperiste de l'œuvre sieyèsienne l'illustre à sa manière. Mais il s'agit surtout de démontrer que ce courant est un mensonge dissimulant des rapports d'exploitation et de domination et qu'il est donc mis au service de la violence physique ou symbolique propre à la lutte des classes et à l'assujettissement idéologique. Or, en partant du postulat de la sincérité libérale de Sieyès, nous pensons avoir développé un autre type de relation, plus subtile, constituée de dépendance mutuelle et de danger de contamination, entre deux aspects indissociables du libéralisme. Certes, cette idée a déjà été explorée, d'une certaine façon, par Georgio Agamben à travers la critique de la notion d'« État d'exception », moment de suspension du droit à des fins de protection du droit [Agamben, 2003]. Mais il nous a paru pertinent de rappeler que construire et défendre un espace public libéral par des méthodes autoritaires et liberticides – tout en le justifiant sur un plan théorique – était un mode d'action propre aux premières expériences électives pratiques menées lors de la Révolution, notamment sous le Directoire.

Ainsi, sur un plan philosophique, l'une des difficultés des grandes théories libérales, et notamment la plus imposante d'entre elles, celle de John Rawls, est de traiter comme un impensé un peu gênant les conditions de fondation et de préservation du libéralisme. Chez cet auteur, le traitement réservé aux ennemis, à ceux qui refusent d'agir en interlocuteurs raisonnables dans l'espace public et persistent à vouloir conquérir l'appareil d'État à des fins de prosélytisme et d'intolérance, fait l'objet d'allusions discrètes et peu explicites. Ces ennemis sont supposés disparaître d'eux-mêmes, peut-être en se décourageant, ou sont écartés du jeu d'une façon qui n'est pas clairement décrite[22]. L'étude de la pensée sieyèsienne et de ses interactions avec la vie politique a donc le mérite de lever le voile pudique ainsi jeté sur la façon dont, en situation conflictuelle, lorsqu'il s'agit de délimiter par la force et par la répression un espace d'expression stable de la liberté, le libéralisme révèle son incompatibilité pleinement assumée avec le pluralisme.

Corpus de textes d'Emmanuel Sieyès

Fauré Christine (dir.) [1999], *Des manuscrits de Sieyès*, tome 1, Paris : Honoré Champion.

[1999a] *Grand Cahier Métaphysique.*

[1999b] *Lettres aux économistes sur leur système de politique et de morale. Première lettre sur les richesses.*

[1999c] *Delineamens politiques.*

[1999d] *Bases de l'ordre social.*

[1999e] *Observations constitutionnelles.*

Fauré Christine (dir.) [2007], *Des manuscrits de Sieyès*, tome 2, Paris : Honoré Champion.

[2007a] *Lois.*

Sieyès Emmanuel [1989], *Œuvres*, vol. 1, Paris : EDHIS.

[1989a] *Vues sur les moyens d'exécution dont les représentants de la France pourront disposer en 1789.*

[1989b] *Qu'est-ce que le Tiers-état ?*

Sieyès Emmanuel [1989], *Œuvres*, vol. 2, Paris : EDHIS.

[1989c] *Préliminaire de la constitution française – Reconnaissance et exposition raisonnée des Droits de l'homme et du citoyen.*

[1989d] *Dire de l'abbé Sieyès ; Sur la question du veto royal, À la Séance du 7 septembre 1789.*

Sieyès Emmanuel [1989], *Œuvres*, vol. 3, Paris : EDHIS.

[1989e] *Notice sur la vie de Sieyès.*

22. Rawls explique ainsi que son modèle implique des « restrictions aux opinions acceptables » et que certaines options sont spontanément « découragées » par les institutions libérales. Au mieux, elles se retrouvent alors reléguées dans les marges de la société, faute de sympathisants [Rawls, 1995, p. 239-241].

[1989f] *Discours prononcé à la Convention nationale dans la séance du 20 ventôse, an III.*

[1989g] *Opinion de Sieyès, sur plusieurs articles des titres IV et V du projet de constitution, Prononcée à la Convention le 2 thermidor de l'an troisième de la République.*

[1989h] O*pinion de Sieyès, sur les attributions et l'organisation du Jury constitutionnaire proposé le 2 thermidor, prononcée à la Convention nationale le 18 du même mois, l'an 3 de la République.*

[1989i] *Discours prononcé par le citoyen Sieyès, président du Directoire exécutif, à la fête du quatorze juillet, le 26 messidor an VII.*

[1989j] *Discours du citoyen Sieyès, président du Directoire exécutif, à la célébration de l'anniversaire du 10 Août.*

Zapperi Roberto (éd.) [1985], Emmanuel Sieyès, *Écrits politiques*, Paris : Éditions des Archives contemporaines.

[1985a] *Produit net relativement à la société entière.*

[1985b] *Travail ne favorise la liberté qu'en devenant représentatif.*

Références générales

Agamben, Georgio [2003], *État d'exception*, Paris : Seuil.

Bastid, Paul [1970], *Sieyès et sa pensée*, Paris : Hachette.

Boulay de la Meurthe, Antoine [1836], *Théorie constitutionnelle de Sieyès*, Paris : Renouard.

Boulay de la Meurthe, Antoine [1797], *Rapport au Conseil des Cinq-Cents sur les ci-devant nobles et anoblis, fait par Boulay (de la Meurthe)*, séance du 25 vendémiaire an 6 (16 octobre 1797), dans Lallement Guillaume (dir.), [1821], *Choix de rapports, opinions et discours prononcés à la tribune nationale depuis 1789 jusqu'à ce jour*, tome XVI, Paris : Eymery.

Dorigny, Marcel [1988], « La formation de la pensée économique de Sieyès d'après ses manuscrits (1770-1789) », *Annales historiques de la Révolution française*, n° 271, 1988, p. 17-34.

Fauré, Christine [2012], « Entre Necker et Smith, Sieyès était-il libéral ? », dans Fournel Jean-Louis, Guilhaumou Jacques et Potier Jean-Pierre (dir.), *Libertés et libéralismes*, Lyon : ENS Éditions, p. 153-163.

Fauré, Christine (dir.) [2007], *Des manuscrits de Sieyès*, tome 2, Paris : Honoré Champion.

Fauré, Christine (dir.) [1999], *Des manuscrits de Sieyès*, tome 1, Paris : Honoré Champion.

Foucault, Michel [1997], *Il faut défendre la société*, Paris : Gallimard/Seuil.

Gainot, Bernard [2001], *1799, un nouveau jacobinisme*, Paris : Éditions du CTHS.

Jainchill, Andrew [2008], *Reimagining Politics After the Terror*, New York: Cornell University Press.

Koselleck, Reinhart [1990], *Le Futur passé*, Paris, Éditions de l'EHESS.

Lallement, Guillaume (éd.) [1821], *Choix de rapports, opinions et discours prononcés à la tribune nationale depuis 1789 jusqu'à ce jour*, tome XVI, Paris : Eymery.

Larrère, Catherine [2008], « Sieyès, lecteur des physiocrates : droit naturel ou économie ? », dans Quiviger Pierre-Yves, Denis Vincent et Salem Jean (dir.), *Figure de Sieyès*, Paris : Publications de la Sorbonne.

Pasquino, Pasquale [1998], *Sieyès et l'invention de la constitution en France*, Paris : Odile Jacob.

Pasquino, Pasquale [1987], « Emmanuel Sieyès, Benjamin Constant et le "gouvernement des modernes". Contribution à l'histoire du concept de représentation politique », *Revue française de science politique*, n° 2, p. 214-229.

Rawls, John [1995], *Libéralisme politique*, Paris : PUF.

Serna, Pierre [2005], *La République des girouettes*, Seyssel : Champ Vallon.

Sommerer, Erwan [2009], « La preuve par l'archive ? La place des manuscrits dans la pensée de Sieyès », *Recto/Verso*, n° 5, s.p.

Talmon, Jacob L. [1952], *The Origins of Totalitarian Democracy*, London: Secker & Warburg.

Valier, Jacques [1999], « Sieyès et l'économie politique », dans Christine Fauré (dir.), *Des manuscrits de Sieyès*, tome 1, Paris : Honoré Champion.

Zapperi, Roberto [1974], *Per la critica del concetto di rivoluzione borghese*, Bari: De Donato.

Zapperi, Roberto (éd.) [1985], *Emmanuel-Joseph Sieyès. Écrits politiques*, Paris : Éditions des Archives contemporaines.

Zapperi, Roberto (éd.) [1970], *Emmanuel Sieyès. Qu'est-ce que le Tiers état ?*, Genève : Droz.

LIBÉRALISME D'ÉTAT OU LIBÉRALISME CIVIL : LA CONTROVERSE ENTRE WILHELM VON HUMBOLDT ET HARDENBERG

Pauline Clochec[1]

Après 1789, dans l'espace germanique, deux théories et stratégies libérales s'opposent : un libéralisme d'État fondé sur la nécessité de moderniser la société par une action volontariste du gouvernement pour dépasser les structures sociales traditionnelles, et un libéralisme civil insistant au contraire sur l'autonomie de la société civile et la nécessité de restreindre l'intervention étatique. Cette opposition à l'intérieur du libéralisme est incarnée par la polémique entre Humboldt et Hardenberg, deux représentants de l'ère des réformes prussienne. C'est à travers ce problème de la possibilité d'une société civile autonome que se construit le libéralisme allemand, comme un espace traversé de polémiques.

State Liberalism or Civil Liberalism: the Controversy between Wilhelm von Humboldt and Hardenberg

After 1789, two theories and liberal strategies are opposed in Germany: a state liberalism based on the need to modernize society through a voluntarist action of the government to overcome the traditional social structures, and a civil liberalism insisting on the contrary on the autonomy of civil society and the need to restrict state intervention. This opposition within liberalism is embodied by the controversy between Humboldt and Hardenberg, two representatives of the Prussian Reform Movement. German liberalism is constructed as a space crossed by polemics through this problem of the possibility of an autonomous civil society.

Mots clefs : libéralisme, État, société civile, Wilhelm von Humboldt, Hardenberg, ère des réformes en Prusse.

Keywords: liberalism, State, civil society, Wilhelm von Humboldt, Hardenberg, Prussian reform movement.

JEL Codes : B12, E61, N93

1. École Normale Supérieure de Lyon, Cerphi UMR 5037.

Le conflit qui a opposé Wilhelm von Humboldt[2] à Karl August von Hardenberg[3] à l'intérieur du gouvernement prussien de la fin de l'ère des réformes (1807-1822) constitue un épisode significatif des tensions propres à la formation du libéralisme allemand du *Vormärz* (la période allant du Congrès de Vienne aux révolutions de 1848). Cette période de libéralisation et de modernisation administratives et économiques de la Prusse a en effet été traversée par des rivalités et des polémiques. Celles-ci trouvent leur figure la plus marquante dans cette controverse opposant deux figures du camp réformiste, et non un réformiste à un membre du *Hofpartei*, du parti de la cour, à l'instar de l'opposition entre Hardenberg et le conservateur Wittgenstein. Ce conflit entre Humboldt et Hardenberg a pu être interprété, par Siegfried Kaehler, biographe de Humboldt, comme l'opposition entre deux types historiques d'homme d'État. Le premier, Humboldt, représenterait le libéral progressiste ayant déjà en vue les principes du monde sociopolitique à venir, et le second, Hardenberg, vaudrait comme le dernier représentant du « despotisme éclairé » [Kaehler, 1963, p. 292-296]. C'est une hypothèse alternative que je me propose de soutenir ici. Plutôt qu'une opposition entre deux types de politiciens, le conflit entre Humboldt et Hardenberg paraît procéder d'un problème constitutif du libéralisme allemand du début du XIXe siècle – celui du rapport entre État et société civile –, problème définissant deux orientations et stratégies différentes *à l'intérieur* de ce libéralisme. Je tenterai d'étayer cette interprétation en exposant les positions libérales de Humboldt et Hardenberg, avant de retracer leurs trajectoires dans les gouvernements prussiens, et les effets de cette expérience sur l'évolution du libéralisme humboldtien, pour indiquer en conclusion dans quelle mesure cette opposition à l'intérieur du libéralisme a pu être déterminante pour l'évolution du libéralisme allemand au XIXe siècle.

I. Les libéralismes de Humboldt et Hardenberg avant 1809 : libéralisme civil et libéralisme d'État

D'abord connu pour ses travaux plus généralement philosophiques et linguistiques, Humboldt commence à publier sur la politique après son séjour dans le Paris révolutionnaire. La formulation rétrospectivement la plus fameuse du libéralisme humboldtien réside dans les *Idées pour*

2. Wilhelm von Humboldt (1767-1835), philosophe et linguiste, ami de Goethe, attaché au renouvellement politique et culturel de la Prusse, devient l'homme d'État responsable de la refonte du système éducatif prussien.

3. Karl August von Hardenberg (1750-1822) est le principal chancelier prussien de l'ère des réformes.

un essai de détermination des limites de l'action de l'État, écrit en 1792. Rétrospectivement car, la censure ayant contre-indiqué la publication, ce sont seulement quelques chapitres de l'ouvrage qui ont été publiés en 1792 dans la *Berlinische Monatsschrift* et dans la revue *Thalia* de Schiller. C'est seulement en 1851 que le texte a été pour la première fois publié dans son intégralité[4]. Par sa publication partielle, cependant, ainsi que par la publication d'autres textes – principalement, un an plus tôt les *Idées sur la constitution de l'État, à l'occasion de la nouvelle constitution française* – ainsi que par la proximité de Humboldt avec des futures figures majeures du mouvement libéral du *Vormärz* – tel le juriste badois Carl Theodor Welcker, ultérieurement corédacteur avec Karl von Rotteck du *Staats-Lexikon*, ouvrage de référence du libéralisme du *Vormärz* – *cette* position libérale du Humboldt de 1792 a joui d'un retentissement important dans ce mouvement libéral. On peut aller jusqu'à affirmer qu'elle participe de la constitution du socle doctrinal d'un libéralisme allemand classique qui est élaboré à la fin de l'*Aufklärung* et qui, selon ses principales références philosophiques, est un libéralisme kanto-humboldtien. Kant et Humboldt constituent en effet pour ce libéralisme allemand classique les deux sources qui, d'une part, se recouvrent partiellement (principalement dans la défense d'un État de droit opposé à l'État de police, et d'une autonomie relative de la société civile à l'égard de l'État, positions respectivement soutenues par Humboldt dans les *Idées* et par Kant, par exemple dans « Théorie et pratique »[5]) – le fait qu'elles se recouvrent partiellement tient aussi aux nombreuses reprises au moins de points de départ problématiques de Humboldt à Kant dans sa philosophie[6] – et, d'autre part, diffèrent par leur fondation. Ainsi, tandis que les positions libérales de Humboldt font explicitement dans les *Idées* l'objet d'une fondation *anthropologique* [Humboldt, 1991, p. 22-28], Kant rejette une telle fondation *a posteriori* dans la *Doctrine du droit* au profit d'une théorie strictement rationnelle du droit – la raison, par son universalité, ne constituant évidemment pas pour Kant une faculté propre à l'être humain en tant qu'espèce naturelle [Kant, 1994, p. 9].

C'est donc tout d'abord l'anthropologie mobilisée par Humboldt dans le deuxième chapitre des *Idées* qui doit nous retenir. Cette « anthropologie philosophique » est caractérisée par deux aspects : elle est *dynamique* et *individualiste*. Elle est dynamique en ce qu'elle définit l'être humain par une

4. Humboldt, Wilhelm von [1851].

5. Kant Emmanuel [1994, p. 74-76]. Sur l'importance des critiques de l'« État de police » dans la formation du libéralisme, on se rapportera avec profit à l'ouvrage de Napoli Paolo [2003].

6. Sur ce sujet, cf. Quillien Jean [2015].

activité libre ou « auto-activité » [Humboldt, 1991, p. 35] de « formation » (*Bildung*) [*ibid.*, p. 22] de sa « force » [*ibid.*, p. 23] ou « énergie[7] » [*ibid.*, p. 68] par l'être humain, dans le but de s'élaborer un « caractère » [*ibid.*, p. 23] déterminé. C'est ainsi une activité historique d'autodéveloppement de ses forces qui constitue l'essence de l'humanité. Mais cette anthropologie est, en second lieu, individualiste, dans la mesure où le sujet fondamental de cette activité est toujours désigné comme « homme singulier » [*ibid.*, p. 24] ou individu, et non comme groupe, la coopération ne valant que comme une « liaison » [*ibid.*, p. 23] seconde de ces forces individuelles premières. À ce primat de l'activité dans la « vie privée » [*ibid.*, p. 14], Humboldt assigne deux « conditions » : la « liberté » et la variété des occasions d'exercice des forces, ou la « multiplicité des situations » [*ibid.*, p. 22], deux conditions corollaires qui supposent une disponibilité du sujet individuel, non pré-orienté par un but qui lui serait donné de l'extérieur. Ce développement individuel est donc spontané, et ne dépend pas d'une institution : « Car toute formation a son origine seulement dans l'intériorité [*im Innern*] de l'âme et ne peut qu'être occasionnée, et jamais produite, par des organisations [*Veranstaltungen*] extérieures » [*ibid.*, p. 87]. Conséquence politique centrale de cette indépendance, en laquelle réside la thèse générale de l'ouvrage, articulant ses aspects anthropologique et politique : « L'institution étatique n'est pas en soi but mais seulement moyen de la formation des hommes » [*ibid.*, p. 89]. Un tel individualisme anthropologique est élevé par Humboldt, en conclusion de son deuxième chapitre, au rang de « fondement » de « toute politique » [*ibid.*, p. 28]. Il vaut ainsi comme un fondement jusnaturaliste de toute conception de l'État et de son action. Cette anthropologie peut ainsi être qualifiée de libérale à la fois par ses thèses et par les conséquences politiques qu'en déduit Humboldt.

Quelles sont ces conséquences politiques ? La problématique du rapport entre société et État est précisée dans le premier chapitre de l'ouvrage. Très généralement, la question est celle du « but » et des « bornes » (*Schranken*) de « toute l'institution étatique » [*ibid.*, p. 13]. Cette question générale trouve son contenu dans celle de la détermination positive ou seulement négative de l'intervention étatique. La question consiste dès lors à savoir « si l'État devrait seulement viser [*beabsichtigen*] la sécurité ou, en général, l'ensemble du bien physique et moral de la nation » [*ibid.*, p. 21]. Seulement la « sécurité » des personnes et de leurs propriétés, ou aussi leur « bien-être positif » [*ibid.*, p. 29].

7. Cf. aussi p. 101 : « À mon avis, l'énergie est la première et unique vertu des hommes. »

Humboldt fournit une réponse générale à cette problématique dans son troisième chapitre en favorisant la figure négative de l'État au détriment de toute intervention positive sur la société. Ni les propriétés, ni les actions, ni la conscience des individus ne doivent être soumises à la fixation de fins et d'actions par l'État. Toute « immixtion [*Einmischung*] de l'État » dans la « société » [*ibid.*, p. 31] ne pourrait en effet produire qu'un obstacle au libre développement spontané des forces individuelles. L'État positif « entrave le libre jeu des forces » [*ibid.*] et devient « un obstacle au développement de l'individualité » [*ibid.*, p. 44]. C'est ainsi simultanément le développement économique[8] [*ibid.*, p. 47] et « moral » [*ibid.*, p. 45] de la société (comprise comme coordination d'individus autonomes) qu'entraverait toute intervention positive de l'État. Tel est en effet l'argument de Humboldt : l'intervention de l'État supprime les deux conditions identifiées plus haut de la formation des forces individuelles, la liberté et la multiplicité des situations. La première, en agissant à la place de l'individu et/ou en imposant à son activité des buts extrinsèques (opposition textuellement soutenue par le balancement constant entre ce qui est « propre » (*eigen*) et ce qui est « étranger » (*fremd*) [*ibid.*, p. 32, par exemple] à l'individu, et la seconde en substituant à la multiplicité des fins et situations une « uniformité » soumettant tous les esprits individuels à l'« esprit du gouvernement » [*ibid.*, p. 30][9]. À la place de cette activité formatrice, l'intervention sociale de l'État aurait pour effet « l'attente d'une aide de l'État », un « défaut d'autonomie », une « inactivité » et une « médiocrité » (*Dürftigkeit*) [*ibid.*, p. 47]. La conclusion normative de Humboldt à l'endroit de l'État est donc sans appel : « que l'État s'abstienne de tout soin [*Sorgfalt*] envers le bien-être positif des citoyens et ne fasse pas un pas de plus que ce qui est nécessaire à leur garantie [*Sicherstellung*] contre lui-même et contre les ennemis extérieurs ; qu'il ne limite leur liberté par aucun autre but final » [*ibid.*, p. 52].

La cible de cette thèse normative et critique est l'État de « bien-être » (terme omniprésent dans l'ouvrage) ou de police. Notamment théorisée par Zincke [1751-1752], Seckendorff [1656] et Justi [1765], la « police » désigne à la fois une politique gouvernementale et administrative et la théorie, celle de la science camérale, qui vise la formation des fonctionnaires devant mettre

---

8. Cf. aussi p. 113 : « La liberté augmente la force et charrie, comme toujours les forces plus grandes, à chaque fois une espèce de libéralité. La contrainte étouffe la force et conduit à tous les souhaits égoïstes et à tous les bas artifices de la faiblesse. »

9. Cf. aussi p. 169 : « Chaque citoyen doit pouvoir agir comme il veut sans être dérangé, tant qu'il ne transgresse pas la loi [...]. S'il est blessé dans cette liberté, alors on lèse son droit et on nuit à la formation de ses capacités, au développement de son individualité. »

en œuvre cette politique. Présupposant l'identité des intérêts du prince et de ses sujets, le caméralisme constitue la politique sociale, économique et administrative des États allemands au XVIIIe siècle, paradigmatiquement de la Prusse de Frédéric II incarnant le « despotisme éclairé ». Cette identité d'intérêts est censée être promue par l'action d'une bureaucratie ayant pour triple but la *sécurité* extérieure de l'État et, surtout, la *tranquillité* (ou l'ordre public) et le *bien-être* (l'État de police est ainsi nommé *Wohlfahrtstaat*). Ce troisième but a pour moyen la mise en place d'une législation mercantiliste impliquant une forte intervention régulatrice de l'État sur l'économie à l'aide d'une politique monétaire, de la création de manufactures, de tarifs prohibitifs, de monopoles et de subventions publiques principalement.

Humboldt dénonce explicitement les « sciences de l'État » « comme la science camérale et de police » qui soutiennent que les activités économiques et intellectuelles peuvent être vivifiées et dirigées par l'État [Humboldt, 1991, p. 21]. Plus précisément, le « bien-être positif » [*ibid.*, p. 29] des citoyens ne devant pas être la fin de l'État, Humboldt exclut tous les « moyens » d'intervention sociale positive de l'État, que ces moyens soient « directs : lois, encouragements, prix ; [ou qu'ils soient] indirects, comme le fait que le souverain même soit le propriétaire le plus considérable et qu'il octroie aux citoyens singuliers des droits prédominants [*überwiegend*], des monopoles, etc. » [*ibid.*, p. 52]. En rejetant toute intervention de l'État autre que celle, négative, de protection de la sécurité, Humboldt conserve le terme de police mais en contribuant au mouvement historique de sa réduction au sens actuel de forces de l'ordre [*ibid.*, p. 121].

Sur la base de cette limitation sociopolitique générale de l'État, Humboldt procède, dans les chapitres VI à VIII, à une série d'exclusions[10] de domaines du champ de l'action étatique : l'éducation, la religion et les mœurs. Un cas retient particulièrement notre attention, celui de l'éducation, dans la mesure où il permet de souligner une évolution ultérieure de Humboldt. Le chapitre VI questionne en effet la pertinence d'une « éducation publique ». Une telle institution est explicitement rejetée par Humboldt comme impliquant un appauvrissement subjectif des individus éduqués selon des buts politiques déterminés. Une éducation publique sacrifierait l'« homme » au « citoyen » [*ibid.*, p. 70] selon la nature particulière du régime politique en vigueur : « Mais toute éducation publique, car l'esprit du gouvernement domine en elle, donne aux hommes une forme civile déterminée » [*ibid.*, p. 71], forme dont la particularité s'oppose à la condition de « multiplicité »

10. Sur cette démarche négative suivie dans les *Idées*, cf. p. 67-68.

[*ibid.*, p. 69] du développement individuel. À cette éducation publique ayant en vue « le citoyen ou le sujet », Humboldt préfère donc « l'éducation privée » ayant en vue « l'homme » [*ibid.*, p. 72]. Remarquons au passage que, au moins pour ce libéralisme allemand de l'*Aufklärung*, on trouve ici une référence qui rend contestable une démarche contemporaine courante consistant à mettre en avant un bon libéralisme politique des origines, auquel il s'agirait de revenir contre un mauvais libéralisme économique actuel[11]. Ces philosophies politiques libérales intègrent en effet immédiatement une composante économique de critique de l'interventionnisme étatique.

L'ensemble de ces thèses sont établies par Humboldt comme le fondement d'une réforme de l'État dont la nécessité est jugée propre à l'époque de « culture et Lumières » [*ibid.*, p. 15] en laquelle il indique écrire. Une telle « réforme » progressive serait même nécessaire pour éviter une « révolution de l'État » [*ibid.*]. De cette réforme, l'ouvrage fournirait le principe, en redéfinissant négativement la fin de l'État par rapport aux individus [*ibid.*, p. 186-187]. Le dernier chapitre va, dans cette optique, jusqu'à envisager une « Application de la théorie à l'effectivité ». Remarquons toutefois que, si Humboldt évoque le caractère souhaitable d'une « constitution » [*ibid.*, p. 51], la question de la forme constitutionnelle reste ici subordonnée à celle de la délimitation du domaine de l'action étatique, Humboldt jugeant que sa réforme peut être appliquée dans des « États démocratiques, aristocratiques ou monarchiques » [*ibid.*, p. 15]. Par cette subordination, Humboldt soutient un libéralisme civil, en lequel la liberté vaut comme une réalité propre aux individus et à leurs interactions *dans la société civile*, liberté que la sphère politico-étatique doit se contenter de *garantir*. Un tel libéralisme civil sera suivi par les libéraux constitutionnels du *Vormärz*, trouvant majoritairement leurs références dans Humboldt et Kant, tels Rotteck, Welcker ou encore Mohl.

À quel obstacle se heurte un tel libéralisme civil, dans l'espace germanique et plus particulièrement en Prusse, au tournant des XVIIIe et XIXe siècles ? La société prussienne est à cette époque ambiguë et en phase de transition : elle est, pour une large part, dominée par l'aristocratie que les bourgeoisies industrielles et commerciales ne font que commencer à concurrencer, et administrée par des lois et coutumes encore largement propres au provincialisme d'Ancien Régime[12]. L'accord d'une autonomie à la société par rapport à l'État, selon le libéralisme civil humboldtien, n'aurait donc

11. Cf. par exemple Policar Alain [2012].

12. Sur ces sujets et la nécessité d'une réforme bureaucratique qu'ils impliquent, cf. Koselleck [1989].

pour conséquence, du fait de cette rémanence féodale de l'organisation sociale, qu'un blocage de la libéralisation de la société. C'est face à cet obstacle que naît en Prusse la pratique d'un libéralisme d'État, proposant une libéralisation partielle, plus socio-économique que politique, effectuée « par en haut », c'est-à-dire par la réforme et l'administration de la société par une bureaucratie modernisée et renforcée. Cette ère des réformes qui fait suite à l'écrasement de la Prusse à Iéna en 1806, est étalée sur une quinzaine d'années, suivant l'objectif d'une libéralisation et modernisation de l'État et de la société prussienne, société à émanciper des cadres économiques, juridiques et politiques d'Ancien Régime, au profit de la liberté d'entreprise et de commerce, et d'une participation de la bourgeoisie éclairée aux administrations locales voire gouvernementales. Le libéralisme prend donc ici la forme d'une intervention positive de l'État sur la société.

Ces réformes sont principalement mises en œuvre par les chanceliers Stein et Hardenberg. Le second, avant de devenir chancelier, élabore et indique à Frédéric-Guillaume III son programme de réforme administrative, sociale et politique dans ses mémoires de Riga (1807) et de Braunsberg (1808). Aristocrate mais conscient de l'impossibilité pour la Prusse de perdurer sans intégrer d'une manière pacifique et réformiste une partie des principes de modernité politique portés par la Révolution française, Hardenberg se fait le défenseur d'un État où domine non plus l'arbitraire du prince mais une bureaucratie autonome. C'est par l'action volontariste de cette dernière que la société prussienne peut, pour Hardenberg, sortir de son archaïsme. Une stagnation dans l'Ancien Régime conduisant à une révolution ou une modernisation impulsée par la fonction publique sont ainsi pour lui les deux seules voies offertes à la Prusse en ce début de XIXe siècle. D'emblée, Hardenberg soutient, dans son premier mémoire, la nécessité de la réforme, contre toute tentative de retour à la Prusse d'avant Iéna : « s'accrocher à ce qui est ancien » est ce qui a produit la « révolution » [Hardenberg, 1995 (1807), p. 88]. Contre une telle réaction, Hardenberg promeut une « révolution au bon sens du terme » qui, comme chez Humboldt, doit moins résider dans le changement de la forme constitutionnelle que dans celui de la forme de gouvernement : introduire « des principes démocratiques dans un gouvernement monarchique » [*ibid.*]. Une « représentation nationale » n'est évoquée qu'allusivement, comme un moyen d'« intéresser » la nation à « l'administration étatique » [*ibid.*, p. 92] Les principes et projets affirmés ici par Hardenberg convergent, dans leur généralité, avec ceux du Humboldt de 1792 : la « libre entreprise » (*Gewerbefreiheit*) [*ibid.*, p. 95], « le laissez faire » [*ibid.*] dans le domaine commercial, le libre choix du métier, la « tolérance » [*ibid.*, p. 96] religieuse, principalement. Plus que Humboldt, cependant,

Hardenberg souligne, d'une part, la condition négative de réalisation de ces exigences : la « suppression, le plus possible, des différences d'états » [*ibid.*, p. 97], et d'autre part, la nécessaire centralisation administrative que de telles réformes supposent, contre les anciennes divisions provinciales [*ibid.*, p. 93]. Par ailleurs, dans le contexte de la défaite face à la France et des réparations à payer, Hardenberg souligne la nécessité d'une réorganisation de l'armée (selon le modèle français, ce qui sera effectivement le cas avec l'appel aux armes de Frédéric-Guillaume III en 1813) et de trouver des sources financières nouvelles à l'État [*ibid.*, p. 97], là où Humboldt, certes face à une situation distincte, envisageait bien plutôt la diminution du budget de l'État. Si un certain nombre de principes libéraux généraux sont donc partagés par Humboldt et Hardenberg, à l'époque où ils ne sont pas encore (ou provisoirement plus, pour le second) au gouvernement, la mise en application de ces principes suit chez eux une voie opposée, selon que la société civile est estimée devoir être ou non subordonnée à l'action positivement réformatrice de l'État.

II. Humboldt et Hardenberg au gouvernement : collaboration et conflit

Hardenberg a l'occasion de mettre en œuvre ces projets à partir de 1810, lorsqu'il est nommé chancelier d'État, poste qu'il conserve jusqu'à sa mort, en 1822. Entre 1810 et 1812 principalement, il met en place une libéralisation de l'entreprise, du commerce, supprime les anciens attachements politiques et territoriaux propres aux paysans, ainsi qu'une réforme de l'administration, l'ouvrant davantage à une participation de la bourgeoisie et à un échelonnement continu soumettant les instances locales aux instances gouvernementales. Cette mise en œuvre est toutefois rendue difficile et partielle principalement du fait de l'opposition du parti de la cour, de l'attitude ambivalente de Frédéric-Guillaume III, et des pressions exercées sur la Prusse par l'Autriche de Metternich. Dès 1819, avec l'entrée en vigueur des décrets de Carlsbad et le rejet par Frédéric Guillaume III de la proposition de constitution faite par Hardenberg, constitution qui était pourtant une promesse faite par le monarque en 1815 à la suite des guerres dites de libération, le mouvement des réformes prussiennes est interrompu. Ces difficultés ne proviennent cependant pas uniquement d'un conflit entre un camp courtisan de la restauration et un camp libéral de la réforme, mais aussi de tensions à l'intérieur de ce second camp, tensions qui ont leur point culminant dans la controverse entre Hardenberg et Humboldt.

En effet, Humboldt a fait partie à deux reprises, courtes mais significatives, des ministères de l'ère des réformes. Tout d'abord, en 1809-1810, sous le gouvernement d'Altenstein et de Dohna, Humboldt est, à l'intérieur du ministère de l'Intérieur, directeur de la section des cultes et de l'enseignement. C'est dans ce cadre qu'il fonde l'Université de Berlin qui porte aujourd'hui son nom. Il est nommé membre du Conseil d'État en 1817, et en janvier 1819, il est nommé ministre des affaires des états (*Stände*), c'est-à-dire voué à l'élaboration du projet de constitution sous son aspect législatif, poste qu'il ne conserve que jusqu'à son renvoi le 31 décembre suivant, à la fois du ministère et du Conseil d'État.

La participation de Humboldt aux gouvernements de l'ère des réformes pose un problème herméneutique quant à la continuité de sa théorie politique. Faut-il voir dans sa politique une application de ses principes de 1792[13] ? ou au contraire une négation de ceux-ci ? [Schulze Hagen, 1986, p. 144-186]. La théorie du libéralisme civil s'est-elle transformée en une pratique du libéralisme d'État ? La réponse à ce problème est nécessairement nuancée. D'une part, une évolution critique par rapport à la position de restriction maximale de l'État soutenue en 1792 est indéniablement discernable dans la politique appliquée par Humboldt comme dans les textes qui encadrent théoriquement celle-ci. L'exemple de l'éducation et de l'anthropologie qui la soutient est à cet égard particulièrement instructif. Celui qui rejetait l'éducation publique comme sacrifiant l'homme au citoyen devient, avec la réforme du système éducatif et la fondation de l'Université de Berlin en 1809-1810, le promoteur d'un enseignement public humaniste. Humboldt met ainsi en œuvre ce dont il pointait en 1792 l'impossibilité : que l'éducation publique puisse former des hommes. Contre la dispersion des pratiques éducatives, Humboldt institue en effet une centralisation du système éducatif par une unification du cursus scolaire et de la formation des enseignants à travers des instituts publics spécifiques. Si l'enseignement privé se maintient, il est contraint de s'adapter à cette transformation de l'enseignement public[14]. En mettant l'éducation publique au centre de la formation humaine des individus, dans le but d'un intérêt voire d'une participation de ceux-ci aux affaires publiques, Humboldt se rapproche partiellement du libéralisme d'État de Hardenberg. Cette évolution est lisible, trois ans après la mort de Hardenberg, dans la lettre-mémoire que Humboldt adresse à Schön sur la réforme de l'administration. Ce texte indique en effet une inflexion dans l'anthropologie de Humboldt, nuançant son individualisme de 1792 :

13. Pour cette interprétation, cf. Borsche Tilman [1998, p. 51].

14. cf. Tilman Borsche [1998, p. 58-63].

« L'idée qui réside au fondement de toutes les formes d'État est la suivante : par la division du pouvoir et par l'orientation de la force, rendre inoffensifs, précisément jusqu'au but qui leur est assigné, l'inégalité et le changement des talents, et donner à l'individu, par ce qui est plus grand, plus sage et plus durable que l'homme singulier, par l'organisation politique, une force plus élevée, et lui donner un élan plus confiant dans sa sphère d'action » [Humboldt, 1964, p. 562]. Dans ce passage, le développement de la force humaine définie individuellement est certes toujours considéré comme le but de l'État, mais l'État est devenu la condition positive et nécessaire de ce développement qu'il ne devait en 1792 que se contenter de protéger. Cette évolution est perceptible dès le second ministère de Humboldt. En 1819, dans le mémoire sur la « constitution d'états de la Prusse », Humboldt met en avant un « esprit commun » (*Gemeingeist*) [Kaehler, 1966, p. 430] médiatisé par l'État et appelé à jouer un rôle politique fondamental. Or cet esprit commun est le résultat du rôle pédagogique tenu par l'État : l'organisation collective des actions individuelles n'est ainsi plus conçue comme socialement spontanée mais comme produite par l'État. Ces discontinuités n'épuisent cependant pas la trajectoire de Humboldt entre 1792 et ses participations aux ministères. Des éléments de continuité sont discernables. Ainsi de la défense d'une assimilation égalitaire immédiate des juifs [Humboldt, 1964, p. 95-112], l'opposition à une conception historiciste du politique justifiant, chez Gentz comme chez les romantiques, la Restauration[15] [*ibid.*, p. 305], ou la fonction de protection des droits privés conférée à la constitution. Mais, plus profondément, une partie de ces continuités relève justement de la controverse de Humboldt avec Hardenberg.

Cette controverse n'est pas une situation primitive entre eux. Leur entente va jusqu'à l'amitié, au moins jusqu'en 1815. Ils entretiennent une correspondance suivie, encore qu'assez unilatérale, et, surtout, collaborent sur le projet de constitution fédérale allemande proposé par Hardenberg en 1814. Dans le texte préparatoire rédigé par Humboldt à cette occasion, l'un des points centraux, énoncé dans son article 18, prévoit une limitation des souverainetés princières (et des traditions politiques locales) au profit de l'institution dans chaque état allemand d'états, soit d'assemblées (dont les contours institutionnels restent indéfinis) : « Quoique chaque prince serait doté de tous les droits souverains à l'intérieur de son État, chaque État allemand devrait cependant instituer ou établir des états » [Humboldt, 1964, p. 316]. Ce point est retenu dans le projet présenté par Hardenberg,

15. Ce rejet constituant un point commun avec les idées exposées par Hardenberg dans son mémoire de Riga.

et donne lieu à l'article 13 de l'Acte fondateur de la Confédération germanique, prévoyant une « *landständische Verfassung* » (une constitution par états) pour chaque État, sans assez préciser cependant la nature de celle-ci (principalement son caractère représentatif ou non), ce qui sera source de débats politiques d'interprétation tout au long du *Vormärz*.

L'entente entre les deux hommes se transforme cependant rapidement en rivalité et en opposition. Voyant en Humboldt un successeur potentiel cherchant à le remplacer, Hardenberg l'éloigne de Berlin en lui donnant des charges diplomatiques d'ambassadeur à Vienne puis à Londres, ainsi que des charges de représentant prussien lors de plusieurs congrès européens, notamment consécutifs à la victoire sur la France napoléonienne. L'opposition et la rivalité culminent en 1819 avec le retour de Humboldt à Berlin, Hardenberg et lui se disputant la charge de la préparation du projet de constitution prussienne et s'opposant sur plusieurs points de celle-ci.

Trois points d'opposition sont particulièrement identifiables. En premier lieu, la mise en avant par Humboldt d'une collégialité de l'administration contre le modèle de son organisation hiérarchique soutenu par Hardenberg. Contre le modèle d'un conseil d'État présidé par le chancelier, Humboldt soutient une organisation collégiale de ce dernier, collégialité qu'il étend à l'ensemble du fonctionnement de l'administration. Humboldt oppose ainsi deux modèles d'organisation de celle-ci, comme « unité » et comme « série ». Selon l'organisation unitaire, le rapport entre fonctionnaires relève d'une « subordination », dans l'organisation sérielle, d'une « coordination » [*ibid.*, p. 558]. Cette coordination doit se retrouver y compris dans les instances les plus élevées de l'administration : « les chefs suprêmes d'administration doivent former un collège » [*ibid.*]. Cette exigence conduit Humboldt à formuler une définition normative de l'administration qui s'oppose au fonctionnement hiérarchique de l'administration et du gouvernement qui sera, plus tard durant le *Vormärz*, la cible des auteurs libéraux radicalisés et démocrates comme Ruge[16] ou le Marx de 1843[17] : « Des ministères jusqu'à l'instance administrative la plus basse, l'administration doit suivre une longue chaîne dans laquelle le ministère est le membre le plus élevé. Il doit, entre la direction de l'administration et l'administration, entre l'établissement de normes et l'action, n'être nulle part une interruption perturbatrice,

16. Cf. Ruge Arnold, « Selbstkritik des Liberalismus », *in* Ingrid Pepperle et Heinz Pepperle (eds.) [1985, p. 546-573].

17. Dans le *Manuscrit de Kreuznach*, Marx, discutant la philosophie politique hégélienne, s'en prend particulièrement vivement à la bureaucratie dont il promeut la pure et simple suppression.

l'exécution doit rétroagir librement sur l'établissement des normes, comme celle-ci agit vers le bas » [*ibid.*, p. 569]. À partir de cette revendication de collégialité, Hardenberg est la cible constante d'accusations d'autocratisme dans sa pratique de chancelier.

Le second point d'opposition est relatif à ce premier. Afin d'éviter une hiérarchisation soumettant des sous-fifres à des chefs intouchables, sinon par le roi, Humboldt oppose au modèle de la loyauté au prince un modèle de la « responsabilité » [*ibid.*, p. 553] des fonctionnaires. Si cette responsabilité reste abstraite, n'étant pas définie par rapport à un parlement, elle n'en propose pas moins une redéfinition du statut politique du fonctionnaire, ne devant plus trouver sa légitimité dans son obéissance, et une remise en cause de la position suprême du chancelier et des ministres dans leurs administrations.

Enfin, le troisième point d'opposition concerne les réactions différentes de Hardenberg et de Humboldt à la répression organisée par les décrets de Carlsbad (interdiction des *Burschenschaften*, censure et surveillance de l'université notamment) prétextés par l'assassinat de Kotzebue en 1819. De son côté, Hardenberg soucieux de consolider sa position face aux attaques du parti de la cour, mené par Wittgenstein, ministre de la Police, ou encore Bernstoff, ministre des Affaires étrangères, ne s'oppose pas aux décrets. Humboldt, moins prudent que le politicien professionnel Hardenberg, lui reproche cette attitude. Il devient ainsi, à l'intérieur du gouvernement, le centre de l'opposition libérale à Hardenberg. Soutenu par les ministres Boyen et Beyme, Humboldt rédige et envoie au roi un mémoire « Sur les décrets de Carlsbad », où il dénonce l'ingérence de la Confédération germanique, et plus particulièrement de l'Autriche, dans les affaires prussiennes par ces décrets, tout en niant l'efficacité de telles mesures répressives selon la thèse d'un ordre permis non par la répression étatique mais par un libéralisme réduisant l'emprise de l'État sur la vie sociale : « Car il nous a toujours semblé que c'est seulement lorsque les gouvernements, partout en Allemagne, ont fait ce qui dépend d'eux, par la simplification de leurs organes, par l'exercice d'une justice générale, par un grand ordre et une grande conséquence de l'administration, par une économie [*Sparsamkeit*] sévère, par une ouverture de la possibilité que le peuple prenne part par des voies légales à la chose publique, pour amoindrir la charge des sujets, prévenir les plaintes, et élever la satisfaction de toutes les classes, c'est alors que l'esprit répréhensible de quête de nouveauté et de résistance secrète disparaît de lui-même. » Malgré son action gouvernementale et ses actions théoriques, c'est donc toujours, en partie comme en 1792, dans un effacement relatif de l'intervention étatique

que Humboldt situe la garantie d'un ordre sociopolitique pacifié, et il oppose ces principes libéraux à la soumission tactique de Hardenberg aux décrets de Carlsbad.

Hardenberg saisit l'occasion pour mettre Frédéric Guillaume III devant un choix : renvoyer Humboldt ou lui. L'imprudence de Humboldt lui vaut évidemment son ministère : il est renvoyé le 31 décembre 1819, en compagnie de Beyme et Boyen. Quoiqu'il continue à publier des textes politiques par la suite, ce renvoi marque la fin de sa carrière politique.

Conclusion : une scission constitutive de l'évolution du libéralisme allemand

L'héritage de la controverse entre Humboldt et Hardenberg est ambivalent. Une interprétation contestable car rétrospective consisterait à voir dans cette opposition une scène inaugurale de la future opposition entre régulationnisme économique, État providence d'un côté, et laissez-faire de l'autre. Or Hardenberg et Humboldt soutiennent tous deux la seconde position. C'est, plus modestement, comme un conflit symptomatique d'une tension constitutive du libéralisme allemand au XIXe siècle qu'il faut interpréter cette controverse. Le principe libéral d'une autonomie, à défendre ou à établir, de la société civile face à l'État, est moins une thèse qu'un problème à l'origine des évolutions autocritiques et des scissions dans ce libéralisme. Ainsi, la difficulté rencontrée dans l'établissement d'une société libéralisée a conduit une partie, plus modérée, du mouvement libéral allemand, surtout après les désillusions de 1848, à défendre une position de compromis acceptant un État fort intervenant positivement sur la société à la fois pour la moderniser et entraver les mouvements séditieux occasionnés par le développement d'un mouvement ouvrier. C'est la position que l'on rencontre dans la définition de la *Realpolitik* par August Ludwig von Rochau en 1853 dans les *Principes de la Realpolitik*, et dans le ralliement du national-libéralisme à la politique bismarckienne. D'un autre côté, le libéralisme civil de 1792 de Humboldt n'a pas eu pour seul héritier un Hayek mais, paradoxalement si l'on songe à ce dernier, le développement des premiers socialismes et anarchismes allemands durant le *Vorwärz.* Se situant par ses théories au centre et chronologiquement au moment inaugural de cette division du libéralisme allemand, le Hegel des *Principes de la philosophie du droit* centre ainsi son libéralisme constitutionnel sur la distinction entre État et société civile. Ainsi, l'autonomie relative de la société civile, comme sphère des intérêts privés, est bien conçue par lui comme le propre de la modernité politique. Toutefois, cette société ne saurait trouver son « fondement » que dans la sphère du bien commun représentée par l'État [Hegel, 2013, p. 451]. La philosophie politique hégélienne se présente ainsi comme une tentative de conciliation des tendances civile et étatique du libéralisme, et ainsi d'une défense de l'ère des réformes dans la pluralité de ses orientations. C'est la difficulté d'une telle conciliation que pointent les radicalisations politiques des disciples critiques de Hegel parmi lesquels Marx fit ses premières armes théoriques : les Jeunes hégéliens. En défendant le principe d'une autonomie de la société civile, des Jeunes hégéliens tels Marx, Moses Hess ou encore Edgar Bauer, d'abord libéraux, ont tenté de résoudre le problème posé par ce libéralisme en le fondant sur une anthropologie non plus individualiste mais générique, reprise de Feuerbach, pour argumenter la possibilité d'une auto-organisation sociale, passant ainsi par autocritique de positions libérales à des positions socialistes et anarchistes. Ainsi, dans le *Manuscrit de Kreuznach*, Marx fait de l'exigence de l'autonomie de la société civile le fondement d'une autocritique libérale du libéralisme. Les véritables libertés et organisation collectives ne sauraient pour lui exister que dans une auto-administration sociale libérée d'un État séparé du peuple. C'est dans le travail productif que Marx, devenu socialiste, cherchera à partir de la fin 1843 les conditions d'une telle auto-organisation sociale. Plus radicalement, les anarchistes Hess et Edgar Bauer font de tout État l'obstacle à l'institution d'une société libre. Durant le *Vormärz*, démocratisme, socialismes et anarchisme se constituent ainsi sur la base de scissions et de radicalisations critiques vis-à-vis du libéralisme, en accentuant la tendance civile au détriment de la tendance étatique. À partir de ses propres tensions et conflits internes, le libéralisme allemand du XIXe siècle engendre ainsi partiellement ses propres adversaires, qu'ils en viennent à scinder le libéralisme en plusieurs orientations sur cette question du rapport à l'État, ou, dans le cas des socialismes et anarchismes allemands qui naissent à la fin du *Vormärz*, à se séparer du libéralisme, toujours cependant dans le but de régler le problème hérité du libéralisme du rapport entre société civile et État. Ces diversités et ambivalence dans l'héritage du libéralisme allemand des Lumières établissent celui-ci comme devenant progressivement, au XIXe siècle, le paradigme politique et le problème sociopolitique non résolu par rapport auquel les autres positions politiques se définissent.

Bibliographie

Borsche, Tilman [1998], *Wilhelm v. Humboldt*, Munich: Beck.

Hardenberg, Karl August Freiherr von [1807], « Über die Reorganisation des Preussischen Staats », *in* Demel Walter et Puschner Uwe (eds.), [1995] *Deutsche Geschichte in Quellen und Darstellung*, tome 16, Stuttgart: Reclam.

Hegel, Georg Friedrich Wilhelm, [2013] *Principes de la philosophie du droit*, Paris : PUF.

von Humboldt, Wilhelm [1851], *Ideen zu einem Versuch, die Gränzen der Wirkasamkeit des Staats zu bestimmen*, Breslau: Verlag von Eduard Trewendt.

Humboldt Wilhelm von [1964], « An Schön über Verwaltungsreform », *in* Humboldt Wilhelm von, *Werke in fünf Bänden*, tome IV, Stuttgart: Cotta.

Justi, Johann Heinrich Gottlob von [1765], *Grundsätze der Polizeiwissenschaft*, Göttingen: Verlag der Wittwe Vandenhöck.

Kaehler, Siegfried [1963], *Wilhelm von Humboldt und der Staat*, Göttingen: Vandenhoeck & Ruprecht.

Kant, Emmanuel [1994], *Théorie et pratique*, Paris : GF-Flammarion.

Kant, Emmanuel [1994], *Métaphysique des mœurs II*, Paris : GF-Flammarion.

Koselleck, Reinhart [1989], *Preussen zwischen Reform und Revolution. Allgemeines Landrecht, Verwaltung und soziale Bewegung von 1791 bis 1848*, Stuttgart: Klett-Cotta.

Napoli, Paolo [2003], *Naissance de la police moderne*, Paris : La Découverte.

Policar, Alain [2012], *Le libéralisme politique et son avenir*, Paris : CNRS Éditions.

Quillien, Jean [2015], *L'anthropologie philosophique de Wilhelm von Humboldt*, Lille : Presses universitaires du Septentrion.

Ruge, Arnold [1985], « Selbstkritik des Liberalismus », *in* Ingrid Pepperle et Heinz Pepperle (eds.), *Die Hegelsche Linke*, Leipzig: Reclam.

Schulze, Hagen [1986], « Humboldt und das Paradox der Freiheit », *in* Bernfried Schlerath (ed.), Wilhelm von Humboldt, Berlin: Walter de Gruyter.

Seckendorff, Ludwig von [1656], *Der deutsch Fürstenstaat*, Francfort: Verlegung Thomas Matthiae Götzens.

Zincke, Georg Heinrich [1751-1752], *Cameralisten-Bibliothek*, 4 tomes, Leipzig: Carl Ludwig Jacobi.

DE LA DÉFIANCE À L'ÉLOGE DES COOPÉRATIVES PAR J. S. MILL : RETOUR SUR LA CONSTITUTION D'UNE PENSÉE LIBÉRALE DANS LA PREMIÈRE MOITIÉ DU XIXE SIÈCLE

Philippe Gillig[1] *et Philippe Légé*[2]

Cet article analyse l'évolution du libéralisme de John Stuart Mill à travers son rapport aux coopératives. En comparant la critique qu'il adresse en 1825 aux coopératives oweniennes et l'éloge des coopératives figurant plus tard dans les *Principles of Political Economy*, nous montrons qu'il va progressivement opérer une forme de synthèse entre socialisme et libéralisme, tous deux porteurs pour lui d'un même idéal démocratique. Cela tient au fait que les coopératives vont aussi être perçues par Mill comme le lieu d'une révolution morale. Cette étude permet également de repenser avec Mill le rapport du libéralisme au « capitalisme ».

J. S. Mill on cooperatives: From mistrust to praise – the constitution of a liberal thought in the first half of the 19th century

This article examines the shift in John Stuart Mill's liberalism through the analysis of his viewpoint on cooperatives. Comparing the criticism he addressed in 1825 to the Owenite co-operatives, on the one hand, to the apology of cooperatives later on in the Principles, *on the other, we show that he will gradually operate a form of synthesis between liberalism and socialism, both seen as bearing a democratic ideal. This also comes from the fact that Mill perceives cooperatives as the source of a moral revolution. In addition, this study leads to rethink with Mill the relation between liberalism and "capitalism".*

Mots clefs : John Stuart Mill, libéralisme, socialisme, coopératives, owenisme, utilitarisme.
Keywords: John Stuart Mill, liberalism, socialism, cooperatives, Owenism, utilitarianism.

JEL Codes : B12, B14, P13

1. Université de Strasbourg, BETA UMR 7522.

2. Université de Picardie Jules Verne, CRIISEA EA 4286. Les auteurs tiennent à remercier chaleureusement les organisateurs du colloque intitulé « La construction des libéralismes face à leurs adversaires, fin XVIIIe – début XIXe siècle », ainsi que tous les participants. Les échanges constructifs avaient alors contribué à améliorer la qualité de notre travail. Par ailleurs, les deux rapporteurs nous ont ensuite permis, par leurs remarques et suggestions, de gagner en clarté. Qu'ils soient ici vivement remerciés. Toute insuffisance reste évidemment nôtre.

Introduction

Le fait que John Stuart Mill se soit revendiqué « socialiste » dans son autobiographie [1873, p. 239] a suscité de vifs débats[3]. Au-delà des divergences d'interprétation, tous les commentateurs reconnaissent que Mill dresse un véritable éloge des coopératives à partir de la troisième édition de ses *Principles of Political Economy*, publiée en 1852. En revanche, la critique que Mill adresse en 1825, au nom d'un certain libéralisme, aux projets de coopératives oweniennes, est moins connue, et a été en tous les cas très peu discutée. Ainsi L. Robbins, un commentateur pourtant attentif au rapport fluctuant de Mill au socialisme, distingue quatre moments pour caractériser celui-ci, le premier étant un rapport de sympathie apparaissant dans les années 1830, sous l'influence notamment des saint-simoniens [Robbins, 1966, p. xxxix]. Il oublie donc *de facto* un cinquième moment, antérieur, durant lequel Mill fut un opposant aux projets d'Owen. Comment Mill a-t-il été amené à réviser son jugement ? Quels sont alors ses arguments ? Pourquoi ce grand représentant du libéralisme a-t-il finalement repris à son compte certains projets socialistes ? Et dans quelle mesure peut-on dire qu'il n'a pas renié son libéralisme ?

Répondre à ces interrogations contribuerait à éclairer les catégories de « socialisme » et de « libéralisme » constamment utilisées dans l'histoire de la pensée économique et politique traitant de la première moitié du XIXe siècle, alors qu'elles sont des catégories tout juste naissantes et aux contours encore incertains. Mais cela permettrait aussi de questionner la façon dont on les oppose aujourd'hui en considérant généralement la seconde comme une doctrine consubstantielle au capitalisme. L'un des intérêts de l'analyse millienne des coopératives est de rappeler qu'il y a originellement une certaine proximité entre « socialisme » et « libéralisme »[4]. L'objet de cette

3. Les références aux lectures concurrentes ont été rassemblées notamment par Kurer [1992] et par Riley [1996, p. 40-41].

4. Sur les affinités entre socialisme et libéralisme, on pourra consulter avec intérêt E. Hobsbawm [1992], G. Stedman Jones [2006] et S. Audier [2006]. Sur le soutien au coopératisme apporté par les libéraux en France et en Angleterre au XIXe siècle, voir I. Prothero [2006]. Il convient de rappeler que l'épithète « liberal » en Angleterre a historiquement d'abord une signification politique, désignant ceux qui, proches des « Radicals » (dont font partie Mill père et fils) mais plus modérés qu'eux en général, se présentent comme des « Reformers » après le *Reform Act* de 1832 (qui étend le droit de vote aux « lower-middle-classes » mais non aux classes populaires) et s'opposent frontalement à la monarchie et au suffrage aristocratique défendu par les conservateurs (« Tories »). Les « Liberals » constituent notamment l'aile gauche du parti Whig jusqu'à ce que celui-ci se transforme en « *Liberal Party* ». C'est en 1847 qu'apparaît formellement le « *Liberal Party* ». Le terme est toutefois employé dans la presse dès 1835 [Hobsbawm, 1992, p. 47]. Aujourd'hui, l'adjectif « liberal » a gardé ce sens hors d'Europe : *The English*

communication est de montrer d'une part que le dialogue avec le socialisme est constitutif du libéralisme de Mill et, d'autre part, qu'un suivi attentif de l'évolution de la pensée de ce dernier révèle qu'il est sans doute plus approprié de parler *des libéralismes*, plutôt que *du libéralisme*, de Mill.

Pour y parvenir, nous adopterons une démarche chronologique. Après avoir exposé les raisons pour lesquelles Mill considère dans les années 1820 les oweniens comme des adversaires (partie 1), nous étudierons l'évolution de son opinion dans les années 1830 et 1840 en analysant comment l'influence du saint-simonisme le conduisit à remettre en cause l'opposition entre « l'économie politique » et le socialisme (partie 2). Puis nous montrerons que la défense des coopératives figurant dans les *Principles* s'inscrit dans une perspective qui, tout en étant critique de ce que l'on désigne aujourd'hui par le terme de « capitalisme »[5], n'en est pas moins pour autant « libérale », au moins en deux sens. Tout d'abord, au sens économique du terme, parce que cette promotion des coopératives est compatible avec la défense millienne de la propriété privée (partie 3). Ensuite, au sens philosophique du terme, dans la mesure où les coopératives présentent des vertus émancipatrices pour l'individu (partie 4).

1. L'héritage radical et la critique des coopératives oweniennes

L'épisode qui nous intéresse ici est le positionnement de Mill vis-à-vis des premiers socialistes anglais, les oweniens. C'est dans la presse owenienne que l'on trouve la première trace écrite du terme « *socialist* » dans la langue anglaise : il y est employé à partir de 1827 pour désigner ceux qui approuvent les projets d'Owen, bien que ce dernier ne reprenne le terme à son compte qu'en 1837[6]. On peut d'ailleurs remarquer qu'en 1848, dans ses *Principles of Political Economy*, Mill tient encore les termes « Owenism » et « Socialism » pour synonymes [Mill, 1848a, p. 202, note 2].

Oxford Dictionary rappelle qu'aux États-Unis cet adjectif est souvent synonyme de « radical » ou même de « red », et qu'en Afrique du Sud, « communiste » ou « libéral » étaient deux adjectifs interchangeables.

5. Mill emploie le terme « capitaliste » mais jamais celui de « capitalisme » (pas plus d'ailleurs que Marx, qui utilise celui de « capital » ou de « mode de production capitaliste »). Le mot « capitalisme » n'est introduit, à notre connaissance, qu'en 1870 par Albert Schäffle dans son ouvrage *Kapitalismus und Sozialismus* avant d'être adapté en anglais.

6. Voir Bertier de Sauvigny [1970, p. 163-164] et Hobsbawm [1992, p. 47-49]. Le terme « *socialist* » introduit par la presse owenienne apparaît ensuite dans les débats de l'*Association of all Classes of all Nations* fondée en 1835 par Owen.

La filature modèle qu'Owen dirige à New Lanark (Écosse) de 1800 à 1825 doit son caractère exemplaire, dans l'histoire sociale britannique, au fait qu'elle offrait des conditions de travail et de vie exceptionnelles pour l'époque (journée de travail réduite, première école maternelle de Grande-Bretagne, caisse d'assurance-maladie...). Ce n'est cependant pas cet aspect que Mill va critiquer. New Lanark n'était d'ailleurs pas, à proprement parler, une coopérative mais bien une entreprise capitaliste (dont Owen, et entre autres Jeremy Bentham, étaient actionnaires[7]). En revanche, dès les années 1820, des disciples d'Owen (notamment George Jacob Holyoake, John Collier Farn et William Lucas Sargent) décident de fonder des magasins coopératifs en s'inspirant des théories de leur maître sur la juste rémunération du travail. Propriété d'ouvriers qui en sont les consommateurs-actionnaires, « ces premières coopératives doivent à terme permettre l'achat de terrains destinés à la fondation de communautés owénites » [Siméon, 2012, p. 8][8]. Parallèlement, des partisans d'Owen fondent en 1824, à Londres, la *Co-operative Society*[9]. John Stuart Mill relate sa participation, en 1825, à deux débats avec cette association.

Le premier débat portait sur « la question de la population »[10] tandis que le second avait pour objet « les mérites généraux du système d'Owen »[11] [Mill, 1873, p. 127]. Ce second thème fut discuté durant trois mois. Il s'agissait selon Mill d'une « lutte corps-à-corps [en français dans l'original] entre les oweniens et les économistes, ces derniers étant considérés par les oweniens comme leurs principaux adversaires » [*ibid.*, p. 129]. Si Mill précise que la bataille fut « parfaitement courtoise », il ne récuse pas cette opposition entre deux camps et réaffirme : « nous représentions l'économie

7. En 1813, Bentham accepte de devenir actionnaire de la manufacture de New Lanark, sans toutefois manifester de véritable intérêt pour les avancées sociales qu'elle promouvait [Trincado et Santos-Redondo, 2014].

8. Ces tentatives inspireront d'ailleurs la première grande coopérative moderne de l'histoire, fondée en 1844 à Rochdale, près de Manchester.

9. À partir de 1826, elle est gérée par William Lovett, le futur secrétaire du mouvement chartiste. En 1830, elle est la plus grande des 300 coopératives oweniennes que compte alors l'Angleterre. Il ne faut pas la confondre avec la première coopérative owenienne anglaise, *The Co-operative and Economical Society*, fondée en 1821 par un disciple de Robert Owen, George Mudie (directeur du journal *The Economist*). Pour plus de détails, voir Claeys [2005].

10. Mill souscrit très jeune à la proposition de contrôle des naissances, il est même arrêté à l'âge de 17 ans pour avoir diffusé publiquement des tracts de Francis Place promouvant la contraception. Sur les positions respectives de Mill et Owen au sujet du « principe de population », voir Himes [1928].

11. Sauf mention contraire, toutes les traductions françaises de l'œuvre de Mill sont les nôtres.

politique »[12] [*ibid.*, p. 129]. Avant de rentrer dans le détail des arguments de Mill justifiant son opposition aux oweniens, précisons la signification de cette référence à « l'économie politique » et son lien avec cette forme particulière du libéralisme naissant qu'est le « radicalisme ».

Mill décrit le « radicalisme philosophique » dont il se revendique comme résidant notamment dans « la combinaison du point de vue de Bentham avec celui de l'économie politique moderne » – c'est-à-dire en fait l'économie de Ricardo [Mill, 1873, p. 107]. De ce fait même, Mill peut à cette époque être qualifié de libéral à double titre. Le « point de vue de Bentham » renvoie en effet à la défense des libertés politiques et en particulier du suffrage universel. Rappelons que l'activité politique de John Stuart Mill prend de l'ampleur en 1824 avec le lancement de la *Westminster Review*, dirigée par John Bowring et financée par Bentham. Dans le premier numéro, un article de James Mill (le père de John Stuart) reproche au parti Whig de s'accommoder du caractère aristocratique des institutions anglaises. Cela deviendra la ligne politique de la revue et des « Radicaux » sous l'impulsion desquels le parti Whig se transformera en « *Liberal Party* »[13]. John Stuart Mill rappelle dans son autobiographie que les années 1820 furent une époque de « rapide développement du libéralisme » au cours de laquelle la revue « fit beaucoup de bruit et conféra un véritable statut à ce radicalisme de type Benthamien » [Mill, 1873, p. 101] [14]. Il ajoute d'ailleurs que le long séjour qu'il effectua en France à partir de mai 1820 eut pour « principale conséquence » le développement de son « intérêt vif et constant pour le libéralisme continental » [Mill, 1873, p. 63]. Par « libéralisme », Mill désigne donc une doctrine morale et politique. Il écrira en effet dans une lettre de 1831 que le libéralisme consiste à

> faire de chaque homme son propre guide et son maître souverain, le laisser penser par lui-même et faire exactement ce qu'il juge le mieux pour lui, laissant aux autres la possibilité de le persuader s'ils y parviennent par la discussion mais leur interdisant d'user de l'autorité, et plus encore de la contrainte, sauf dans la stricte mesure où la sécurité de chaque personne et de la propriété le nécessitent [Mill, *CW12*, p. 84][15].

---

12. Sur les rapports entre Owen et l'économie politique de son temps, voir Trincado et Santos-Redondo [2014, p. 259-260].

13. Voir *supra*, note 2.

14. L'ajout de l'épithète « philosophique » sert, dans l'esprit de Mill, à distinguer ce radicalisme de celui d'autres écoles, qui certes réclament toutes des institutions démocratiques, mais en usant d'arguments qui ne sont pas, selon lui, véritablement fondés sur des bases rationnelles [Mill, 1837, p. 353].

15. Afin de ne pas alourdir la bibliographie, les lettres de Mill ne sont pas référencées individuellement mais en fonction du volume et de la page de *The Collected Works of John Stuart Mill*, éditées par John Mercel Robson, University of Toronto Press, noté « CW ».

Mill, qui fut avec treize articles le principal contributeur de la *Westminster Review*, se pense explicitement comme un héritier du libéralisme des Lumières : « Les philosophes français du XVIIIe siècle constituaient l'exemple que nous cherchions à imiter » [*ibid.*, p. 111]. Le radicalisme de Mill est donc bien une forme de libéralisme politique. Le terme « radicalisme » émerge d'ailleurs au début du XIXe siècle en Angleterre pour désigner un mouvement politique exigeant une réforme électorale radicale[16]. Mill, quant à lui, défend dans un article de 1839 la création d'un « Radical party » ou « Liberal party », qui associerait tous les partisans de la réforme (« Reform party »), des « Whigs-Radicals » jusqu'aux « Ultra-Radicals » et même aux « Working classes » [Mill, 1839, p. 467].

Venons-en au cœur de l'argumentation de Mill vis-à-vis des coopératives. Nous aborderons par la même occasion la deuxième dimension – économique – du « libéralisme » de Mill à cette époque, dont le contenu s'infléchira partiellement après 1830 (voir sections 2 et 3 *infra*). Face à lui, lors des débats avec la *Co-operative Society*, le principal orateur owenien était William Thompson[17], auteur en 1824 d'une *Enquête sur les principes de la répartition des richesses les plus susceptibles de conduire au bonheur des hommes*. Sur les conseils de son père, Mill préparait ses interventions par écrit. La lecture de ces textes permet de constater qu'en 1825 le jeune Mill s'oppose effectivement à « la coopération », c'est-à-dire à une forme particulière de propriété : « Par le principe de coopération, j'entends la propriété commune [*the community of property*], le principe fondamental du projet de Monsieur Owen » [Mill, 1825, p. 315]. Prenant acte du fait que William Thompson souscrit, comme Owen et comme de nombreux oweniens, à la doctrine utilitariste[18], Mill veut montrer que « la fin visée par

16. Si la popularisation du terme « radicalisme » doit beaucoup à John Cartwright et à Jeremy Bentham qui l'introduisent vers 1810, en réalité, l'émergence d'un mouvement de réforme « à la racine » (mais qu'on ne qualifie pas encore de l'épithète « radical ») des institutions politiques en Grande-Bretagne date du siècle précédent, notamment avec la création en 1769 à Londres de la *Society of the Supporters of the Bill of Rights* [Dziembowski, 2010, paragr. 8-14] et la publication en 1776 de *Take Your Choice* par John Cartwright. Ce dernier exigeait le suffrage universel entendu comme le droit de vote pour tous les citoyens âgés d'au moins 18 ans, le scrutin secret, un parlement annuel, des élections faites en un jour et des circonscriptions électorales comprenant le même nombre d'habitants.

17. William Thompson (1775-1833) est un philosophe et réformateur irlandais. Les informations sur les circonstances de ce débat, données dans l'introduction du vingt-sixième volume des *Collected Works of John Stuart Mill* (p. xxi-xxii), sont assez limitées.

18. Sur l'utilitarisme d'Owen, voir Harrison (1969, p. 48-49). Thomson admire également l'œuvre de Bentham, avec qui il entretient une correspondance et chez qui il réside plusieurs mois en 1821-1822. Le traité de Thompson s'ouvre par cette phrase : « Utility, calculating all effects, good and evil, immediate and

les défenseurs [du système coopératif], le plus grand bonheur du plus grand nombre, ne serait pas atteinte mais contrariée par l'adoption des moyens qu'ils nous recommandent si chaudement » [*ibid.*, p. 308-309]. Il formule quatre objections à l'encontre des coopératives [*ibid.*, p. 319-322]. Elles seraient caractérisées par :

- une faible productivité due au fait que la rémunération est indépendante du travail fourni ;
- une mauvaise gestion ;
- une réduction de la liberté ;
- un coût d'investissement très élevé.

Concernant cette dernière objection, Mill regrette que l'on dépense pour les coopératives « une somme qui suffirait amplement à fournir la meilleure éducation à chaque habitant du Royaume-Uni » [*ibid.*, p. 322], ne mentionnant pas l'éventuelle contribution des coopératives à l'éducation des travailleurs. On verra que si Mill va changer d'opinion sur chacun des quatre points mentionnés, c'est surtout son évolution sur ce dernier point qui va se révéler décisive.

En effet, le jeune Mill néglige encore le fait que les expériences coopératives peuvent être vues comme une « *praxis* » par laquelle les travailleurs se transforment aussi eux-mêmes [Légé, 2006, p. 118-119]. Dans ce débat avec les oweniens, Mill reconnaît seulement que le système coopératif peut renforcer des tendances bénéfiques qui sont déjà à l'œuvre dans la société. Mais il insiste sur l'idée que ce système est incapable d'engendrer de telles tendances : « Ce ne sont pas les effets du système coopératif ; celui-ci ne fait que faciliter la réalisation de ces éléments [...] des dispositifs pour l'éducation peuvent être combinés avec ce système, mais *ce système n'est pas lui-même éducatif* » [Mill, 1825, p. 315, nous soulignons].

C'est pourquoi Mill considère, à cette époque, que le seul avantage intrinsèque des coopératives est de nature économique : « Tout ce que le système coopératif peut accomplir par lui-même est d'ajouter les profits et la rente à ce que les travailleurs gagnent déjà » [*ibid.*, p. 315]. Il explique ensuite qu'en dépit des fantasmes socialistes, ces revenus supplémentaires pour les travailleurs ne représentent pas plus de 10 % de la valeur de la production et que, par conséquent, les coopératives ne changeront pas grand-chose au sort des travailleurs.

---

remote, or the pursuit of the greatest possible sum of human happiness, is the leading principle constantly kept in view, and to which all others are but subsidiary, in this inquiry » [Thompson, 1824, p. 1]. Se référant ensuite à Bentham et à Helvétius, il développe une argumentation utilitariste tout au long de l'ouvrage.

En 1825, Mill ne soutient donc pas la propriété coopérative. Il le reconnaît d'ailleurs dans l'autobiographie :

> Private property as now understood, and inheritance, appeared to me as to them, the *dernier mot* of legislation: and I looked no further than to mitigating the inequalities consequent on these institutions. [...] In short, I was a democrat, but not the least of a Socialist [Mill, 1873, p. 239].

Pour bien comprendre la signification que revêtent les termes « démocrate » et « socialiste » dans le contexte anglais des années 1820, il faut tenir compte d'au moins deux faits importants. Premièrement, les positions de Robert Owen se sont radicalisées. Celui-ci n'est plus seulement le philanthrope améliorant la situation des travailleurs de New Lanark au début du siècle. Déçu par la lenteur des progrès de la législation sociale[19], Owen va plus loin, prônant en 1820 dans son *Report to the County of Lanark* la création de villages communautaires de 300 à 2 000 personnes fondés sur ce qu'il nomme « *the principle of united labour, expenditure, and property, and equal privileges* » [Owen, 1821, p. 25, italiques dans l'original], et pensés comme base d'une réorganisation entière de la société[20]. Or un « démocrate » n'adhère pas nécessairement à un tel programme « socialiste ». Deuxièmement, le socialisme d'Owen n'était pas un mouvement politique. Misant sur l'exemplarité de ses expériences coopératives, Owen interdisait à ses partisans de se mêler de politique, et dénigrait les « mesures futiles des Radicals, des Whigs, ou des Tories » [Owen, 1821, p. 31]. Comme le précise aussi Dolléans, « Owen et ses fidèles séparent nettement démocratie et socialisme et tiennent les réformes politiques pour inefficaces et illusoires. Le suffrage universel et les droits politiques sont inutiles à la fondation des villages communistes » [Dolléans, 1912, p. 58]. Le socialisme se fonde alors exclusivement sur la lutte sociale pour l'amélioration des conditions de vie et de travail, et non sur le combat démocratique pour le suffrage universel. Ce n'est qu'au milieu des années 1830 qu'un puissant mouvement social et politique – le chartisme – émergera entre autres de l'owenisme et mettra à l'ordre du jour la convergence des « socialistes » et des « démocrates ». Mais l'évolution de l'opinion de Mill est antérieure au développement du mouvement chartiste.

19. Owen est en particulier déçu par la loi de 1819 interdisant le travail des enfants de moins de neuf ans dans le secteur cotonnier. Le *Cotton Mills and Factories Act* introduit par Sir R. Peel est en effet une version édulcorée d'un projet de loi proposé par Owen lui-même afin d'interdire le travail des enfants de moins de dix ans dans tous les secteurs.

20. Ajoutant le geste à la parole, il partira d'ailleurs en 1825 aux États-Unis fonder *New Harmony*.

2. L'influence du saint-simonisme

Pour comprendre les raisons pour lesquelles Mill en vient à réviser son jugement sur les coopératives, il est nécessaire de suivre son activité intellectuelle entre ces débats de 1825 et la publication des *Principles of Political Economy* (1848). Deux événements principaux[21], survenus entre 1825 et 1848, permettent d'expliquer son retournement : d'une part sa crise psychique de 1826 qui l'amène à modifier sa vision de la nature humaine, et d'autre part sa découverte des socialistes français à la fin des années 1820. Dans le cadre de ce travail, nous nous intéresserons surtout à ce deuxième événement[22].

Nous avons vu qu'au cours du débat avec les oweniens, Mill estime qu'il existe une véritable opposition entre « l'économie politique » et le socialisme. Sa rencontre avec les saint-simoniens va notamment faire évoluer son jugement sur ce point crucial, puisqu'il va être amené à amender sa conception de l'économie politique. En 1828, Mill fait la connaissance de Gustave d'Eichthal qui effectue un voyage en Angleterre. Or ce dernier adhère en 1829 au saint-simonisme, dont il deviendra l'une des principales figures. Grâce à lui, Mill découvre les textes des saint-simoniens « qui n'avaient pas encore organisé leurs projets socialistes » mais proposaient déjà une vision du progrès historique [Mill, 1873, p. 171]. En 1830, il rencontre les dirigeants de ce mouvement, Bazard et Enfantin. Mill juge rétrospectivement que les saint-simoniens ont réalisé « une description du socialisme bien supérieure à celle d'Owen » et lui ont ouvert les yeux sur les limites de « la vieille économie politique qui considère la propriété privée et l'héritage comme des faits indépassables et la liberté de commercer comme le *dernier mot* du progrès social » [*ibid.*, p. 175, italiques dans l'original][23]. Et en effet, dès 1834, dans une recension faite par Mill intitulée « Miss Martineau's Summary of

21. Un troisième événement important est la rencontre en 1830 de Mill avec Harriet Taylor qui deviendra son épouse et son égérie. La nature exacte de son influence demeure débattue. Voir Capaldi [2004].

22. Sa crise psychique de 1826-1827 est imputable selon lui à la conviction que son éducation avait échoué à lui inculquer « le plaisir de l'empathie [*sympathy*] avec autrui et les sentiments qui nous rendent bons avec les autres » [Mill, 1873, p. 143]. De cet épisode, Mill avait tiré la conclusion que, chez lui, ce plaisir et ces sentiments ne seraient pas « suffisamment forts », d'autant que toute son éducation a consisté à le doter d'une faculté d'analyse « précoce et prématurée » [*ibid.*, p. 143]. Or cette expérience personnelle va conduire Mill à placer le « plaisir de l'empathie », le « sentiment social » ou le « désir de coopérer » au cœur de sa théorie utilitariste, faisant même du sentiment de coopération la « sanction ultime » de sa doctrine (*infra*, section 4).

23. Sur Mill et les saint-simoniens, voir notamment Mueller [1956] et Légé [2006].

Political Economy » (et dont l'extrait suivant sera repris dans le *System of Logic*), il désavoue la majeure partie des traités d'économie politique :

> To all of them [the elaborate economic treatises], perhaps, it may be objected, that they attempt to construct a permanent fabric out of transitory materials; that they take for granted the immutability of arrangements of society, many of which are in their nature fluctuating or progressive; and enunciate with as little qualification as if they were universal and absolute truths, propositions which are perhaps applicable to no state of society except the particular one in which the writer happened to live [Mill, 1834, p. 225 ; 1843, p. 904].

Non seulement Mill fait clairement apparaître la nature historiquement relative des institutions sociales que l'économie politique prend pour données, mais que, bien plus, il procède lui-même à un réquisitoire contre l'économie politique dont les représentants oublient, en règle générale, cette historicité[24].

Mill reprend en outre l'idée des saint-simoniens selon laquelle les classes ouvrières ne sont pas prêtes pour assumer immédiatement une telle transformation. Il récuse toutefois la solution proposée par ces socialistes dans la mesure où elle implique le centralisme et la glorification d'une élite « au-dessus de la société ». Comme il l'explique dans son autobiographie, « leur but me semblait désirable et rationnel, quoique leurs moyens puissent se révéler inefficaces ; c'est pourquoi je ne croyais ni à la possibilité ni au bénéfice de leur machinerie sociale » [Mill, 1873, p. 175]. Le 10 février 1830, Mill écrit à Gustave d'Eichthal :

> I conceive your error to be this: you imagine that you can accomplish the perfection of mankind by teaching them St Simonism, whereas it appears to me that their adoption of St Simonism, if that doctrine be true, will be the natural result and effect of a high state of moral and intellectual culture previously received (*CW12*, p. 49).

Mill explique à maintes reprises que seule une longue révolution morale peut détruire l'unique objection au socialisme tout en favorisant le développement de la liberté individuelle[25]. Comme le note Wendy Donner [1991, p. 208], « Mill considère que la classe ouvrière de son époque est dans une époque de transition d'un état de pauvreté et de dépendance vers

24. Sur le fait que Mill est lui-même un important critique de l'économie politique du fait de sa prise en compte de l'histoire, on pourra se reporter à Gillig [2014].

25. Sur le caractère lent et graduel de cette révolution, lire par exemple la lettre rédigée par Mill le 30 novembre 1831 (*CW12*, p. 88).

un état d'indépendance ». Si les travailleurs ne sont pas encore prêts pour le socialisme et s'il faut renoncer à toute solution dirigiste ou paternaliste, il convient de trouver une forme d'organisation sociale favorisant l'indépendance, l'auto-éducation et le « *self-government* ». Dans « The Spirit of The Age », un article publié en 1831 et très imprégné de la philosophie saint-simonienne de l'histoire, Mill affirme que « la première particularité de l'époque actuelle est d'être une époque de transition. L'humanité s'est défaite des vieilles institutions mais ne s'est pas encore dotée des nouvelles » [Mill, 1831, p. 230]. Mill va rechercher les contours de ces nouvelles institutions en scrutant « les changements dans la structure de la société » [*ibid.*, p. 253]. Cette démarche sera pleinement appliquée dans les *Principles* :

> The prospect of the future depends on the degree in which they [the labouring classes] can be made rational beings. There is no reason to believe that prospect other than hopeful. The progress indeed has hitherto been, and still is, slow. But there is a spontaneous education going on in the minds of the multitude, which may be greatly accelerated and improved by artificial aids [Mill, 1848a, p. 763].

Avant de voir comment l'éducation spontanée que Mill croit déceler à son époque trouverait, selon lui, sa pleine réalisation dans le développement des coopératives (section 4), il convient d'exposer comment Mill conçoit les coopératives idéales. Ce faisant, nous allons expliquer pourquoi Mill estime que les coopératives peuvent être compatibles avec la propriété privée et la concurrence (section 3).

3. Les coopératives : une solution « libérale » au sens économique du terme

Sur le plan économique, Mill resta jusqu'à la fin de sa vie un « libéral » convaincu, dans la mesure où le problème ne réside pas pour lui dans le « system of private property » ni dans la concurrence mais, au contraire, dans le fait que ce système n'a jamais été appliqué *in concreto*. Reste que Mill entend ce concept de propriété privée des instruments de production de façon extrêmement particulière. Tandis que la propriété privée désigne, pour la plupart des auteurs socialistes de l'époque, le système social en place dans les pays industrialisés – système qui doit être supprimé si l'on veut éteindre les souffrances des masses laborieuses –, pour Mill au contraire, la propriété privée des moyens de production ne se réduit aucunement à la forme dévoyée de son époque, laquelle maintient artificiellement des inégalités économiques considérables. En effet, Mill définit ce système comme celui qui est censé en théorie impliquer « la garantie que les individus récupèrent les fruits de leur travail et de leur épargne »[26] [Mill, 1848a, p. 208]. De sorte que les lois en vigueur, qui permettent à une minorité plus ou moins oisive de jouir des efforts des autres (grâce à la rente et à l'héritage), ne respectent aucunement cet idéal. Il n'y a par conséquent, d'après Mill, pas lieu de disqualifier ce système économique qui reste encore historiquement inappliqué. Pour trancher entre communisme et système de propriété privée, il faudrait comparer le premier non avec la propriété privée telle qu'elle existe mais telle qu'elle peut exister. À rebours de Marx par exemple, le système de propriété privée ne désigne donc pas celui qui prévaut dans la Grande-Bretagne de son époque, mais celui qu'il faudrait d'abord réussir à mettre en place, afin de pouvoir bien le juger : « The laws of property have never yet conformed to the principles on which the justification of private property rests » [Mill, 1848a, p. 207]. C'est pourquoi, bien loin de jeter l'anathème sur la propriété privée des moyens de production, Mill considère donc qu'il faut l'améliorer. C'est une position constante jusque dans la dernière édition des *Principles* (en 1871, deux ans avant la mort de l'auteur) :

> The object to be principally aimed at in the present stage of human improvement, is not the subversion of the system of individual property, but the improvement of it, and the full participation of every member of the community in its benefits [Mill, 1848a, p. 214].

Une fois comprise la particularité du concept millien de « système de propriété individuelle », on perçoit qu'en défendant ce dernier, Mill ne fait pas l'éloge de la séparation radicale entre prolétaires en concurrence sur un marché du travail libre, d'une part, et détenteurs des moyens de production, de l'autre. Il fait le même constat que les socialistes, à savoir que la société de son époque est divisée entre deux classes aux intérêts fortement opposés, et que cette division n'est ni naturelle ni éternelle :

> I must repeat my conviction, that the industrial economy which divides society absolutely into two portions, the payers of wages and the receivers of them, the first counted by thousands and the last by millions, is neither fit for, nor capable of, indefinite duration [Mill, 1848b, p. 896].

Parce qu'il engendre un antagonisme de classe, Mill (en tous les cas le Mill post-1830) dénonce spécifiquement le salariat (le « *wage system* ») constitutif du « mode de production capitaliste » au sens de Marx. Le problème auquel il faut remédier pour Mill – et en cela il rejoint la plupart des socialistes de son époque – est le fait que certains vivent massivement du travail (et de

26. « … the guarantee to individuals of the fruits of their own labour and abstinence. »

l'abstinence) d'autrui, et non de leur propre travail. Mill explique d'ailleurs que l'owenisme n'est pas nécessairement une attaque contre la propriété privée – position qui tranche avec ce qu'il affirmait en 1825 – mais le dépassement de la relation capital-travail prévalant à l'époque :

> Owenism does not necessarily, it does not in the mind of its benevolent founder, imply any war against property. What is hoped for is, not violently to subvert, but quietly to supersede the present arrangements for the employment of capital and labour. The labourers wish to become their own capitalists [Mill, 1839, p. 486].

Comme le note aussi Samuel Hollander, « l'idéal de Mill pour le futur nécessite une transformation de la relation capital-travail, une relation de "dépendance", vers un système de coopératives de travailleurs » [Hollander, 1985, p. 775]. *A contrario*, le « système de propriété privée » dont Mill fait l'éloge, et qu'il définit aussi comme « système de propriété *individuelle* » [Mill, 1848a, p. 201, n.s.] ou comme système d'« action *individuelle* » (*individual agency*) [Mill, 1848a, p. 208, n.s.], paraît précisément renvoyer à une économie libérale de petits producteurs, mettant en concurrence non des grandes firmes mais des individus, système dans lequel l'exploitation salariale est par définition absente.

Il demeure que la critique sociale de fond émise par Mill ne vise pas simplement l'abolition du salariat mais plus généralement l'éradication de toute situation de rente – ce qu'il nomme les « *unearned fortunes* »[27] – génératrice d'un conflit de classe :

> So long, however, as the great social evil exists of a non-labouring class, labourers also constitute a class, and may be spoken of, though only provisionally, in that character [Mill, 1848b, p. 758. Voir aussi p. 766-767].

On comprend donc que, si Mill peut être dit « libéral » sur le plan économique[28] dans la mesure même où il défend le système de propriété privée, alors cet aspect de son libéralisme consiste fondamentalement en une défense de l'égalité des chances :

> The inequalities of property which arise from unequal industry, frugality, perseverance, talents, and to a certain extent even opportunities, are

27. Voir Mill [1848b, p. 811, 819, 821 ; 1848a, p. 216].

28. Lorsque Mill se définit comme « liberal » ou se réclame du « liberalism », c'est presque systématiquement au sens politique du terme, conformément à l'usage en vigueur au XIXe siècle [voir Mill, 1839]. En effet, avant le dernier quart du siècle, lorsque les auteurs de langue anglaise veulent évoquer le libéralisme au sens économique du terme, ils recourent à l'expression « free trade » (pour désigner en général le libre échange international) ou à celle de « laissez faire » (terme plus général).

> inseparable from the principle of private property, and if we accept the principle, we must bear with these consequences of it: but I see nothing objectionable in fixing a limit to what any one may acquire by the mere favour of others, without any exercise of his faculties, and in requiring that if he desires any further accession of fortune, he shall work for it [Mill, 1848a, p. 225].

Dans les *Principles*, Mill propose des réformes compatibles avec le système de propriété individuelle : « Si l'on mettait en œuvre tout ce qu'il est possible à un bon gouvernement de faire pour réduire, par l'instruction et par la législation, l'inégalité des chances, la suspicion à l'égard des différences de fortunes découlant des gains de chacun ne serait plus justifiée » [Mill, 1848a, p. 811]. En toute cohérence, Mill s'est fait le promoteur d'une taxation prohibitive de l'héritage (*Principles*, V, ii, 3), de l'instruction publique, et de l'appropriation par l'État du surcroît de rente foncière provoquée – selon la théorie ricardienne – par la hausse de la population (*Principles*, V, ii, 5).

Après avoir rappelé quelques traits saillants de « l'utopie libérale »[29] de Mill, il s'agit de comprendre en quoi les coopératives constituent pour Mill (en tous les cas à partir des années 1840) une solution à la question sociale qui peut elle-même être qualifiée à bon droit de « libérale ».

Parmi les remèdes envisagés, Mill a d'abord suggéré, dans la première édition des *Principles* (1848), la participation des travailleurs aux bénéfices (*Principles*, IV, vii, 5). Il s'est ensuite progressivement prononcé, et avec une force grandissante pour cette autre solution qu'est le développement des coopératives ouvrières de production, comme en témoignent les remaniements du chapitre VII du livre 4 (intitulé « On the Probable Futurity of the Labouring Classes ») au fil des éditions successives des *Principles*[30]. Or il s'agit de voir que ce remède, tel que le conçoit Mill, relève d'une forme de libéralisme économique.

Tout d'abord, le socialisme de coopératives est vu par Mill comme un moyen permettant de dépasser le caractère non-méritocratique du système en place, et donc comme une solution libérale qui rejoint l'esprit du « système de propriété privée ». L'association solidaire et démocratique des travailleurs entre eux, liée à la propriété collective des instruments de production, fait disparaître *de facto* l'exploitation du travail d'autrui et les situations de rente –

29. Pour reprendre une formule de Riley [1996].

30. Sur le rôle des événements sociaux et politiques français dans cette évolution de la pensée de Mill, voir Légé [2006, p. 115-117].

du moins au sein du collectif concerné, puisque dans le reste de la société les entreprises capitalistes et les rentiers existent toujours en parallèle des coopératives.

En effet – et c'est le deuxième point –, dans l'esprit de Mill les coopératives sont conçues comme devant maintenir entre elles, et avec les autres entreprises, la concurrence. Il s'agit donc de supprimer la concurrence interne entre travailleurs face aux capitalistes – ce délétère « conflict of classes » – et de maintenir la concurrence externe – cette louable « friendly rivalry » [Mill, 1848a, p. 792] – car celle-ci conduit à la baisse des prix pour les consommateurs et écarte les monopoles. Mill s'est d'ailleurs toujours fermement opposé aux socialistes sur la question de la concurrence, qu'ils accusent à tort d'être la source de tous les maux sociaux [*ibid.*, p. 794]. Il indiquait dès 1825 aux oweniens que le système des coopératives devait comporter de la concurrence entre les différentes communautés, sans quoi il serait réduit à « la barbarie primitive » par l'absence d'échange entre ces communautés [Mill, 1825, p. 318].

Partant, les coopératives telles que Mill les imagine n'impliquent pas de centralisme étatique, à l'instar des coopératives de consommation de son époque (Rochdale en particulier) dont Mill fait remarquer très explicitement qu'elles constituent « a remedy [...] which, though suggested by and partly grounded on socialistic principles, is consistent with the existing constitution of property » [Mill 1879, p. 732-733]. Si donc Mill voyait dans les coopératives de production la future organisation idéale de l'économie, il rejette l'idée de leur extension obligatoire. Dans une lettre à Cliffe Leslie il lui confie que :

> Nothing that I can imagine except cooperation would entirely take away the antagonism. But in order to do so, it is not necessary that cooperation should be universal. If it was only very frequent, a labourer who remained in the employment of an individual & who received from him as much (for labour of the same efficiency) as he could earn under cooperation, would see that he had no reason to complain [Mill, 1863, p. 857].

Mill prône de laisser parler les expérimentations par la base plutôt que d'imposer un système généralisé par le haut. Dans une lettre de novembre 1872 à Émile de Laveleye, Mill proclame : « Je ne crois pas qu'on puisse nier que les réformes à faire dans l'institution de la propriété consistent surtout à organiser quelque mode de propriété collective, *en concurrence avec la propriété individuelle* » [Mill, 1972, p. 1920 nous soulignons. Lettre écrite en français].

En outre, Mill pense, ou en tous les cas espère, que la généralisation des coopératives elle-même sera le fruit d'une libre concurrence entre coopérateurs et capitalistes cette fois. En effet, impressionné par les expériences très concluantes en France notamment, il imagine que le succès des coopératives sera tel qu'à terme aucun travailleur ne souhaitera rejoindre les entreprises capitalistes, sauf les ouvriers les moins éduqués et les moins vertueux ; tandis qu'il sera dans l'intérêt des capitalistes eux-mêmes de prêter leur capital aux associations ouvrières, puis de finalement échanger ce capital contre une rente limitée dans le temps. Son scénario d'une disparition des capitalistes, est donc on ne peut plus « libéral », économiquement parlant.

Enfin, nous avons vu que dans sa polémique avec les oweniens, Mill était plutôt sceptique quant aux vertus des coopératives (cf. *supra*, introduction) et qu'il modifie son jugement une vingtaine d'années plus tard. En 1845, dans un article intitulé « The Claims of Labour », Mill affirme pour la première fois que la coopération a un caractère incitatif pour les travailleurs. Et il développe dans les *Principles* l'idée que les coopératives, notamment lorsqu'elles sont fondées sur les modèles saint-simonien ou fouriériste d'une rémunération proportionnelle au travail, permettent d'accroître la production du fait de la plus grande motivation des travailleurs, qui bénéficient enfin du fruit de leurs efforts [Mill 1848a, p. 212 ; 1848b, p. 791-792]. Mill renverse ici l'un des arguments courants des adversaires des socialistes, argument qu'il avait d'ailleurs lui-même employé contre les oweniens [Mill, 1825, p. 319]. Il affirme désormais que les coopératives engendrent une hausse de « la productivité globale » : réduction du nombre de distributeurs grâce aux coopératives de consommation et accroissement de « la productivité du travail » grâce aux coopératives de production (1848, p. 791-792). En effet, les incitations à produire et investir, auxquelles Mill prête – en bon libéral – une attention particulière, sont au moins aussi prégnantes voire davantage dans le cadre coopératif. En effet, dans son « examen du communisme », ajouté dans la troisième édition de son magnum opus économique (*Principles*, II, i, 3), Mill balaye le reproche traditionnel adressé au communisme, à savoir qu'il casserait l'incitation individuelle au travail. Mill remarque avec un certain mordant que l'incitation est quasi nulle dans le capitalisme de l'époque, car la majorité des travailleurs ont un salaire fixe et, en outre, inversement proportionnel à la pénibilité et à l'effort fourni. Et d'ajouter que les expériences et projets saint-simoniens et fouriéristes de coopératives montrent qu'elles sont davantage productives que leur équivalent capitaliste.

Au final, la vision millienne des coopératives, est bien celle d'un socialisme pleinement en accord avec la pensée libérale de l'époque, dans la mesure où il s'agit d'installer la démocratie dans la sphère de la production, comme en témoigne la définition du socialisme retenue et discutée par Mill au début du livre II des *Principles* : direction du travail confiée à un ou des « magistrats » élus par la communauté et qui en retour acceptent de lui obéir, répartition des fruits du travail conçue comme un acte public s'effectuant soit selon une égalité stricte, soit selon d'autres principes de justice, etc. [Mill 1848, p. 202]. Son argumentaire comporte donc une dimension politique. Toutefois, sa défense des coopératives au livre IV des *Principles* ne s'appuie pas essentiellement sur ces arguments. L'originalité de l'analyse de Mill est de fournir une apologie du coopératisme basée sur des considérations d'ordre économique, comme nous l'avons vu, mais aussi et surtout d'ordre moral, comme nous allons maintenant le montrer.

4. Les vertus morales de la coopération

Après avoir exposé les avantages économiques des coopératives, Mill ajoute immédiatement que « ce bénéfice matériel [...] n'est rien comparé à la révolution morale » qui l'accompagnerait [*ibid.*, p. 789]. C'est la principale raison pour laquelle il approuve désormais les coopératives : ce ne sont pas seulement des unités productives mais aussi des lieux d'apprentissage. Nous allons d'abord analyser les caractéristiques que Mill prête à cette « révolution morale », puis nous interrogerons sa relation avec la doctrine utilitariste.

Mill confie dans la préface à la troisième édition des *Principles* que la seule véritable objection au socialisme est « l'état insuffisant de préparation de l'humanité en général et des classes ouvrières en particulier ». Et d'ajouter que « le grand but du progrès social devrait être de rendre l'humanité capable d'assumer un état de société combinant la plus grande liberté personnelle avec cette juste répartition des fruits du travail qui n'est pas recherchée par les règles actuelles de la propriété » [Mill, 1848a, p. xciii]. Cette impréparation de l'humanité est de nature morale comme l'indique Mill dans une lettre rédigée le 18 mars 1852, par laquelle il annonce au traducteur allemand des *Principles*, Adolf Soetbeer, la publication de la troisième édition tout en lui reprochant d'avoir présenté la deuxième édition comme « une réfutation du socialisme » :

> I certainly was far from intending [...] a condemnation of Socialism regarded as an ultimate result of human improvement [...] – the unprepared state of the labouring classes & their extreme moral unfitness at present for the fights which Socialism would confer & the duties it would impose [...] is the only objection to which you will find any great importance attached in the new edition (*CW14*, p. 85).

Pour Mill, le principal avantage de la société moderne est de permettre une plus grande coopération entre individus, qui « subordonnent leurs caprices personnels à une détermination préconçue », et accomplissent ainsi des tâches « inaccessibles au sauvage » [Mill, 1848b, p. 708]. Ce progrès doit être conservé tout en remédiant à la situation de dépendance dans laquelle est placée la majorité de la population. Mill est prudent quant à l'intérêt du socialisme. Il laisse la question ouverte de savoir quel système social peut assurer une telle évolution, pensant – comme nous l'avons vu – que l'histoire n'a pas encore fourni une expérience suffisante pour pouvoir trancher entre l'idéal de la propriété privée (selon lui jamais appliqué) et le socialisme (qui ne doit pas être disqualifié), et ce d'autant plus que ce système social devra être « compatible avec le maximum de liberté individuelle et de spontanéité » [Mill, 1848a, p. 208].

Lorsque Mill revient, dans son autobiographie, sur les thèses exprimées dans les *Principles of Political Economy*, il précise la relation entre l'expérience des coopératives et la réalisation du « plus grand bonheur du plus grand nombre » :

> [...] we welcomed with the greatest pleasure and interest all socialistic experiments by select individuals (such as the Cooperative Societies), which, whether they succeeded or failed, could not but operate as a most useful education of those who took part in them, by cultivating their capacity of acting upon motives pointing directly to the general good, or making them aware of the defects which render them and others incapable of doing so (1873, p. 241).

Le point central est que les coopératives permettraient aux individus d'agir par des motifs visant directement l'intérêt général. Il convient de relire *Utilitarianism* pour saisir toute l'importance de cette idée. Dans le troisième chapitre de cet ouvrage, Mill pose la question de savoir quelle est la « sanction » ultime du principe d'utilité, c'est-à-dire « quelle est la source de son pouvoir d'obliger ? D'où puise-t-il sa force contraignante ? » [Mill, 1861, p. 85]. Mill explique que les associations d'idées morales qui sont entièrement artificielles ne suffisent pas à fournir une telle sanction car « si le sentiment du devoir associé à l'idéal utilitariste apparaissait lui aussi comme arbitraire [...] s'il n'y avait pas, en un mot, une base naturelle de sentiment pour la morale utilitariste, il pourrait se faire que cette association-là, même implantée en nous par l'éducation, ne résistât pas à l'analyse » [*ibid.*, p. 93-94]. Pour Mill, si « les sentiments moraux ne sont pas innés, mais acquis, ils n'en sont pas moins pour cela, naturels » [Mill, 1861, p. 230]. L'homme est un animal social, ou – pour reprendre la formule de Mill – l'état social est à la fois naturel, nécessaire et habituel[31]. Pour Mill, la sanction ultime de la morale utilitariste est un sentiment naturel[32] – « le désir de vivre en bonne harmonie avec nos semblables » – et ce sentiment est « l'un de ceux qui tendent à se renforcer, même sans qu'on l'inculque à dessein, sous l'influence d'une civilisation en progrès » [*ibid.*, p. 231]. Mill décrit la façon dont il agit sur les individus :

> So long as they are co-operating, their ends are identified with those of others; there is at least a temporary feeling that the interests of others are their own interests [Mill, 1861, p. 231].

Mill va plus loin : la coopération – entendue, certes, dans ce passage au sens large, c'est-à-dire au-delà de la stricte sphère industrielle – et le renforcement des liens sociaux donnent à l'individu « un intérêt personnel plus grand à tenir compte pratiquement du bien-être des autres, mais aussi l'individu sera amené à donner de plus en plus comme objet à ses sentiments le bien des autres [...] il en arrive, comme instinctivement, à se considérer lui-même comme un être qui se préoccupe *naturellement* des autres » [*ibid.*, p. 231-232]. Ainsi, non seulement les hommes prennent pour but un intérêt collectif durant l'activité coopérative elle-même, mais ils acquièrent peu à peu l'habitude de se comporter ainsi. Il existe donc pour Mill un mouvement historique développant la coopération et engendrant lui-même un progrès moral des individus. « En conséquence, les plus petits germes de ce sentiment sont recueillis et leur développement est assuré par la contagion de la sympathie et l'influence de l'éducation » [*ibid.*, p. 232]. Mill identifie ce « progrès de la civilisation » au « progrès politique » car ce dernier transforme le caractère des hommes « en supprimant les causes de l'opposition des intérêts, en écartant les privilèges que la loi établit entre individus ou classes et qui font qu'il y a des masses considérables d'hommes dont il est encore possible de négliger le bonheur » [*ibid.*]. Et c'est bien cette analyse utilitariste qui se reflète dans son traité d'économie où Mill écrit :

> [...] we may, through the co-operative principle, see our way to a change in society, which would combine the freedom and independence of the individual, with the moral, intellectual, and economical advantages of aggregate production; and ... would realize, at least in the industrial department, the best aspirations of the democratic spirit, by putting an end to the division of society into the industrious and the idle ... [Mill, 1848b, p. 793].

31. « The social state is at once so natural, so necessary, and so habitual to man... » [Mill, 1861, p. 231].

32. Mill explique que ce sentiment n'est pas présent chez tous les individus mais peut s'y développer en raison de l'existence d'une « base naturelle » [Mill, 1861, p. 231]. Il écrit aussi : « La faculté morale, si elle ne fait pas partie de notre nature, s'y développe naturellement ; comme les autres facultés elle est capable de prendre naissance spontanément et, très faible au début, elle peut être portée par la culture à un haut degré de développement » [*ibid.*, p. 230].

Conclusion

Il ressort que le « libéralisme économique » de Mill présente un remarquable changement dans la continuité. Mill en est venu progressivement à l'infléchir en accordant une légitimité à la propriété commune des moyens de production, là où initialement il la rejetait. Mais ce retournement s'est opéré en maintenant cet arrière-fond proprement libéral d'une constante préoccupation pour les incitations efficaces et pour la concurrence. Par ailleurs, notre travail met en évidence qu'on ne peut correctement saisir l'évolution de la pensée de Mill sur ces questions sans la relier à son utilitarisme[33]. Il y a en effet une imbrication entre l'évolution de Mill vers un socialisme libéral et le développement de sa philosophie utilitariste. Cette dernière insistera de façon croissante sur l'importance des notions d'« autonomie », d'« auto-éducation », de « formation du caractère » et de « progrès moral ». Révélateur est, à cet égard, le fait que dès le premier chapitre de *On Liberty*, Mill pose que pour fonder le principe de liberté individuelle, il va recourir à l'utilité mais au « sens le plus large, fondée sur les intérêts permanents de l'homme en tant qu'être susceptible de progrès » [Mill, 1859, p. 224]. Comme nous l'avons déjà indiqué, Owen souscrit lui-même à la philosophie utilitariste, et la critique « libérale » qu'adresse le jeune Mill aux oweniens ne concerne ni leurs conceptions morales (qu'il partage largement), ni même leur façon de réduire l'importance du combat pour le libéralisme politique ou de dénigrer les *Radicals*. Mill prend surtout acte de leur critique de la concurrence et de la propriété privée, ainsi que de leur volonté d'offrir « une alternative à l'économie politique » de Ricardo, bien qu'ils soient souvent considérés à tort comme des « socialistes ricardiens » [Harrison, 1969, p. 67].

Par ailleurs, la défense simultanée d'éléments caractéristiques du libéralisme économique et des coopératives chez Mill bouscule l'alternative binaire, aujourd'hui courante, entre socialisme-étatisme, d'un côté, et capitalisme-libéralisme, de l'autre. Ainsi, un commentateur de Mill aussi averti que Vincent W. Bladen réduit la discussion des projets socialistes chez Mill à ce sempiternel choix dyadique : « Mill's discussion of communism raises another aspect [...] when he asks whether *communism* or *competitive capitalism* is "consistent with the greatest amount of human liberty and

33. Pour des analyses qui soulignent également la relation entre le socialisme de Mill, son libéralisme et sa morale utilitariste on pourra se reporter à J. Robson [1968, p. 245-271], G. Claeys [1987], et J. Riley (1996).

spontaneity" » [Bladen, 1965, p. xxxvi, n.s.][34]. Or, comme nous l'avons rappelé, Mill n'emploie jamais le terme – moderne – de « capitalisme concurrentiel ». Dans le passage en question cité par Bladen, Mill fait en réalité l'apologie, contre le communisme, du « système de propriété privée » (*system of private property*) [Mill, 1848a, p. 208]. Notre travail a tenté de révéler à quel point ce dernier concept diffère pour Mill de ce que nous appelons « capitalisme ». En outre, le socialisme dont il voit l'avènement probable ne remet aucunement en cause sa défense du *laissez-faire* : les exceptions qui justifient à ses yeux l'intervention de l'État en matière économique sont les mêmes sous le capitalisme ou sous le socialisme. Comme le dit justement J. Riley : « His *laissez-faire* policy is not contingent on existing ideas of property » [1996, p. 65]. Au terme de cette étude, on comprend donc que E. Hobsbawm ait pu affirmer que « pour [Mill], libéralisme et socialisme sont inséparables » [Hobsbawm, 1992, p. 58].

Dans la perspective d'une histoire de la construction des libéralismes, l'intérêt plus général de cet éloge millien des coopératives est double. D'une part, il constitue un exemple du rapport entre l'économie et la morale dans un ouvrage qui fut pendant un demi-siècle le manuel d'économie de référence. D'autre part, les raisonnements sous-tendant son positionnement sur les coopératives seront par la suite considérés comme une source d'inspiration pour le *New Liberalism*. Et, de fait, Mill a exercé une influence considérable sur des auteurs comme L. T. Hobhouse qui eurent ensuite un fort ascendant sur J. M. Keynes [Dostaler, 2005].

34. Dans la même veine, on remarquera que dans l'index des *Collected Works of J.S. Mill*, l'entrée « Capitalism » en tant que telle est vide puisqu'elle indique : « *See* Competition, as economic system ».

Bibliographie

Audier, Serge [2006], *Le socialisme libéral*, Paris : La Découverte, 2014.

Bertier de Sauvigny, Guillaume de [1970], « Liberalism, Nationalism and Socialism: The Birth of Three Words », *The Review of Politics*, vol. 32, n° 2, p. 147-166.

Bladen, Vincent W. [1965], « Introduction », *in* John Mercel Robson (ed.), *The Principles of Political Economy with Some of Their Applications to Social Philosophy (Books I-II)*, Toronto: University of Toronto Press, The Collected Works of John Stuart Mill.

Capaldi, Nicholas [2004], *John Stuart Mill a biography*, Cambridge & New York: Cambridge University Press.

Claeys, Gregory [1987], « Justice, Independence, and Industrial Democracy: The Development of John Stuart Mill's Views on Socialism », *The Journal of Politics*, vol. 49, n° 1, p. 122-147.

Claeys, Gregory (ed.) [2005], *Owenite Socialism: Pamphlets and Correspondence*, London: Routledge.

Dolléans, Édouard [1912], *Le Chartisme (1831-1848)*, Les nuits rouges, 2003.

Donner, Wendy [1991], *The Liberal Self*, London: Cornell University Press.

Dostaler, Gilles [2005], *Keynes et ses combats*, Paris : Albin Michel.

Dziembowski, Edmond [2010], « Le radicalisme au début du XIXe siècle, ou le poids des héritages », *Cahiers d'histoire. Revue d'histoire critique*, n° 111, p. 17-33.

Gillig, Philippe [2014], *Mill et ses critiques : analyse d'une prétendue prétention à l'universalité de l'économie politique de John Stuart Mill*, thèse de doctorat en sciences économiques, Université de Strasbourg.

Harrison, John Fletcher Clews [1969], *Robert Owen and the Owenites in Britain and America*, London: Routledge.

Hobsbawm, Eric [1992], « Libéralisme et socialisme : le cas anglais », *Genèses*, vol. 9, n° 1, p. 44-59.

Hollander, Samuel [1985], *The Economics of John Stuart Mill*, Toronto: University of Toronto press, Studies in Classical Political Economy.

Kurer, Oskar [1992], « J.S. Mill and Utopian Socialism », *Economic Record*, vol. 68, n° 202.

Légé, Philippe [2006], « La représentation des socialistes français dans l'œuvre de John Stuart Mill », *in* Sylvie Aprile et Fabrice Bensimon (dir.), *La France et L'Angleterre au XIX*e *siècle : échanges, représentations, comparaisons*, Paris : Créaphis, p. 105-122.

Mill, John Stuart [1825], « Cooperation: First Speech, Intended Speech & Closing Speech », *in Journals and Debating Speeches*, The Collected Works of John Stuart Mill vol. XXVI, John Mercel Robson (ed.), Toronto: University of Toronto Press, 1988.

Mill, John Stuart [1831], « The Spirit of the Age », *in* The Collected Works of John Stuart Mill, vol. XXII, Toronto: University of Toronto Press, 1967, p. 227-257.

Mill, John Stuart [1834], « Miss Martineau's Summary of Political Economy », *in Essays on Economics and Society Part I*, The Collected Works of John Stuart Mill, vol. IV, John Mercel Robson (ed.), Toronto: University of Toronto Press, 1967, p. 308-326.

Mill, John Stuart [1837], « Fonblanque's England under Seven Administrations », *in Essays on England, Ireland, and the Empire*, The Collected Works of John Stuart Mill, vol. VI, John Mercel Robson (ed.), Toronto: University of Toronto Press, 1982.

Mill, John Stuart [1839], « Reorganization of the Reform Party », *in Essays on England, Ireland, and the Empire*, The Collected Works of John Stuart Mill, vol. VI, John Mercel Robson (ed.), Toronto: University of Toronto Press, 1982.

Mill, John Stuart [1843], *A System of Logic Ratiocinative and Inductive, Being a Connected View of the Principles of Evidence and the Methods of Scientific Investigation (Books IV-VI and Appendices)*, The Collected Works of John Stuart Mill, vol. VII, John Mercel Robson (ed.), Toronto: University of Toronto Press, 1974.

Mill, John Stuart [1848a], *The Principles of Political Economy with some of their Applications to Social Philosophy (Books I-II)*, The Collected Works of John Stuart Mill, vol. II, John Mercel Robson (ed.), Toronto: University of Toronto Press, 1965.

Mill, John Stuart [1848b], *The Principles of Political Economy with some of their Applications to Social Philosophy (Books III-V and Appendices)*, The Collected Works of John Stuart Mill, vol. III, John Mercel Robson (ed.), Toronto: University of Toronto Press, 1965.

Mill John Stuart [1859], *On Liberty*, The Collected Works of John Stuart Mill, vol. XVIII, John Mercel Robson et Jack Stillinger (ed.), Toronto: University of Toronto Press, 1977.

Mill, John Stuart [1861], *Utilitarianism*, The Collected Works of John Stuart Mill, vol. X, John Mercel Robson (ed.), Toronto: University of Toronto Press, 1985.

Mill, John Stuart [1863], « Letter to Cliffe Leslie », *in The Later Letters of John Stuart Mill 1849-1873 Part II*, The Collected Works of John Stuart Mill, vol. XV, John Mercel Robson (ed.), Toronto: University of Toronto Press, 1972.

Mill, John Stuart [1873], *Autobiography*, The Collected Works of John Stuart Mill, vol. I, John Mercel Robson (ed.), Toronto: University of Toronto Press, 1981.

Mill, John Stuart [1879], « Chapters on Socialism », *in Essays on Economics and Society Part II*, The Collected Works of John Stuart Mill, vol. V, John Mercel Robson (ed.), Toronto: University of Toronto Press, 1967.

Mill, John Stuart [1972], *The Later Letters of John Stuart Mill 1849-1873 Part IV*, The Collected Works of John Stuart Mill, Francis E. Mineka et Dwight N. Lindley (eds.), Toronto: University of Toronto Press.

Mueller, Iris Wessel [1956], *John Stuart Mill and French Thought*, Urbana: University of Illinois Press.

Owen, Robert [1821], *Report to the County of Lanark: Of a Plan for Relieving Public Distress, and Removing Discontent, by Giving Permanent Productive Employment, to the Poor and Working Classes* ..., Glasgow: Wardlaw & Cunninghame.

Prothero, Iorwerth [2006], « Co-operation, Liberalism and the Labour and Social Questions in England and France c. 1850-1870 », *in* Sylvie Aprile et Fabrice Bensimon (dir.), *La France et l'Angleterre au XIXe siècle : échanges, représentations, comparaisons*, Paris : Créaphis, p. 159-176.

Riley, Jonathan [1996], « J. S. Mill's Liberal Utilitarian Assessment of Capitalism Versus Socialism », *Utilitas*, vol. 8, n° 1, p. 39-71.

Robbins, Lionel [1966], « Introduction », *in* John Mercel Robson (ed.), The Collected Works of John Stuart Mill, *Essays on Economics and Society Part I*, Toronto: University of Toronto Press, 1967.

Robson, John Mercel [1968], *The Improvement of Mankind, The Social and Political Thought of John Stuart Mill*, Toronto: University of Toronto Press.

Siméon, Ophélie [2012], « Robert Owen, père du socialisme britannique ? », *La Vie des idées*.

Stedman Jones, Gareth [2006], « Saint Simon and the liberal origins of the socialist critique of Political Economy », *in La France et l'Angleterre au XIXe siècle : échanges, représentations, comparaisons*, Paris : Créaphis.

Thompson, William [1824], *An Inquiry into the Principles of the Distribution of Wealth Most Conducive to Human Happiness; applied to the Newly Proposed System of Voluntary Equality of Wealth*, London: Longman *et al.*

Trincado, Estrella et Santos-Redondo, Manuel [2014], « Bentham and Owen on entrepreneurship and social reform », *The European Journal of the History of Economic Thought*, vol. 21, n° 2, p. 252-277.

Économie et Entreprise aux éditions L'Harmattan

Dernières parutions

LA DÉCROISSANCE ÉCOLOGIQUE TRANSFORME L'ENTREPRISE
Christophe Bernard
Ce livre identifie les failles du développement durable appliqué à l'entreprise. Il identifie ensuite la meilleure forme de gouvernance pour une entreprise qui se veut soucieuse d'écologie et prête à décroître s'il le faut. Il propose enfin des outils à mettre en place pour permettre aux entreprises de décroître, et revient sur le rôle qui incombe aux États en matière de politique économique, car une entreprise ne peut envisager une décroissance écologique harmonieuse sans soutien de l'État.
(Coll. L'esprit économique, 23.50 euros, 224 p.)
ISBN : 978-2-343-12401-8, ISBN EBOOK : 978-2-14-004352-9

LE MANAGEMENT ENTRE CIVILISATION ET BARBARIE
Rappin Baptiste
Coordonné collectivement par La Société de Philosophie des Sciences de Gestion
Que le management emplit désormais nos existences contemporaines est un fait, et ne saurait être remis en cause : en effet, de notre naissance à notre disparition, nous sommes désormais constamment en prise, directe ou indirecte, avec les organisations. Mais le constat du fait social total suffit-il à assimiler le management à la civilisation ? C'est tout l'enjeu de cet ouvrage collectif que de répondre à cette question en analysant les liens qui unissent ou séparent management, civilisation et barbarie.
(Coll. Perspectives organisationnelles, 36.00 euros, 348 p.)
ISBN : 978-2-343-12261-8, ISBN EBOOK : 978-2-14-004209-6

LE HARCÈLEMENT MORAL DANS LA VIE PRIVÉE
Connaître la loi pour mieux l'appliquer (nouvelle édition)
Hincker Laurent
La harcèlement moral et la violence psychologique précèdent la violence physique. Des personnalités complexes, souvent appelées pervers narcissiques, sont les auteurs de ces violences invisibles. Quelles stratégies la loi nous permet-elle de mettre en œuvre pour les démasquer ? Dans la seconde édition de ce livre revisité, l'auteur fait le point sur les dernières avancées de la loi et de la jurisprudence dans ce domaine. Il s'adresse aux victimes, aux juristes, acteurs médicaux et sociaux.
(Coll. Antidotes, 13.00 euros, 108 p.)
ISBN : 978-2-343-12664-7, ISBN EBOOK : 978-2-14-004266-9

PRIX DE TRANSFERT ET STRATÉGIES D'OPTIMISATION FISCALE DE LA FIRME MULTINATIONALE
Carasco Pierre-Yves
Les opérations intragroupes ou opérations de « prix de transfert » représenteraient entre 30 et 60 % du commerce mondial. La « multinationale » est traquée par le fisc. Les paradis fiscaux et le dumping fiscal, tant décriés, semblent prospérer toujours. Comment les réglementations évoluent et qu'est-ce que cela implique pour les entreprises multinationales ? Quelle importance accorder à ces opérations et quels impacts pour les États ? Ce livre définit, contextualise et analyse les

opérations de prix de transfert en accordant une vision claire des enjeux associés à ces transactions et détaille les libertés et les contraintes qui pèsent sur les groupes mondiaux.
(Coll. Esprit économique, 15.50 euros, 144 p.)
ISBN : 978-2-343-11526-9, ISBN EBOOK : 978-2-14-004066-5

MANUEL DE COMPTABILITÉ (tome I)
Initiation à la comptabilité générale
Camara Kadiata Mory
Ce premier tome présente l'environnement comptable OHADA. Il permet aux utilisateurs d'apprendre et de comprendre facilement, à l'aide d'exemples et d'exercices, chacun des aspects fondamentaux et des opérations courantes : la notion d'entreprise et de comptabilité, l'analyse des flux économiques ; la notion de bilan et de compte de résultat ; l'enregistrement comptable des opérations courantes de l'entreprise : achats-ventes, encaissements et règlements ; l'enregistrement et le mécanisme de déclaration de la TVA ; la tenue des livres comptables.
(Harmattan Guinée, 31.00 euros, 302 p.)
ISBN : 978-2-343-12054-6, ISBN EBOOK : 978-2-14-004241-6

MANUEL DE COMPTABILITÉ (tome II)
Les travaux de fin d'exercice comptable
Camara Kadiata Mory
Ce 2e tome, conforme aux normes du système comptable OHADA, est structuré en huit chapitres comportant une présentation du cours, des applications corrigées et des exercices proposés. Il traite l'essentiel des opérations de fin d'exercice comptable. Pour arrêter ses comptes et produire les documents de synthèse (balance, bilan, compte de résultat, état annexé), l'entreprise doit procéder aux opérations d'inventaires et passer des écritures de régularisation qui en découlent.
(Harmattan Guinée, 29.00 euros, 276 p.)
ISBN : 978-2-343-12059-1, ISBN EBOOK : 978-2-14-004242-3

MANUEL DE COMPTABILITÉ (tome III)
Éléments de technique comptable approfondie
Camara Kadiata Mory
L'objectif de ce 3e volume est de donner aux utilisateurs quelques éléments de techniques comptables approfondies : éléments liés à la réglementation comptable basée sur les normes de l'Acte uniforme de l'OHADA portant sur l'organisation et l'harmonisation des comptabilités des entreprises, la nature des opérations d'investissements, leur financement, quelques opérations spécifiques et certaines opérations courantes.
(Harmattan Guinée, 33.00 euros, 322 p.)
ISBN : 978-2-343-12060-7, ISBN EBOOK : 978-2-14-004243-0

LA PLACE DES RÉGIONS DANS LA DÉCENTRALISATION FRANÇAISE
Niepceron Alexis – Sous la direction de Madame le professeur Laetitia Janicot
Master «Droit des collectivités territoriales et politiques publiques»
Le quinquennat du président de la République François Hollande a été marqué par de profonds changements en matière de décentralisation, notamment pour la collectivité régionale. Afin d'accroître leurs pouvoirs et leur place dans la décentralisation, les lois des 16 janvier et 7 août 2015 ont réduit le nombre des régions, étendant ainsi leur périmètre. Pour autant, la région sort-elle véritablement renforcée de ces réformes ? Cette étude établit un bilan des avancées et des manquements des dernières réformes, en relevant et interrogeant les difficultés politiques et juridiques.
(20.50 euros, 204 p.)
ISBN : 978-2-343-12340-0, ISBN EBOOK : 978-2-14-004253-9

AUSTÉRITÉ ET RIGUEUR DANS LES FINANCES LOCALES
Une approche comparative et pluridisciplinaire
Sous la direction de Guillaume Gourgues et Matthieu Houser
Les finances publiques locales sont-elles victimes d'une politique d'austérité ? Assiste-t-on à une nouvelle définition de la « rigueur » budgétaire ? Comment les élites politiques et administratives

adhèrent, réagissent, s'adaptent-elles à la « nouvelle donne » des finances locales ? Cet ouvrage explore la complexité des débats sur l'évolution des finances publiques locales. En proposant des analyses portant à la fois sur la réalité juridique et financière des situations de rigueur, nous proposons de traiter des thématiques liées au débat général sur « l'austérité locale ».
(Coll. Grale, 30.00 euros, 298 p.)
ISBN : 978-2-343-12371-4, ISBN EBOOK : 978-2-14-004101-3

LA GOUVERNANCE NODALE DU RÉSEAU DE SÉCURITÉ LOCALE
Quéro Yann-Cédric
De nombreux acteurs (appelés « nodes ») sont engagés dans les enjeux partagés de sécurité locale : élus locaux, police nationale, gendarmerie, préfet, justice, etc. Mais très peu d'informations étaient jusqu'alors disponibles sur la manière dont fonctionne au quotidien ce réseau d'acteurs hétéroclites qui coproduit la sécurité locale. Cet ouvrage se propose au travers de plus de quarante-cinq entrevues, d'analyser le rôle de chacun au regard du cadre réglementaire de coproduction de sécurité.
(Coll. Sciences criminelles, 27.00 euros, 264 p.)
ISBN : 978-2-343-12177-2, ISBN EBOOK : 978-2-14-004216-4

PROBATION, INSERTION
Les deux axes d'une politique ambitieuse de prévention de la récidive
Daniel Christian
Depuis des décennies, les gouvernements successifs, le Parlement, ont échoué à mettre en place une politique efficiente face à la délinquance. Si des évolutions intéressantes ont pu être esquissées, leur mise en œuvre est demeurée trop timorée : jamais les décideurs n'ont eu le courage de surmonter les pressions et d'opérer les bons choix. En s'appuyant sur son expérience et à la faveur de nombreux échanges, l'auteur formule soixante-six propositions pour engager le tournant nécessaire.
(24.00 euros, 236 p.)
ISBN : 978-2-343-12564-0, ISBN EBOOK : 978-2-14-004259-1

L'ENTREPRISE ÉMOTIONNELLE
Une mutation incontournable
Gailliegue Didier
Cet ouvrage est consacré à la gestion du capital émotionnel constitué par l'ensemble des collaborateurs de l'entreprise, quelle que soit sa taille. Le management doit prendre en compte ce facteur incontournable d'efficacité et de pérennité. Le rôle de leader d'une organisation du travail est essentiel. D'un statut de chef hiérarchique il va devenir le coach qui détiendra son autorité par sa capacité à fédérer. L'habileté émotionnelle du chef d'entreprise devient une qualité stratégique. L'intelligence émotionnelle montre une voie d'espoir pour l'entreprise de demain.
(22.00 euros, 206 p.)
ISBN : 978-2-343-12075-1, ISBN EBOOK : 978-2-14-003916-4

ENTREPRISES VIVANTES
Ensemble, elles peuvent changer le monde
Sous la direction de Manfred Mack et Cristine Koehler
Ce livre réunit un panorama des principaux concepts d'entreprise qui ont vu le jour au cours des dix à quinze dernières années. Écrit par dix acteurs clés, il témoigne des nouveaux rôles et fonctionnements de l'entreprise. Ces innovations organisationnelles, agilité, entreprise libérée, création de valeur globale, réseaux locaux, économie collaborative, montrent l'importance de la créativité, de la persévérance et de la compréhension écosystémique de l'entreprise. Ces innovations sont susceptibles, ensemble, de régénérer l'économie.
(23.50 euros, 222 p.)
ISBN : 978-2-343-11508-5, ISBN EBOOK : 978-2-14-003860-0

COÉVOLUTION, CULTURE D'ENTREPRISE ET PHILOSOPHIE ÉCONOMIQUE
Au-delà du conflit entre l'économie et la société
Anker Heinrich
Il existe un véritable conflit, entre le capital et le travail, autrement dit entre économie et société, qui peut être dépassé par la coévolution. Ce concept comprend plusieurs points-clés : vivre, avec

les clients et les collaborateurs, une culture du sens et de l'estime humaine ; respecter les ressources de la société et de la nature, et les gérer dans une perspective à long terme. L'expérience a prouvé maintes fois que ces entreprises sont plus robustes et rentables que la moyenne.
(Coll. Ad valorem, 16.50 euros, 144 p.)
ISBN : 978-2-343-11378-4, ISBN EBOOK : 978-2-14-003907-2

L'INNOVATION
Un pari gagnant pour les petites et moyennes entreprises
Truffert Catherine
Comment l'innovation, aujourd'hui considérée comme le ressort de la croissance économique, peut-elle s'inviter dans l'agenda du dirigeant d'une petite entreprise dont la préoccupation sera sa profitabilité à court terme ? Quels sont les soutiens à l'innovation mis à la disposition de l'entrepreneur pour limiter sa prise de risque tout en conservant le contrôle de son entreprise ? Les dirigeants de PME trouveront dans ce livre des conseils, au détour d'illustrations conçues avec humour.
(Coll. Ad valorem, 11.50 euros, 84 p.)
ISBN : 978-2-343-11907-6, ISBN EBOOK : 978-2-14-003864-8

MATHÉMATIQUES POUR ÉCONOMISTES
Cours et exercices résolus
Bofoya Komba Beaujolais
Conçu comme un instrument de travail, ce manuel destiné aux étudiants, aux chercheurs et aux scientifiques, constitue un outil puissant pour une meilleure assimilation des théories économiques. Il couvre un large champ des mathématiques contenant l'essentiel de ce qu'il est nécessaire de connaître.
(Coll. Notes de cours, 42.00 euros, 456 p.)
ISBN : 978-2-343-11918-2, ISBN EBOOK : 978-2-14-003962-1

LA DÉMARCHE DE PERFORMANCE DANS LA GESTION LOCALE
Les collectivités territoriales face aux défis de la nouvelle gouvernance
Zahed Mahrez - Préface d'Eric Oliva
La préservation de la dépense publique, de surcroît par temps de crises financières, constitue un défi permanent des pouvoirs publics. Cette forte volonté politique a trouvé toute sa signification dans le large consensus politique suscité par la préparation et la mise en œuvre de la Loi organique relative aux lois de finances qui devait permettre une gestion publique saine et une dépense publique rationnelle. Cette nouvelle « Constitution » financière a posé les premiers jalons de la démarche de performance au niveau de l'État.
(Coll. Finances publiques, 37.00 euros, 360 p.)
ISBN : 978-2-343-11518-4, ISBN EBOOK : 978-2-14-004027-6

LA DYNAMIQUE DE L'ÉCONOMIE MIXTE DANS LA RÉGION OCCITANIE
Bou Jean-Marc - Préface de Nathalie Laval-Mader
Avec l'entrée en application de la loi portant délimitation des régions et celle portant nouvelle organisation territoriale de la République, l'économie mixte locale aborde une nouvelle phase de son histoire. Ayant pour cadre l'Occitanie, cette étude resitue l'utilisation de cette forme juridique d'association du public et du privé dans sa dimension locale et met en perspective la manière dont les collectivités territoriales l'utilisent. En filigrane, l'ouvrage révèle la valeur et le rôle que peut jouer cette économie dans la recomposition d'un territoire régional complexe.
(Coll. Droit des collectivités territoriales, 24.50 euros, 230 p.)
ISBN : 978-2-343-12116-1, ISBN EBOOK : 978-2-14-003933-1

L'HARMATTAN ITALIA
Via Degli Artisti 15; 10124 Torino
harmattan.italia@gmail.com

L'HARMATTAN HONGRIE
Könyvesbolt ; Kossuth L. u. 14-16
1053 Budapest

L'HARMATTAN KINSHASA
185, avenue Nyangwe
Commune de Lingwala
Kinshasa, R.D. Congo
(00243) 998697603 ou (00243) 999229662

L'HARMATTAN CONGO
67, av. E. P. Lumumba
Bât. – Congo Pharmacie (Bib. Nat.)
BP2874 Brazzaville
harmattan.congo@yahoo.fr

L'HARMATTAN GUINÉE
Almamya Rue KA 028, en face
du restaurant Le Cèdre
OKB agency BP 3470 Conakry
(00224) 657 20 85 08 / 664 28 91 96
harmattanguinee@yahoo.fr

L'HARMATTAN MALI
Rue 73, Porte 536, Niamakoro,
Cité Unicef, Bamako
Tél. 00 (223) 20205724 / +(223) 76378082
poudiougopaul@yahoo.fr
pp.harmattan@gmail.com

L'HARMATTAN CAMEROUN
TSINGA/FECAFOOT
BP 11486 Yaoundé
699198028/675441949
harmattancam@yahoo.com

L'HARMATTAN CÔTE D'IVOIRE
Résidence Karl / cité des arts
Abidjan-Cocody 03 BP 1588 Abidjan 03
(00225) 05 77 87 31
etien_nda@yahoo.fr

L'HARMATTAN BURKINA
Penou Achille Some
Ouagadougou
(+226) 70 26 88 27

L'HARMATTAN SÉNÉGAL
10 VDN en face Mermoz, après le pont de Fann
BP 45034 Dakar Fann
33 825 98 58 / 33 860 9858
senharmattan@gmail.com / senlibraire@gmail.com
www.harmattansenegal.com

www.ingramcontent.com/pod-product-compliance
Lightning Source LLC
LaVergne TN
LVHW011039061026
849535LV00006B/2083